教师写作：从经验到专业

宁彦锋 主编

上海教师教育丛书编委会

主　　任　李永智　尹后庆
编　　委　（以姓氏笔画为序）
　　　　　王　平　王　洋　王　涛　戈一萍
　　　　　卞松泉　尹后庆　宁彦锋　朱益民
　　　　　刘　芳　闫寒冰　孙　鸿　李永智
　　　　　李　蔚　杨　荣　杨振峰　吴　刚
　　　　　吴国平　陈小华　陈永明　陈宇卿
　　　　　陈　军　邵志勇　周增为　赵洁慧
　　　　　姜　虹　恽敏霞　袁振国　奚晓晶
策　　划　吴国平

总　序

教育改革的步伐已经进入了关注教师发展的新阶段。不是因为课程改革已陷于制度性疲倦，不是因为评价改革终将受制于社会发展的瓶颈，也不是因为我们拥有超过千万的中小幼教师队伍，每年有数十万的青年人正在进入这个领域。课程也好，评价也罢，根本上它们都内在于教师。拥抱"教师的年代"，不在于讨论有多少以教职为生计的人，而在于如何拥有师者的内在品质，值得学生效法，使自己从一名教者成长为一名真正的师者。

关注教师是国际教育改革的普遍趋势

制度化教育确立以来，课程长期占据着学校教育的中心地位。直到20世纪60年代，国际教育界才开始把视线转向教师。这是由于课程、教学、评价、管理这些学校层面的所有改革，最终都离不开教师。尽管半个世纪以来，教师职业到底算不算专业还存有不同的看法，但关于教师的专业化问题持续受到广泛关注。

中国向来具有别于西方的教育传统。中国古代教育有重教师、轻课程的传统，唯这种传统并未演化成现代意义上的教与学的机制，更未形成制度化的学校，因此循着传道授业解惑的路径发展教师素养的希冀，愿望虽好，但缺少登梯之阶，难以形成规范。近年来，随着教育国际交流的增进，尤其是上海学生在PISA项目中的表现，引来国际社会对中国教师组织化程度经验的关注，其中教研组和集体备课被认为是两大亮点。因为在西方，教师的教学行为被认为是从属于个人的专业行为，即便是同行也不得任意干预，可以想见，其结果便影响到授业与指导经验的传播。问题是，中国学校教研组的形式究竟以怎样的方式引导教师提升专业能力,尚缺乏充分的论证和公认的成果。理论上来说,一个组织如果确实发生了影响,既有可能是正面积极的,也有可能是负面消极的。教研组对于教师的影响,既未被证实也未被证伪,能否成为经验尚待科学论证。至于集体备课,不久前在上海对近8000名中小学幼儿园教师所进行的问卷调研显示:面对庞杂的课程事实和众说纷纭的教师要求,一大批成长期的教师从茫然不知所措,到随波逐流;而所谓"成熟期"的教师则顾影自怜地停留在自我经验的世界中,真正知识讲授型教师则难觅踪影。教师发展的局限已成为深化课程改革的短板,这样的局面不改变,教育质量有大滑坡的风险。

教师的成熟需要积累丰富的社会实践

在汉语中,我们把师者称为"老师",一般解释其中的"老"无义,表尊敬。其实《荀子·致士》中强调了做老师有四个条件,其中一条曰"耆艾而信,可以为师"。古人把50岁的人称为"艾",把60岁的人称为"耆",把70岁的人称为"老"。这或是"老师"称谓的早期由来。可见,年龄本是成为教师的一项先决的基本条件。只是在制度化教育出现以后,尤其是以分科为特征的知识传授成为学习的基本形式形成以来,这种年龄的限制才被取消。

古人为什么会对为师者设置年龄限制,是因为教师的职业属性是一名"杂家",这样的"杂家"不经过长期的、丰富的社会实践积累,是难以炼成的。在今人眼里,"杂家"似乎意味着专业程度低人一等。其实,无论是在古代中国还是在近代西方,强调的都是社会中的个体应具备多方面的才能。孔子所谓的"君子不器"不是在谈"杂家"吗?而马克思关于人的全面发展又何尝不是在谈"杂家"呢?及至当代,"把一个人在体力、智力、情绪、伦理各方面的因素综合起来,使他成为一个完善的人,这就是对教育基本目的的一个广义的界说"(《学会生存》)。这句话表明"杂家"较之于"专家"更近于"完善的人"。教师面对的是多姿多彩的学生,每个学生都有各自的阅历,他们的家庭、他们的生活、他们的所见所闻都不尽相同,每个学生都是一个完整的世界,每个学生又都是一个独特的世界。教师要想成为学生精神生活的指引者,自己必须是一个精神生活丰富的人。而精神生活丰富的基础就是有渊博的知识,不仅是专业知识,而且是与之相关的各方面的知识。

岗位成长已成为教师专业发展的共识

我们拥有成熟的师范教育体系,拥有完备的教师任职制度,是否就意味着我们拥有了优秀教师的培养机制?想要回答这一问题,须明了教师是师范院校培养的吗?教师资格认证制度是从教的当然资质吗?

教师知识与技能的习得途径主要有三种:一是书本阅读,二是课堂知识传授,三是实践体悟。前两种可以通过岗前培养与训练获得,后一种则需要在岗锻炼习得。这就意味着,一名真正合格的教师无法在职前培养中完成,亦无法依靠教师资格认证制度自然解决。这也可以解释为什么近年来相当数量的示范性高中多从综合性大学招收新任教师,是示范性高中教学要求低,还是这些学校无视教育的专业属性?答案显然不是。教师的专业性主要不在于"知",而在于"行",即一名教师在从教岗位上的实践、探索、体验、反省和觉悟。可以认为,教师是在岗位实践中自我型塑的,师范院校也好,综合性大学也罢,都不过是为一名教师从教所做的预判性准备。

所谓教学,不是教师从书本上把知识搬家一样送到学生面前,它必须融入教师自己的透彻理解,没有教师的透彻理解很难有学生的透彻理解,"以其昏昏,使人昭昭"的事在教育上是难以发生的。在教师透彻理解的基础上,还必须考虑知识传授的方法。采取什么样的方法,除了教师的个人喜好外,还涉及知识的难易程度、学生的接受程度以及教学资源的承受能力等因素,取舍之间,包蕴着非常丰富的个性化知识。一名真正的优秀教师拥有丰富的个性化知识,犹如中医问诊中的察颜把脉。这种知识无法仅仅通过书本研读和知识传授获得,需要通过实践不断揣摩,从而得到一种内化了的知识。显然,它是一种非常个人化的特殊知识,需要教师在对每个学生"辨症"施教中不断积累,其习得主要依赖于教师的个人努力。由此,可以得到一条简单而又明确的结论:帮助一名从教者,使之成为一名真正的师者。可以说,帮助数以千万计的从教者,使其早日成长为师者,这是今日中国教师教育领域的一项重大课题。

助推教师成为教育的思想者、研究者、实践者和创新者

国家兴旺,教育为本;教育优先,教师为基。持续了半个世纪的教育改革浪潮把教师发展推到了历史的前台。在当代教育的历史进程中,教师不是单纯的任务执行者,而是教育的思想者、研究者、实践者和创新者。在专业发展的路径上,教师的主体地位、精神和意识得到了时代的推崇,教师专业化发展和对教师的重新发现将对教育产生重大影响。可以说,教师问题的重要性已无须讨论,而应考虑如何实践。

新一轮课程改革呼唤着教师创造性地施行教与学的行为。吊诡的是,一大批被应试熏陶出来的青年走上讲坛,他们却被要求培养有创新能力的学生。面对变化了的教学材料和教学要求,是施教者的一脸迷茫和不知所措。英国教育家沛西·能曾说过,教师是学生学习的最大动力。问题是,迷茫中的施教者如何才能让自己成为学生学习的动力呢?

基于上述认识,由上海市师资培训中心主持,联合上海师范大学、华东师范大学以及上海教育出版社等单位,倾力研发并打造了这套"上海教师教育丛书"。本丛书由"知会书系""知新书系"和"知困书系"三部分构成,分别聚焦新教师的教学规范、校本的教师研修经验以及优秀教师的成长启示,旨在从岗位上助推有资历和创造性的教师成长,这是我们的理想和愿望。

鉴于本书系不仅是上海也是国内自改革开放以来第一次全面系统开发的教师在岗培训教材,限于能力和水平,在编写过程中尚有诸多局限和不足,乞教于方家,不吝批评指正!

上海教师教育丛书编委会

2017 年 4 月

目 录 contents

导言　　/ 1

模块一　　任务一　拟标题 / 19
从教育新闻开始　任务二　写导语 / 26
　　　　　　　　　任务三　写正文 / 33
　　　　　　　　　任务四　人物专访 / 38
　　　　　　　　　任务五　审稿 / 45

模块二　　　　任务一　确立主题 / 53
如何写课例研究报告　任务二　组建团队 / 60
　　　　　　　　　任务三　分析学情 / 65
　　　　　　　　　任务四　课堂观察 / 72
　　　　　　　　　任务五　课后研讨 / 86
　　　　　　　　　任务六　写课例研究报告 / 93

模块三　　　　任务一　设计调查问卷 / 107
如何写调查报告　任务二　访谈 / 113
　　　　　　　　　任务三　抽样 / 119
　　　　　　　　　任务四　数据处理 / 126
　　　　　　　　　任务五　写调查报告 / 132

模块四	任务一	确定研究选题 / 141
如何写课题研究报告	任务二	写课题申请书 / 146
	任务三	写开题报告和中期报告 / 156
	任务四	写结题报告 / 165
	任务五	推广研究成果 / 171

模块五	任务一	确定选题 / 179
如何写科研论文	任务二	论文前置部分 / 187
	任务三	论文主体部分 / 196
	任务四	论文引文部分 / 206
	任务五	润色与修改 / 210

模块六	任务一	起书名 / 221
如何写一本书	任务二	编制目录 / 228
	任务三	写样张 / 235
	任务四	协同"作"战 / 243

模块七	任务一	策划选题 / 253
"玩转"微课	任务二	写脚本 / 261
	任务三	拍摄 / 269
	任务四	剪辑 / 273
	任务五	评价 / 280

后记	/ 286

导言

写作是教师从新手到卓越的必修课。在日常教育实践生活中,写作已经成为教师必备的一种专业技艺。以写为路,可以推动教师的专业阅读、实践反思和理论创生,实现从经验到专业的跨越。

| 教师写作：
| 从经验到专业

一、缘起

这是一本为教师写作而编的书。在影响教师专业发展的诸多因素中,写作居于非常重要的位置,是教师专业发展的重要支点和独特路径。本书尝试从一线教师的写作任务出发,引导教师了解几种常见的写作文体,熟悉不同文体的写作方法,树立积极的写作观,养成良好的写作习惯,开启属于自己的写作之路。

人民教育家于漪老师从教70年,始终笔耕不辍。2018年,上海教育出版社出版《于漪全集》,有8卷21册,合计700余万字。[①] 自1951年参加教育工作至今,于漪老师从未停下自己的笔,撰写了大量论文、论著、序跋、书信等。每年至少写十余万字,于漪老师奋笔书写她对教育的理解、热爱以及在教育思想上的诸多奉献,涉及办学理念、语文教育教学、学生德育工作、青年教师培养、语文教师专业成长等多个方面。

儿童教育家李吉林老师坚持"有收获,就得写下来"。她回顾自己的写作之路:"40年间发表文章350余篇,出版专著和相关书籍28部,这些都是自己一篇篇、一字字独立完成的。在回顾历程中,我甚至感动了自己。"[②]研究是李老师的一种生存状态和生活方式,写作已然成为她教育生命中一个永远相伴、不可或缺的重要组成部分。

有类似经历的优秀教师还有许多。他们通过写作开启教育专业生活之门,

---

① 于漪.于漪全集[M].上海:上海教育出版社,2018.
② 李吉林.40年情境教育创新之路带来的6个甜果子[J].人民教育,2018(24):23-29.

让持续的写作成为专业生活的一部分,最终成为某一专业方向的教育专家。除了专业修炼的价值,写作还有助于打造专业共同体。写作学术共同体构成往往肇始于共同的研究旨趣,而写作有利于教师、研究者等的相互发现。作品的分享或发表有利于作者打破封闭的"自研自乐"模式,以研究共同体的视角看待研究与写作,分享彼此的创见,相互启发,携手共进。

尽管写作如此重要,但现实的情况并不乐观。很多一线教师表示不会写作,甚至害怕写作。在学校采访和调研时,问及一线教师的专业理想,居然有许多教师表示"要发表1篇论文"。事实上,为"发表1篇论文"的梦想而苦苦奋斗的一线教师为数不少,其中不乏一些从教多年的老教师。他们心中有梦,却害怕写作。他们或是"广谱抗菌"性的怕,或是"分门别类"性的怕,或是"审美疲劳"性的怕。[①]"怕"的后遗症是停笔不前,徒留许多遗憾。

于是,我们写了这本书,主要是写给那些愿意写却不敢写、不会写的教师朋友。作为一本入门级的写作书,本书希望以同仁、朋友的视角,分门别类地告诉大家教育写作的应知应会,循序渐进地带领大家迈步写作路,从经验走向专业,从平凡走向卓越。

二、我们的写作观

写作就是写文章。[②]但教师的写作不同于作家的写作,它具有独特的内涵与要求。在借鉴和参考有关专家对教师写作研究成果的基础上,结合对多位一线教师的访谈和研究实践,本书认为教师写作具有以下特点。

(一) 教育写作

教师是写作的主体。本书中的教师主要指基础教育、中职教育和学前教育

[①] 王丽琴.让教师不再害怕写作——八种常见教育文体撰写"地图"[M].上海:上海三联书店,2019:1-2.

[②] 中国社会科学院语言研究所词典编辑室.现代汉语词典(第六版)[M].北京:商务印书馆,2012:1442.

阶段的教师。基于教师工作的职业特点和学段特点,教师写作具有明显的"教育"特征:它不同于虚构性的文学创作,主要基于教师教育实践中的真实经验;写作在教师专业视域中发生,须符合教师身份的专业要求,符合教育的科学规律;作品形式源于教师真实生活中常见的写作任务,如教育案例、课例报告、课题报告、教育论文和学术专著。教师写作首先要为教育而写,也即从教师的职业理想出发,为立德树人的育人实践而写,为教师的专业发展而写。

(二) 经验写作

相对于高校学者的学术论文,本书更关注一线教师基于经验的写作。后者的写作具有鲜明的实践性特征。他们生活在实践的富矿中,通过教育写作不断积累、提炼和表达教育经验。对大多数教师来说,与经验近似的概念有实践性知识、隐性知识、教育机智、实践智慧等。本书认为,教育经验是教师在教育实践中获得的从事教育活动的知识、技能以及情感和情绪的体验。教育经验的丰富和深刻程度更多地取决于教师个体是否能够在教育经历的基础上动脑筋、想办法,不断发现和解决教育教学过程中的问题,不断改进自己的教育教学行为。希望教师通过写作成为"经验"的渔夫,不断地从实践之河中打捞教育经验,提炼出理论,再用来指导实践。

(三) 专业写作

教师写作在专业视域中进行,是浸润着教师职业特点的专业活动方式。它有特定的边界和内涵,不包含事务性写作、文学创作或其他写作。它必须是"真实"的,不可以用想象、夸张等手法叙事,需要基于教师的真实实践,记录真实的教育事件,研究真实的教育问题,获得真正的教育发现。它必须符合教育写作的专业规范,在符合党和国家的教育方针与政策要求的前提下,要主动避免政治性与科学性的差错。具体到不同的写作任务和文体,还会有不同的专业方法和要求。本书列举了七种写作文体,尝试从专业规范的视角解析,明确七种文体的写作方法与路径,使教师能够胸有成竹地面对各种写作挑战。

(四)反思性写作

教师写作是一种反思性创作,须经历"化学反应"。我们喜欢用"编织"隐喻教师写作。从桑叶到丝绸,其间既要经历在蚕腹中的积累与化学提炼,还要经历吐丝后的编织裁剪。我们认为,教师的教育实践生活丰富多彩,遍地皆是经验的"桑叶"。而写作是一种类似"由叶到衣"的技艺,须经历"积累经验—反思经验—改变实践—重塑认知"的系列过程。在这一过程中,教师不断地将零碎的经验明晰化、概括化和系统化,形成自己的教育理解;同时,将这种"个体认知"转化成"知识产品",成为不断推动教育变革向前发展的教育生产力。本书认为批判性反思是产生"化学反应"的前提和基础,是教师永葆写作创造力的源头活水。

(五)系统写作

教师写作是教师专业发展系统的重要组成部分之一。于漪老师曾经从系统论的视角出发,提出提高学生的写作能力要通过三条线:吸收、输出和活动展示。其中,吸收主要是通过听和读;输出主要是通过说和写;活动展示是对听、说、读、写的综合运用,如通过月光晚会来综合锻炼学生读材料、写剧本、诗朗诵、舞台设计及建构音乐背景等多种能力。受于漪老师的启发,我们认为理解教师写作,不能只看写作本身,而要将其放在影响教师专业发展的大系统中去综合考量。在使教师受益的多种专业活动中,写作只是其中之一。它与阅读、研究和教学实践等活动都可以成为教师专业发展的起点,它们互相支撑,相互促进。

三、教师为何而写 ◀

教师为何而写?这个问题非常重要。只有弄清楚这个问题,教师才可以更加明确自己写作的立场、动力和方向,从而更好地出发。

(一) 记录经验,积累教育财富

教师写作,就是积累教育财富。上课、谈心、组织班级活动、处理突发事件等,实际上都展示着教师的技能,也蕴含着教育的课题。通过写作,将一个个案例或故事记录下来,就是在积累教育矿藏。积累多了,教育的智慧、经验乃至上升到一定理论水平的观点,都可以从中提炼出来。新教育实验的倡导者朱永新曾为鼓励教师写作,在"教育在线"网站上发布《朱永新成功保险公司开业启事》[①],鼓励教师通过写作将所见、所闻、所读、所思进行长期积累。随着经验日积月累,写作不仅影响教师的专业态度和专业习性,而且能提升教师的专业技能和专业智慧,拓展教师的专业知识,完善教师的知识结构。

(二) 反思经验,指导教育实践

写作不仅提供了一种反思的工具,而且能够促使教师完成教育学意义上的反思,这是一个专题化学习的过程、一个研究的过程。教师每天的生活实际上就是一个体验流,人生也就是这些体验流的积淀。写作是一种存在的表达——"我"与教育学世界相遇时的存在关系的具体化表达。教育生活由无数的碎片组成,这些碎片往往会形成破碎的未经省察的经验,使教育教学在比较低的层面上不断重复。通过写作,教师能够有效地对经验进行反思,从碎片中提取有意义的东西并加以理解,形成经验,将其融入教育生活,使之成为教师专业反应的一部分。经常写作的教师,其教育实践将更加富有洞察力,能更快地成为"理性的实践者"。

(三) 表达经验,形成知识产品

有教师朋友曾说:教师要写作,通过写作留下一部自己的人生作品。"做教

[①] 以一个知识分子的良知为中国教育补缺——记教育家朱永新和他的"新教育实验"[J].校长阅刊,2005(Z1):33-38.

师要有历史感,请记下你的教育史。"① 由于个人实践知识的缄默性、实践性、情境性、介入性等特征,教师的很大一部分个人实践知识未被外显化。通过写作,可以使教师将自己日常运用的能够有效解决问题的缄默性的个人实践知识显性化。另外,写作可以唤醒教师的教育经验,以文字、音像等物化的方式记录、整理、总结和发表教师的教育经验,从而实现教育经验的澄清、保存、交流与分享,形成知识产品,从而增加教师群体的知识存量。这不仅会成为教师自身专业化发展的动力源泉,也会成为学生发展乃至整个教育事业发展的动力源泉。

(四)超越自己,创造幸福生活

写作创造幸福生活。许多教师朋友都表达过类似的感受。李吉林老师曾描述过这种幸福感:"'发稿+约稿',让我感悟到'情感'在情境教学中的作用不可小视。心中涌动着一股不可遏制的驱动力,像年轻人那样的一种蓬勃向上、昂扬地向前迈步的热劲儿。"② 在日常的教育实践中,许多教师每天忙得团团转。而写作可以带领教师摆脱简单重复的工作状态,享受创造的幸福。它可以带领教师对话教育理论,借鉴理论、丰富理论,并超越理论。它可以带领教师对话教育实践,在经验的比较中丰富和改进自己的专业实践。它还可以带领教师和自己对话,在不断反思过往的过程中寻找教育生活的新意义。由此,写作成为一种经常性的力量,使教师的专业生活由"实践—实践—实践"的简单循环,变成"实践—反思—创造"的螺旋提升,带领教师走上创造性的专业发展之路。

四、教师写什么 ◀

关于教师写作的内容,许多研究者都曾经有过论述。本书认为教师写作包括七种文体,也即教师在学校生活中常见的七种写作任务,分别是教育新闻、课

---

① 梁增红.教育写作:教师表达与存在的方式[J].江苏教育,2020(62):50-54.
② 李吉林.《教育研究》激励我研究教育[J].教育研究,2014,35(04):22-25.

例研究报告、调查报告、课题研究报告、科研论文、教育著作和教育微课。

新教育实验是朱永新教授发起的一个民间教育改革行动。新教育实验倡导"专业阅读+专业写作+专业发展共同体"的教师专业发展模式。随着专业发展思考的深入,新教育实验逐渐将教师的专业写作细化为五种形式:日常教育叙事,教育感悟,师生通过日记批阅、贺卡和书信相互编织有意义的生活(共写),教育案例及剖析,教学案例及剖析。新教育实验的写作观对我们很有启发。(1)生活化写作:教师写作从日常的教育叙事出发,包括与学生日常的书面对话(如对日记的评语)、贺卡和书信等。(2)读写结合:教师的专业写作必须同专业阅读相结合。(3)重视分享:通过网络平台分享写作成果,接受大众的监督、鼓励或批评非常重要。

"没有教育写作,你就是一个普通的教书匠。"这是江苏名师刘祥的写后感。他是"新教育实验"的追随者和实践者。他始终围绕教师专业发展的四个"不停"进行修炼——不停地实践、不停地阅读、不停地思考、不停地写作。他从文体角度出发,认为教师写作的内容包括教育随笔、教育叙事、教育案例、教学反思、教学论文、读后感与教育书评、教育专著等,鼓励教师从教育写作开始改变。① 此外,颜莹在《教育写作——教师教育生活的专业表达》一书中,从五个方面表述了教育写作的内容:教育叙事、教学案例、教育论文、文献综述和调查报告。大家的共识是:真正意义上的教育实践、教育反思、专业阅读,需要以专业写作为主线,串联起相应的教育教学活动。

从教师常写的文体谱系出发,王丽琴将教师写作分为八种类型,包括教育随笔、教育叙事、教育自传、教育案例、课例研究、调查报告、论文和读书心得。② 其中,随笔短小精悍,且图文并茂,最具有生命性特征。教育叙事是讲教育故事,包括日记、周记、随笔、书信、博文、微型传记和访谈记录等。教育自传叙述教师自己的成长经历,对教师发展极具激励意义。教育案例本质上也是讲

---

① 刘祥.改变,从写作开始[M].上海:华东师范大学出版社,2018:1.
② 王丽琴.让教师不再害怕写作——八种常见教育文本撰写"地图"[M].上海:上海三联书店,2019:3.

故事,分自然呈现型案例和行动研究型案例。课例研究聚焦课堂,以课例报告和观察报告为主要表达形式。调查报告入门易,进阶难,对培养教师的实证精神和学术规范有益。论文是"公开发表"的必修课,必须进行学术性和规范性训练。读书心得类似读后感,对教师的精神发育和专业成长意义重大。

综上所述,大致可以用11种文体类型总结教师的写作任务:教育随笔、教育叙事、教育自传、教育案例、教学课例、调查报告、课题研究报告、文献综述、论文、读书心得和教育专著。本书选择了其中五种作为主要内容,分别是教学课例、调查报告、课题研究报告、论文、教育专著。并在此基础上,增加了教育新闻和教育微课。

之所以如此选择,一是考虑"可教性"。本书的定位是一本写作指导书,所以我们只选择可"教"的文体。本书认为,教育随笔、教育叙事、教育自传、读书心得具有强烈的个人特色,教师应不拘一格,自由畅快地表达,越有创意越好。它们虽然重要,但不属于可"教"之列,因此不是本书的主要任务。

二是考虑"典型性"。教育案例与教学课例具有相似性,可以二选一,本书选择了更具方法训练价值的教学课例。文献综述是论文写作的一部分,我们也不再单独讲述。

三是考虑"时代性"。本书认为新媒体时代应该进一步凸显教师写作的时代特征,充分发挥新媒体平台以及信息技术对教师发展的独特价值。因此,本书特增加了两种文体:教育新闻与教育微课,前者便于教师在各种微信公众号上发表与传播,后者便于教师利用现代信息技术使自己的教育作品课程化。

五、教师如何写作 ◀

汪曾祺曾说,写作其实很容易,就是要找到自己熟悉的那个"调子"。教师写作也要找到自己熟悉的"调子",并根据不同文体类型的写作要求,用专业的态度和专业的方法写出自己独特的"教师之歌"。

(一)持之以恒,聚焦好问题

在教师的专业生活中,发现一个好问题非常重要。这个问题要大小适中,具有一定的典型性和概括力。许多专家型教师一生只围绕一个问题持续深研,最终写出一部伟大的"人生作品"。20世纪80年代初,顾泠沅老师启动了青浦实验。一个问题始终萦绕在顾老师心头:如何提升青浦学生的数学学习水平?为此,他制订了一个宏伟的计划:三年教育调查、三年教育经验筛选、三年推广应用。他听遍了青浦几乎所有学校的数学课,用笔记录了200多条经验。以对偶法为基础,他通过实验班和对照班学生的学习测试筛选出四条关键经验。这些经验,在全区推广获得巨大成功,后来又推广到上海各区乃至全国。顾老师的写作路,本质上是一条以"真研究"为牵引的科研写作之路。在各种样态的写作活动中,我们尤其提倡顾老师这种有研究的写作。这条路需要问题引领、方法指导、团队合作以及持之以恒的韧劲,但其中的写作收获也无疑是最丰富的。

(二)联结实践,提炼真经验

波斯纳曾经列出一个教师专业成长公式——"成长=经验+反思"。通过写作,可以更好地将教师的经验与反思的成果固化下来,成为知识产品。但这种产品必须是深刻的,且具有一定的创新价值。为此,教师要主动链接教育实践,并时刻保持敏感性和批判精神。碎片化的教育生活经验往往是意识流的、描述性的。借助写作就能解开教育教学意义的密码,洞察教育教学的本真。因为写作并不是简单的随笔记录,而是教育中思维的全过程展现。通过写作,可以记录成功的经验和失败的教训,通过自我激励形成个人的内在驱动。通过与实践相连接,学与思形成良好的互动。

(三)随写随用,形成经验闭环

从传播学的意义上看,写作不是单纯地为了发表,而是为了让更多的人一起实践、反思和创造。随写随用,乐于分享,有助于教师不断丰富教育理解,提升写作质量,形成经验生长的闭环。一方面写作有助于经验的推广、成果的运用与物化;另一方面,学校教育的实践情境是教师专业生活的基本场景,写作有助于教师、管理者、研究者基于研究形成共同体,进而促进学校发展。顾泠沅教授提炼"实践知能"模型的方法,便是从经验出发,关注教师、教研员等长期积淀的经验,通过概念标定后,抽象建立起概念的联系,得出理论。青浦讲习班也形成了"讲讲,做做,做做,讲讲"的基本模式。[①] 教师写作要在经验和理性之间形成双向的回路,让经验总结上升为理论的同时,也在行动中注入理论思考。

(四) 表达规范,写出"新"产品

作品发表是对教师写作的积极评价和正向激励。文字的发表、成果的公开其实也是对自我能力、实力和成效的一种"确证",这种"确证自我"的方式值得每一位教育工作者,特别是一些"做而不述"或"述而不作"的教师学习和借鉴。[②] 作品发表要求教师具备"产品思维",按照各种媒体平台对文字表达的规范要求梳理教育经验,分享、传播、推广自己的教育经验和研究成果,让个人知识能够被更多人了解、学习和运用。以促进专业发展为目标的教师写作,应该在教师专业的视域中进行,符合党和国家的教育要求,符合社会发展的基本方向,符合教育教学的基本规律,并符合各种教育写作任务与文体的具体技术要求。规范既是一种专业要求,也是一种专业工具,可以更快地提升教师的专业表达技术,更好地促进教师的经验转化,更高质量地促进教师的专业成长。

六、如何使用这本书 ◀

本书的定位是一本入门级的教师写作指导书,希望成为一本教师可以经常翻阅的写作说明书。

---

① 顾泠沅,周超.教师专业化的实践与反思——顾泠沅教授专访[J].苏州大学学报(教育科学版),2017,5(02):86-93.

② 冯卫东.李吉林:在"学、思、行、著"中研究[J].江苏教育研究,2008(19):57-61.

本书具有以下特点。

(1) 任务导向。本书分为七大模块,每个模块都是为了完成一个教育写作的"产品"。模块下又分为五个左右的子任务,逐一解读支撑模块主题的关键事件。

(2) 全景描述。写作是教师经验表达的一种形式,是教师知识生产系统的一部分。在书中,我们努力超越子系统的局限性,尽量完整讲解每种作品的"来龙去脉"。以课例研究报告的写作为例,我们不仅讲学情分析报告、课堂观察报告和课例研究报告的写法,还会讲如何组建研究团队以及如何进行课后研讨等。

(3) 应知应会。相对于一些鸿篇巨制的写作书,本书剔除了很多过于专业化和学术化的内容,倾向于讲述教师写作应知应会的内容,如方法、程序和规范,以便教师写作时按图索骥,快速上手。

本书七大模块的排列如下。

模块一,主要讲如何写教育新闻。该模块针对新媒体时代的要求,从最小的公共作品——教育新闻(一般发表于学校或学术共同体的官微)出发,讲述如何写教育新闻的标题、导语、主体部分以及人物专访等,指导教师如何在新媒体时代有温度、有深度、有新意地实现专业表达。在微信繁盛的时代,教育新闻写作在学校场景中应用广泛,且因其具有短小精悍、发表及时等特点而极具写作操练的基础价值。

模块二,主要讲如何写课例研究报告。该模块从教师最常见的写作现场——课堂研究出发,具体讲述如何选题、如何组建研究团队、如何做好课前学情分析、如何进行课堂观察以及如何进行课后研讨等内容。文中提供了多种工具和表格,教师可以依据工具和指导,写出高质量的学情分析报告、课堂观察报告和课例研究报告。

模块三,主要讲如何写调查报告。该模块从教师最实证的写作任务——调查报告的写作出发,具体讲述如何设计调查问卷、如何进行访谈、如何抽样、如何进行数据处理、如何撰写调查报告等内容。

模块四，主要讲如何写课题研究报告。该模块从教师最常见的科研任务——课题研究出发，具体讲述如何确定选题、如何写课题申请书、如何写开题报告和中期报告、如何写结题报告、如何推广研究成果等。

模块五，主要讲如何写科研论文。该模块从教师最刚需、最专业的写作任务——论文写作出发，具体讲述如何选题、如何撰写前置部分、如何撰写主体部分、如何撰写引文部分等内容。论文的内容主要源于文献研究、实践感悟和教育科研，本模块主要从论文规范的角度加以引导。

模块六，主要讲如何写作一本书。该模块从教师内容量最大的写作任务——教育著作出发，具体讲述如何起书名、如何确定目录和样张、如何进行团队作战等。

模块七，主要讲如何制作教育微课。课程化是教师经验传播的重要途径。该模块从智能时代对教学形态的新要求出发，详细讲述教育微课的制作过程，具体包括如何选题、如何写脚本、如何拍摄、如何剪辑合成以及如何进行评价等。

本书在模块下以任务细分，共分为35项具体的操作任务。模块之下，我们通过八个板块来具体阐述每项任务，其中包括五个必选板块，分别是导语、知识导航、典型案例、高手指路、实践与思考，以及三个可选板块，分别是拓展阅读、工具箱和小贴士。

在叙述方式上，本书充分考虑了新手教师的阅读特点。必选板块有理论，但不长篇大论；有实践，以典型案例细说过程；有总结，以高手经验画龙点睛；有练习，以实践操练及时总结学习成效。可选板块，拓展阅读、工具箱和小贴士短小精悍，清新灵动，处处给人以美的阅读体验。

七、给教师的建议 ◀

在写作之路上，教师会遇到一些常见障碍。为了有效克服这些写作路上的"拦路虎"，特提供如下建议。

（一）用"主体自觉"克服"失能症"

教育写作是"爬楼梯"，需要长期不懈的坚持。在学校日常开展的教研、课题参与等活动中，教师积累了大量的经验，有效地促进了教师的专业发展，但由于缺乏系统性和完整性，存在理论支撑不足、研究程序与方法不规范等问题，使得研究难以深入、缺少典范性，容易带有感情色彩和个人经验，教师经验往往难以转化为研究成果。久而久之，教师容易失去动力，厌烦写作。这时，教师要唤醒主体自觉，通过写作推动自己实现"研究"与"实践"的双向互动，实现教师专业视域下"实践者"与"研究者"双重身份的融合统一。教师要摒弃被动、功利的写作状态，寻找和挖掘写作本身带来的幸福感，产生自觉、持久和深层的写作动力。

（二）用"微作品"克服"恐惧症"

在教师群体中，存在一个普遍的现象：愿意说，害怕写。这就是写作恐惧症的表现。具体表现为以下"症状"：做的多，写的少；读的多，写的少；想的多，深入的少；知道的多，研究的少；经验多，表达少；别人写的多，自己写的少；等等。顺藤摸瓜地找原因，之所以有以上表现主要是因为缺少发表的"褒奖"。许多教师带着功利的目的写作，目标直指核心期刊的学术论文。但在操作中缺少规划和准备，极易导致失败。这时，教师可以充分利用新媒体平台的随发优势，从一篇微文或教育新闻开始，把自己的经验"产品化"。然后，教师可以逐步升级自己的"产品"，尝试本书中的各种文体类型，用从小到大的"系统脱敏"的方法克服对写作的惧怕感。

（三）用"伙伴写作"克服"孤独症"

在大多数情况下，写作是一个孤独的旅程。教师可以找一个或几个伙伴一起写作。同伴的参与容易使人坚持到底。此外，由于个人实践知识的缄默性、实践性、情境性、介入性等特征，教师的很大一部分个人实践知识未被外显化。通过同伴合作，可以使教师将自己日常运用的能够有效解决问题的缄默性的个人实践知识显性化，从而增加教师群体的知识存量。当然，组建的写作共同体要志同道合，目标一致，分工明确，且有严格规定的时间表。每个成员要认真对待，信守承诺，严格按照共同拟订的写作计划，高质量地完成写作任务。

（四）以"对话＋反思"克服"内卷症"

写到一定阶段，教师可能会陷入一种"自嗨"模式，表现为：为写而写，少理论，少概念，少反思，低水平重复。我们称之为写作"内卷症"。为了避免内卷，教师要以开放的心态与学习者对话，与同行对话，与学者对话。对话的形式，可以是对谈和讨论，也可以是阅读和"笔战"。教师要养成"批判性反思"的习惯，经常问问自己这样做对吗，还有没有更好的方法。叶澜先生曾说："一个教师写一辈子教案难以成为名师，但如果写三年反思则有可能成为名师。"教师要成为一个积极对话和认真反思且坚持不懈的人，不断寻找新资源和新机会，超越自我。

（五）用"计划写作"克服"拖延症"

写作时，我们常常会抱怨静不下来，或缺少时间。其实，这是写作拖延症在作怪。克服写作拖延症，教师要做一个行动派，用计划写作代替突击写作。正如凯斯所言："认真的写作者笔耕不辍，不论有无灵感。随着时间的推移，他们发现规律性显然是比灵感更可靠的朋友。"[①]突击写作会使教师有很多拖延的理由，如需要一台好电脑、需要查资料以及等待灵感。计划写作只要求教师有一张写作课程表，并像按时上课那样按时写作。除此之外，计划写作什么都不需要，提高自控力的最好办法就是把条件要求降到最低。如果每天坚持1小时，每天坚持写500字，假以时日，你会发现一个与众不同的自己。

---

① 保罗·J.席尔瓦.文思泉涌：如何克服学术写作拖延症[M].胡颖，译.上海教育出版社，2015：30.

模块一
从教育新闻开始

导读

　　教育新闻是关于学校教育事件的报道，用来记录学校生活的重大事件、总结学校教育教学工作经验、反映模范教师和优秀学生的事迹，以及宣传新出台的教育政策法规等。在新媒体时代，教师经常会遇到各种教育新闻的写作任务，在学校的微信公众号发表。作为公开发表的小型作品，教育新闻具有独特的练笔价值。它易于上手，有助于教师保持良好的"笔感"；它发表快捷，有助于教师获得同行及公众的及时评价；它要求规范，有助于培养教师的眼力、脑力、笔力和脚力。因此，我们选择教育新闻作为教师写作的第一课。

教师写作：
从经验到专业

任务一：
拟标题

写文章不容易，拟标题更难。教育新闻写作尤其要重视标题的锤炼。在微信和网络平台上，教育新闻常被折叠成一条标题。标题是读者对一篇稿件的第一印象，决定了用户是否愿意打开一篇文章。

知识导航

关于新闻，陆定一先生曾给出这样的定义：新闻是新近发生或正在发生的事实的报道。[①] 刘建明教授在此基础上加以补充和发展：新闻是新近发生的，具有社会知悉意义的事实。[②] 两者的差异在于后者更强调新闻对于公众的意义，要求新闻在坚持报道"准确性"的前提下，尽量加强对读者的"吸引力"。

本模块主要讲的教育新闻，是指关于学校教育事件的报道，用来记录学校生活的重大事件、总结学校教育教学工作经验、反映模范教师和优秀学生的事迹，以及宣传新出台的教育政策法规等。随着新媒体时代的到来，传统教育新闻的内容和形式都有了新的变化，具有新媒体时代的新特征。

教育新闻有五要素，包括发生新闻的主角（谁）、发生的事情（什么）、发生的时间、发生的地点、发生的原因。五要素用英语来表示就是 Who、What、When、Where、Why，它们都以 W 开头。所以，五要素又简称"新闻 5W"。有些新闻类教材会将新闻跟读者有什么关系或对读者有什么影响，以及报道是否包含读者感兴趣的内容这两个元素也算作新闻要素，称为七要素。

---

① 陆定一.我们对于新闻学的基本观点[N].解放日报，1943-9-1.
② 刘建明.新闻定义的缺陷与完美[J].声屏世界，1996(10):36.

教育新闻的结构通常是:标题＋导语＋正文主体＋结尾。(1)标题,一般由主题和副题组成;(2)导语,即新闻的开头部分,对最重要的新闻事实进行概括总结或评议(详见任务二);(3)主体部分,即正文,一般指导语之后的正文部分,具体展开新闻的背景与主干内容(详见任务三),其中的新闻背景材料包括衬托对比性材料、说明性材料、分析材料等;(4)结尾,放在最后一段,深化总结或强化新闻内容,起画龙点睛之用。

一篇高质量的教育新闻如何在第一时间吸引人的注意力,诀窍在于标题。标题是读者在网络阅读时第一眼看到的东西。一旦找到好的标题,新闻往往能取得传播力"倍增"的效果。确定标题的过程,往往是新闻作者在确保"准确性"的前提下,努力在"准确"和"吸引力"之间寻找最佳平衡点的过程。

从结构看,教育新闻标题分为单一型和复合型两种。单一型只有主标题,没有引题和副题。复合型的标题由引题、主标题和副题构成。其中,引题点明活动的目的、意义和作用,正题揭示主题和内容,副题对主题进行解释说明和补充。常见的两种组合形式如下。

(1) 引题＋主题。例如,记录历史,读懂中国！第十四届"让青少年读懂中国"系列活动启动(第一教育,2021.6.18)。

(2) 主题＋副题。例如,百年"新征程",培育"新教师"——中学教师"与大师同行,与前沿共进"(教师博雅,2021.7.19)。

制作教育新闻的标题,一般可以采用以下方法:(1)从独特视角取材;(2)强调重点内容;(3)从读者视角接近读者;(4)努力寻找事件本身的"独特性";(5)用数字说话;(6)用问题引领;(7)巧用修辞;(8)借用网络"流行语"。我们将在"典型案例"中举例说明。

典型案例

如何制作教育新闻标题

标题的好坏直接决定了文章的阅读量。制作一个好的标题,通常可以从以下几个方面入手。

1. 从独特视角取材

上海市中小学（幼儿园）见习教师规范化培训基本功大赛是由上海市师资培训中心承办的大型活动之一。文汇报、新民晚报、教师博雅、上海教育等新媒体平台都从各自的角度提炼标题，报道这次重要活动。

- 五分钟"独角戏"显示教育智慧　上海举行见习教师基本功大赛（新民晚报，2017.11.18）

- 从教育智慧到师德师风　沪见习教师比拼基本功（文汇报，2017.11.23）

- 90后闪耀见习教师基本功大赛，105人获奖（附全名单）（教师博雅，2017.12.19）

- 三大板块七个环节考验，上海举行见习教师基本功大赛！（上海教育，2017.11.18）

- 上海教师为何起点高？这个基本功大赛功不可没！（上海教育，2019.11.25）

2. 强调重点内容

制作标题要善于从稿件中寻找重点内容，对稿件中出现的事实进行分析、提炼，然后决定将什么样的关键信息放到标题中。比如，我们可以从新闻五要素中提炼。你可以对一篇稿件的"5W"进行分析，看其中哪一个最有独特价值，或者是我们最想要表达的关键信息。

- 《上海教育》庆建党百年特刊来了！聚焦中国共产党人精神的党史育人小初高实用读本！（第一教育，2021.7.20）

- 增量、扩容、转专业政策升级！复旦、交大、上海师大等发布今年招生新亮点（第一教育，2021.6.15）

- 比天气还热！华东师大人"撸袖"传递生命温度（华东师范大学，2021.5.10）

- 上海教师心理健康发展中心成立五周年：新增六个服务点　为教师提供全天候全方位心理关怀！（教师博雅，2020.1.17）

3. 从读者视角接近读者

新闻要接近读者,将与读者关系最密切的事实放进标题中加以突出,更易引起读者关注。2020年1月底,买口罩成为大家关心的热点。于是,很多新媒体的标题是这样的:

- 这些地方,买口罩不用去药店排队(环球时报,2020.2.1)
- 解决口罩难题,更需你我同心(上海发布,2020.2.1)
- 什么时候才能买到口罩?工信部回应了!(环球时报,2020.1.30)

4. 努力寻找事件本身的"独特性"

标题一定要有"新"意。对于大家都熟知的事件,要努力发现其创新点和独特性。对于一个时间跨度较大的事件,可将最新的发展与变化写进标题,突出新闻事件的阶段性特点。以下是关于国际数学教育大会的几则报道。

- 2020年第14届国际数学教育大会主办权花落上海(华东师范大学,2015.6.9)
- 官宣!国际数学教育大会延期,一年后见!(华东师范大学,2020.4.19)
- 国际数学教育大会倒计时100天!(华东师范大学,2021.4.2)
- 时隔41年,中国学者在华东师大重返这个讲台,背后是三代人45年坚守!(华东师范大学,2021.7.14)

5. 用数字说话

数字常常比文字更有说服力,也常能让人感觉眼前一亮。将稿件中出现的关键性数字放进标题,也是一种常用手法。

- 81万次播放,获赞2.9万!华东师大党建工作优秀品牌展播作品第三集来了(华东师范大学,2021.7.22)
- 1668岁!今天,华东师大给《兰亭序》庆生(华东师范大学,2021.4.14)
- 还记得"祝融号"火星车吗?它已经跑完800米啦!(第一教育,2021.8.6)

6. 用问题引领

针对读者可能产生的疑问,将读者最关心的内容放进标题,不仅使标题更加具体,也使其针对性更强。注意,问题引领不一定是问句引领。

- 理化实验操作考试怎么考?视频来了(第一教育,2021.5.14)
- 教育部最新部署!事关课后服务和暑期托管(第一教育,2021.7.13)

7. 巧用修辞

标题可采用比喻、对偶、反问、设问等修辞手法,增加读者阅读兴趣,激起读者的好奇心。

- 穿上文化的"马甲" 插上品牌的"翅膀"(爱特延安,2020.6.6)
- 聚焦主题式综合实践活动,关注区域内多元融合共进(第一教育,2021.6.12)
- 你打了吗?多图直击华东师大疫苗接种现场(华东师范大学,2021.3.28)
- 谁是爱书少年?华东师大书香榜单发布(华东师范大学,2021.4.23)

8. 借用网络"流行语"

网络"流行语"是网络文化的一部分,非常符合年轻人的阅读偏好。在标题中恰当运用网络流行语,可以使文章显得生动活泼,从而拉近与年轻读者的距离。

- 92岁于漪拍了拍"05后"的肩膀:"千钧重担,挑着!"(教师博雅,2021.6.2)
- 复旦附中拍了拍你,向你征集校庆视频(复旦大学附属中学,2020.7.31)
- 一场"嘉年华",让全球科研后浪云集华东师大!(华东师范大学,2020.6.8)

高手指路

新闻标题制作指要

1. 准确性第一

准确是标题制作的基本原则,它是对标题的内容与形式两方面的基本要求。从内容提炼方面看,要做到准确,要求标题突出新闻的实质与精华,防止以偏概全,哗众取宠。

2. 在"准确性"和"吸引力"之间寻找平衡点

要考虑标题的双重功能:一方面,标题应该能传达事实的基本要素;另一方面,标题起着吸引眼球、引导读者下一步阅读的作用。作者要努力在"准确性"和"吸引力"之间寻找平衡点。

3. 便于检索

微信新闻发布后,并不是从此就在网络中消失。它们都储存在数据库中,随时可能被受众通过搜索引擎等方式再次阅读,或者被编辑作为相关新闻与其他新闻的链接。因此,在制作标题时,要尽可能将新闻中的关键人物、关键事件等放入标题中。

4. 结构简化

一般采用单独主题,或者"引题＋主题""主题＋副题"的简单结构,极少采用"引题＋主题＋副题"的复杂结构。

5. 符合字数要求

微信公众号规定标题字数不得超过 64 个字,大多数网站规定标题字数不超过 20 个字。考虑到微信可能会被多个网络平台转载,标题应尽量不超过 20 个字。

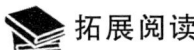 拓展阅读

标题亮　文章靓①
——"学习强国"平台文章标题赏析

好文章要有神,好标题要传神。在文章中,标题最能凝练传神地表达主题思想,也最能吸引读者的眼球。好标题必定是内在美与外在美的统一,内在美是智慧美、思想美,外在美是语言美、形式美。因此,文章的标题要力求醒目悦眼、新颖别致,这样才能吸引人,激发读者的阅读兴趣。

---

① 摘自传媒时评微信公共号,2020.7.30,有删节。

在拟制标题时,应把握以下几点:

一要文题对应,能提纲挈领、准确鲜明地表达文章的核心观点;

二要"大题小作",尽量切口小、挖掘深,切忌虚浮夸张、大而无当;

三要简洁明快,善于总结概括、提炼升华,避免拖沓冗长;

四要含蓄生动,遣词造句新颖独特,防止干瘪枯燥、平淡苍白;

五要巧用修辞,使词句具有文学色彩和审美价值,更有生动性和感染力。

实践与思考

有记者说,微信公众号允许的标题长度达到"令人发指"的 64 个字,充分激发了小伙伴们的想象力,探索了现代汉语的无限可能性,也把过去视为宝贵本领的短标题制作彻底扫进历史垃圾堆。[①] 您认为,"长标题"好吗?理由是什么?

---

① 传媒时评微信公共号,《短标题已死,公众号又长又硬的标题是怎么火起来的?》,2017.2.16。

任务二：
写导语

导语是新闻的开头，通常是第一个自然段，它是新闻的精髓和灵魂，包含新闻最重要的信息。写好新闻导语，是新闻作者的基本功。然而一些新手对导语的重要性认识不清，没有对导语的写作方法进行深入研究，只是简单罗列新闻要素，没有侧重点和中心思想，或是描写过多，迟迟无法进入正题。本任务将重点阐述如何写出一个高质量的导语。

知识导航

一、做好写作准备

导语要尽量言简意赅地把新闻主要信息表述到位。在写导语之前，需要做好信息采集工作，要回答以下问题：

（1）活动是谁主办的？承办方和协办方是谁？这些单位的性质和特点是什么？

（2）参与活动的人中，谁是关键性人物？哪些人必须在报道中出现？哪些人物要重点报道？叙述人物的先后顺序是什么？

（3）活动的主题是什么？活动将涉及几个板块？活动的新闻点在哪里？

（4）关键性人物对活动的看法及评论是什么？

（5）其他相关问题，例如：活动举办的目的和意义是什么？活动举办的时间和地点是什么？活动的内容和议程是什么？活动的相关背景是什么？是否有与议程或活动设计不符的内容？

了解以上信息后，你就可以根据活动的重点对相关内容进行取舍，胸有成竹地开始你的导语创作了！

二、导语的写作方式 ◀

新闻导语的写作方式有直叙式、描写式、设问式等。

（一）直叙式导语

直叙式导语是最常见的，是把新闻中最主要、最新鲜的事实简单直接地概括叙述出来。直叙式导语通常会开门见山，直奔主题，以达到"抢耳""抢眼"的效果。

例如，1945年8月14日，美国杜鲁门总统宣布，日本已无条件投降。美联社在抢发这条新闻时，导语干脆利落："日本投降了！"一语破的，如雷贯耳。但直叙式导语也不能过于简略，因为会导致重点模糊；也不能过于平淡，没有激情，可适当加入描写或感想，夹叙夹议。

（二）描写式导语

描写式导语又分为见闻式和特写式。见闻式导语一般用于比较大的场面，对场景从侧面用简洁的文字勾勒出生动的画面。特写式导语则抓住人物的表情或一些事情的局部细节加以描绘，使读者有如见其人、如闻其声之感，让读者感觉身临其境。例如，1983年8月2日，《光明日报》发了一条人物新闻的导语：

眨眼之间，他已在青藏高原奋战了27个春秋。原来的满头青丝，现在已染上了祁连山的霜雪；脸上的皱纹，就像是风沙雕刻的痕迹。这是少数民族地区科技工作者代表座谈会上，高级地质师胡贤农给记者留下的深刻印象。

满头"祁连山的霜雪"，满脸"风沙雕刻"的"皱纹"，使人物形象栩栩如生，仿若就在读者面前。

（三）设问式导语

提出问题和回答问题是新闻的重要功能。在导语中，把广大读者普遍关心的、感兴趣的、新闻报道里已经解决了的问题，先用疑问句式鲜明地提出来，而后用事实加以回答，使之更加引人注目，发人深思。此外，报道结果具有悬念性的活动时，可采用设问式导语。例如，报道运动会、学科竞赛等，可合理设疑，引导读者继续阅读主体部分。

2021年东京奥运会即将开幕，《中国教育报》以《加油！这些高校学子出征东京奥运，"简历"亮了》为题发布了一条消息，导语这样写：

代表中国，出征东京！东京奥运会即将开幕，在中国体育代表团名单中，不乏高校学子的身影，来看看他们都是谁！

典型案例

导语写作技巧五则

在新闻的结构中，导语起着承上启下的作用。好的导语像是一个执行官，既要接受标题提出的"任务"，又要统领和指挥接下来的正文部分。写好导语，除了直叙式、描写式和设问式外，还可以有很多方法。下面再举例几例。

1. 设置悬念

在文学作品和戏剧表演中常见"悬念法"。在新闻导语上设置"悬念"，可以吊起读者的胃口，吸引读者继续阅读。

1978年6月25日《人民日报》刊发了新华社记者的一篇报道，导语是这样写的：

全国财贸大会上传说着这样一件事：上海服装进出口公司床上用品组的职工，"救活"了两只鸳鸯，挽回了一大笔外汇。

为什么要"救活"鸳鸯？"救活"了两只什么样的鸳鸯？又怎样挽回了外汇？导语对此一概不说。你想知道的话，就得往下读。

2. 化静为动

一个事件性的新闻，用静态的记叙手法写，其导语往往比较枯燥、呆板、索然乏味，但若用动态的表现手法写，导语就会新颖有趣，活脱而有生气，所报道的新闻也就有了灵性，引人入胜。

1974年，我国在西安出土了秦始皇兵马俑，引起了国内外的强烈关注。当兵马俑复制品在比利时首都布鲁塞尔巡回展出时，美国《国际先驱论坛报》记者罗娜·多布森发了一条消息，导语妙语惊人：

有一支中国军队到达了布鲁塞尔。威武的士兵身穿紧身盔甲，随后行进的是军乐队和骑兵，最引人注目的是他们的身材。

兵马俑成了"行进"中的中国军队，并且已"到达了"布鲁塞尔，真佩服外国同行们具有如此高超的"起死回生术"和丰富的想象力。

3. 拟人修辞

巧妙地运用拟人修辞手法写导语，导语和被报道对象就会活灵活现，就会有"人情味"，就会给人以亲切感。有亲切感的导语，自然会受到读者的欢迎。

1993年11月1日，《杭州日报》创办了我国历史上第一张下午版报纸。当天，《新民晚报》发了一则消息，导语是这样写的：

中国新闻史上第一次响起了一个与众不同的声音："嗨，下午好！"我国第一张下午版报纸今日由《杭州日报》正式创刊。

报纸是纸，绝不会说话，作者却以拟人的手法，写出了声音："嗨，下午好！"仿佛一位久违的朋友伸出双臂向你奔来，多么亲切！

4. 巧用背景

从严格意义上讲，一篇完整的新闻稿离不开背景材料。背景材料放在哪，大有讲究。在导语中巧妙地运用背景材料，用好了，导语就会有"脸面"，就会"满堂生辉"。

1994年10月19日，《人民日报》刊登了一篇笔者采写的关于"永州养蛇"的

消息,导语就是以背景材料取胜的:

唐代著名文学家柳宗元在被贬至湖南永州任司马时,曾写下千古名篇《捕蛇者说》,使"永州之野产异蛇"闻名遐迩。一千多年过去了,历代冒死捕蛇为抵租税的永州捕蛇者的新一代又悄然兴起了一股养蛇热,各乡各户竞办蛇场已成为永州农村的一大新鲜事。

永州是个比较偏僻的地方,知名度不高。可以说,若没有柳宗元,没有柳宗元的《捕蛇者说》,这个导语将苍白无力,这条稿子根本就不会被人看中。正因为有了《捕蛇者说》,"永州养蛇"才有了特殊意义,这条稿子才突然变得十分抢手起来:新华社发了通稿,《人民日报》(海外版)、《北京晚报》、《新民晚报》等数十家报纸、杂志、电台纷纷采用。

5. 小中见大

常言道:"一滴水可以反射出太阳的光芒。"从小处着手,从小事写起,由小到大,小中见大,这样的新闻导语往往真实可信,具有较强的感染力。

1957年11月17日,我国女子跳高运动员郑凤荣以1.77米的成绩,刷新了由美国选手麦克尼尔保持的1.76米女子跳高世界纪录,震动了国际田径界。国内媒体在报道这一事件时,大多是"就事论事"。而美联社的电讯稿却能着眼于这一新闻事件的未来发展趋势。其导语全文如下:

美联社11月17日电,一位20岁的中国姑娘在北京的有力的一跳警告世界田径界,六亿中国人民不会是永远落后的选手了。

你看,"一位中国姑娘"与"六亿中国人民"联系起来,这则评论式的导语,"小"中见"大"的功夫了得。

(摘自新闻与写作微信公共号,《导语写作技巧20则》,2020.4.22)

如何写好导语?以上举例是数十年前的经典新闻作品,回归新闻的基本要求,这些写作方法却不过时。"文无定法",希望教师能从中获得启发,用你的创意让导语成为新闻走向读者的阶梯。

高手指路

导语常见的错误[①]

1. 导语过长

导语过长,难于阅读,难于理解,会吓跑读者,因而葬送整条新闻。导语好比百货大楼的橱窗,展现的应是选了又选、精而又精的东西。写作时要"惜字如金",像过去打自费电报一样。

2. 埋没新闻主题

一些导语里尽管也有事实,但是没有涉及新闻的实质性内容,只是蜻蜓点水似的触及事物的枝节或表面,这样,导语里就没有显示出新闻主题是什么。

3. 拐弯抹角

设置导语的目的,是让读者和听众及早地了解新闻的主要内容。新闻写作强调开门见山,导语写作更是如此。拐弯抹角的导语,不利于快速传播信息。

4. 罗列现象和空洞无物

目前的新闻写作中,也有不少新闻"开门不见山"。其原因有二:一是主次不分;二是公式化、概念化。主次不分,是指罗列现象,没有重点;公式化,是指有些新闻不是内容决定形式,而是形式决定内容,往往用一个框框去框住丰富多彩的内容,使内容得不到充分、生动的反映。概念化,是指新闻内容空洞无物,全是用抽象的概念代替事实。

5. 搞文字游戏

导语要写得生动,但又要避免华而不实,更不应搞"文字游戏"。提倡消息导语要写得生动活泼,是为了克服消息的语言枯燥干瘪,反对写空话、废话、套话等毛病。导语要运用精彩的语言,鲜明、准确地表达出新闻的主题思想。如果单纯追求文字的华丽,搞些光怪陆离的写法,使读者看了导语感到莫名其妙,那就背离了写导语的基本要求。

[①] 摘自新闻与写作微信公共号,《掌握这些技巧,写好导语不再难》,2018.9.7,有删节。

6. 夸大其词，事实不见面

有些新闻一开头就喊出空洞的口号，好像口号喊得越响，新闻价值就越大。其实，往往是"小人戴大帽"，或是一些牵强附会的空口号，这样的导语不但不能吸引读者，还会使人反感。

7. 概念太多

一切导语都必须突出主要的新闻事实，概念写多了，会拉长篇幅，喧宾夺主。

实践与思考

11月25日13时56分，见习教师基本功大赛的最后一批阅卷专家离开了上海市师资培训中心。16时23分，写满了参赛教师、评委、领队、工作人员姓名的签字墙被拆除了。21时03分，见习教师基本功大赛的项目组还在办公室里做着最后的分数统计……从筹备到实施历时3个月的2019年上海市中小学（幼儿园）见习教师基本功大赛终于步入尾声，让我们来还原大赛的十二时辰。[①]

以上是上海市师资培训中心微信公众号对2019年见习教师基本功大赛报道的导语部分。说说看，这篇导语用了哪种写作方法？猜猜看，接下来作者会如何安排正文的结构？

---

① 摘自上海市师资培训中心微信公共号，《大赛十二时辰——直击见习教师基本功大赛的台前幕后》，2019.12.2。

任务三：
写正文

正文是教育新闻的主体部分。一般采用时间顺序展开，也就是按照事情发展的时间顺序对事件发展的全过程进行阐述。作者要重点阐述突出主题的事实，不求面面俱到。要对材料有所取舍，与主题无关的材料可以舍去或略写。

知识导航

一篇完整的新闻，一般包括标题、导语、主体、背景、结尾等部分。但具体到每一篇新闻，谋篇布局的结构会有很大差异。以下梳理出几种常见的类型——时间顺序结构、倒金字塔结构、并列式结构等。

一、时间顺序结构 ◀

该结构按照时间的先后顺序写作，依次呈现事件发生的开始、过程和结果。这种顺序适合对简单活动的报道。遇到结构复杂的会议或活动时，依据时间顺序写作易使读者感到主次不分，结构拖沓冗长，有记流水账之嫌。

二、倒金字塔结构 ◀

该结构把最重要的内容放在前面，随后按重要性依次排列其他内容。这要求作者把最新鲜、最重要的事实，先告诉读者，使读者一目了然。该结构也是使用最为广泛的新闻报道的结构形态。

三、并列式结构 ◀

该结构采取并列陈述的方式,在导语后将众多主要事实并列叙述。这种结构适合报道事实各部分的重要性相等的新闻,如分述学术会议上各位专家的主旨报告。

四、悬念式结构 ◀

该结构故意设置带悬念的新闻导语,吸引读者阅读。在导语之后,正文部分按照"倒金字塔结构+时间顺序结构"的方式组织文字。

五、菱形式结构 ◀

该结构"两头小,中间大",这种结构在导语后综合采用"时间顺序结构+倒金字塔结构",最后加以简短的总结。

此外,还有各种"混合型"结构。这些结构可以千变万化,但必须符合新闻报道结构的基本要求。新闻结构必须完整。不论采用何种结构,都要努力把新闻事实或局部的新闻事实表达完整,力求把"5W"新闻要素讲述清楚。要根据各种结构的特点,合理安排最有典型价值的新闻素材,既突出重点,又不失偏颇。采取倒叙、插叙等结构时,不能违背新闻事实的内在逻辑结构,不能出现表述漏洞或自相矛盾的情况。每个新闻事件都有适合表达它的结构,作者要发挥主动性,选择表达新闻事实的最佳结构。

典型案例

下面我们通过案例来看,进行新闻写作常用的倒金字塔结构。

倒金字塔结构举例

据新华社北京9月17日电,国家主席习近平17日签署主席令,根据十三届全国人大常委会第十三次会议17日下午表决通过的全国人大常委会关于授予国家勋章和国家荣誉称号的决定,授予42人国家勋章、国家荣誉称号。其中,于漪(女)、卫兴华、高铭暄被授予"人民教育家"国家荣誉称号。

在这次表彰中,于漪老师是基础教育领域唯一的获奖者。让我们向她致敬,小编在这里,为您推荐一段教师节前夕,于漪老师从病房中向华东师范大学发来的长达10分钟的视频(于漪老师受邀参加活动,因身体原因无法出席,特录制该视频)。

……

小本本准备好啦!除了"一辈子做教师,一辈子学做教师",于漪老师还有哪些有关教育的语录呢?

……①

倒金字塔结构按照事实重要程度递减的原则来安排材料,或者说是按照新闻价值递减的原则安排事实材料。该结构的特点如下。

(1) 标题:对核心新闻事实的概括或提炼,其新闻价值最高,倒金字塔结构的标题具有较强的独立性,即便只看标题也可以了解新闻的核心内容。

(2) 导语:往往是对标题的展开,是浓缩的新闻,就正文而言它的新闻价值最高。

(3) 主体:按新闻价值递减原则安排事实或材料的写作,新闻价值越高的材料越往前放,新闻价值越低的材料越往后放。

(4) 适用范围:倒金字塔结构主要用于动态新闻等强调时效性的新闻写作。

---

① 摘自中国教育报微信公众号,《老师界骄傲!于漪被授予"人民教育家"国家荣誉称号,一段她的最新视频值得一看》,2019.9.17。

高手指路

如何进行板块组合

板块组合结构是指依照新闻内容的性质或要素,将新闻内容划分成不同的板块并对这些板块进行巧妙组合的结构模式。各板块的地位和篇幅大体相当,板块之间形成一种并列关系。

板块组合结构模式比较适合对复杂新闻事实的报道。可以按照新闻事实内在的逻辑关系将其分解成若干个部分,根据报道内容进行分门别类,然后一个部分一个部分地进行说明与展示,用这些各自相对独立的报道单元,合成对新闻事件的完整描述,完成对新闻主题的解释。

进行板块划分必须充分考虑新闻内容的特点:(1)如果新闻事实中各方意见不同,可以考虑按照观点来分不同板块;(2)如果新闻内容中有明显的时间划分,可以考虑根据时间顺序划分不同的部分,展示新闻的进展全程;(3)如果新闻事实情节复杂,可以把其中的关键环节挑选出来,分解为不同部分,以揭示新闻的全部内容。

当然,运用板块组合结构来撰写新闻稿,在构思时要深思熟虑,抓住各个部分之间的内在逻辑关系,并让读者清晰地看到其中的内在联系。这样一来,整篇新闻才能成为一个有机体,否则就容易成为七拼八凑的"积木"。

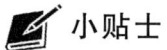 小贴士

新闻要具有可扫描性

新闻应该具有"可扫描性",即可以让读者在一瞥之中便捕捉到那些重要的要素。为此可以将重要内容用某些方式突出,如加粗、用特殊色彩标示。也可以利用"列表"的方式将要点一一列出,下面就是一个典型的例子。

原文:

本轮调查中,学习自信心较强的学生占比约为 81%,内在学习动机较强的

九年级学生占比为 74%,比上一轮有明显进步;每天睡眠时间达到 8 小时以上的学生,所占比例提高近 2 个百分点;感到学习压力较小的学生,所占比例为 50%,比上一轮提高 3.6 个百分点。①

根据可扫描性原则,我们将上述内容用列表的形式表述如下:

本轮调查中指标比往年明显进步的是:

- 学习自信心较强的学生占比约为 81%;
- 内在学习动机较强的九年级学生占比为 74%;
- 每天睡眠时间达到 8 小时以上的学生占比提高近 2 个百分点;
- 感到学习压力较小的学生,所占比例为 50%。

经过这样的改写后,读者的视线从上往下垂直扫描,能快速看到排名情况,更容易抓住关键信息。

实践与思考

有教师这样评价倒金字塔结构:"优点是传播高效,最具价值的信息最先呈现,读者可以只看开头就大致了解新闻的核心内容。缺点是虎头蛇尾,越是后面的内容,新闻价值越差,也就越不重要,易被忽略。"

您认为呢?如何才能扬长避短地使用倒金字塔结构?

---

① 搜狐网."上海的 PISA"初中全样本调查结果发布,语数外课外补习对学习提升作用微弱[EB/OL]. (2019-12-19)[2021-10-10]. https://www.sohu.com/a/361330845_120402342?scm=1002.44003c.fe0215.PC_ARTICLE_REC.

任务四：
人物专访

常言说，七分采访，三分写作。人物专访是教育新闻的一种重要体裁。好的人物专访既能激发读者兴趣，又能展现丰富的人物形象。通过合理运用悬念、冲突、情节、节奏等元素，人物专访以讲故事的方式来吸引观众的注意力。全能视角、穿插背景材料、且叙且谈等叙事形式能使文章更加丰满。通过采访资深专家教授和优秀学子，从他们身上学习行业经验，看到他们如何自强不息、开阔眼界，进而启发自身努力的目标与方向。针对学校发展阶段的不同，采访对象的选择与侧重点会有所区别。以学校阶段性发展目标为导向进行有的放矢的宣传是有必要的。人物专访能揭示人物的精神世界，挖掘和表现人物身上的时代精神，奏响时代强音。

知识导航

如何进行人物专访？可以从采访前、采访中、采访后三个部分逐一了解。

一、采访前：选题策划、资料搜集、人物分析、提纲撰写

采访前的资料收集是必不可少的部分。要取得与专家学者对话的资格，必须肯下功夫，尽可能多地阅读与其专业方向相关的普及读物和资料，向专家的助手或弟子请教等都不失为良好的方式。长时间的耳濡目染有助于采访者对专家的个性特征、思维方式、生活习惯、业余爱好等方面有一定程度的了解，更易获得良好的采访效果。分析人物、撰写采访提纲是对采访者思维与观察力的

一次重要训练。对科学家,要了解其研究方向、主要科研成果及获奖情况;对作家或艺术家,要了解其主要作品、基本风格、最新作品等;对劳模,要了解其主要事迹……对受访者的家庭环境、教育背景、职业生涯、性格特点、价值观念等进行分析,有利于提高问题设计的精准度。可以从个人成长、求学经历、职业生涯、教学理念和未来规划等角度切入,拟定采访提纲。

二、采访中:现场采访、聆听同期、稿件写作和修改 ◂

现场采访时,采访者会与被采访对象见面,进行深入细致的交流。采访中,采访者需要有比较深刻的感受和敏锐的观察力,这样在作品中才能写出独到的见解、故事和情感。

在采访过程中,要注意捕捉细节,因为细节可以使行文有更强的故事性,报道就可以更加生动。采访中,被访者的言谈举止风格、穿着特点,还有采访现场的特殊性,都是一些容易具有故事细节的环节,可以增强故事的可读性。

结束现场采访后,就进入聆听同期和完成稿件写作的阶段。聆听同期是对采访者逻辑思维的再次训练。梳理问题、厘清逻辑、重新整合成稿,是一个相对漫长的过程,十分考验采访者的耐心和毅力。郭梅尼认为,"七分采访,三分写作"。用营销学的说法,意思就是讲求新闻卖点、写出人物的个性,使稿件通俗易懂,实现科学性与新闻性的结合。在不断的修改实践中,完成技术打磨和技能升级。内容展现的饱和度和文章的形式美感都是稿件写作与修改的重点。

三、采访后:图文排版、文章发布 ◂

文字是社交媒体内容的核心,排版是社交媒体内容呈现不可或缺的部分。文字校对中,三审三校是保证文章严谨性与权威性的必要流程。除了对内容质量有要求,受众也看重阅读体验,因此图文排版十分重要。美编需要熟悉基础排版,适当优化排版,同时避免过度排版。好的排版可以实现"1+1>2"的效果,对新闻稿的排版也是如此。图文排版是对美编审美能力的检验,相关的色彩搭配知识、排版风格舒适度、字体颜色不超过3种等排版技巧既是对图文排版细致入微的讲究,也直接影响着文章发布后的阅读量。人物采访通过大气、简约、知性的排版风格,可以使受众对学校建构起积极的印象,由"路"转"粉"。专栏下的评论是作者与读者互动的绝佳空间,文章发布后,从评论中可以了解受众反馈。

典型案例

我们通过下面的案例来看一下,如何用专访展现教师的多维形象。

袁隆平的18年职校教书生涯

1953年8月,23岁的袁隆平从四川西南农学院遗传育种专业毕业,来到湘西雪峰山脚下的安江农业学校任教,讲授俄语、作物栽培和遗传育种等课程,开始了长达18年的职业学校教书育人生涯。

■ 教学一线的"多面手"

学遗传育种的袁隆平在安江农业学校讲授的第一门课,是和所学专业毫不相干的俄语。那时全国处在学苏联、学俄语的高潮,学校正好缺少俄语老师,在大学期间学过俄语的袁隆平就被"赶鸭子上架"了。据学生李楚甲回忆:"袁老师虽然不是俄语专业出身,但是教俄语有自己的一套办法。组织我们唱《喀秋莎》《红梅花儿开》等俄语歌曲;编写和排练简单的俄语相声,自己还和学生一同上台表演;动员我们和学校对口的苏联学校用俄文通信,提高了我们的学习兴趣,收到了很好的效果。"

教了一个学期的俄语之后,袁隆平被调到遗传育种教研组,担任植物学、作物栽培、遗传育种等农业基础课和专业课的教学工作,并担任两个班的班主任。"袁老师是个多面手,除了上理论课、教俄语,爱好文娱活动外,体育也很在行,短跑、游泳称得上健将,早上带领我们跑步、跳远,热天带我们这群旱鸭子学游泳,带我们去黔阳太平实习,跟我们一起风餐露宿到雪峰山麓采集标本……袁老师如同兄长般呵护着全班每一个同学。"在袁隆平首批学生毕业五十周年的座谈会上,年逾古稀的学生李安乐对半个世纪前的往事依然记忆犹新。

■ 学生眼里的良师益友

在安江农校,袁隆平所教的农学302班级有个叫杨楚书的学生,家里特别困难,好在他成绩好,享受到了学校100％的助学金,还有点困难补助,这样吃饭问题算是有了着落,但是穿衣却成了问题。特别是对爱好体育运动的他来说,能拥有一件运动衣可说是件遥不可及的事情。袁隆平老师知道后,从家里找来了一条自己才穿了几次的白洋布运动裤。接过袁老师递过来的裤子,杨楚书眼泪情不自禁地流了下来。这条凝聚着至深师生情谊的裤子,一直陪伴着杨楚书,直到走上工作岗位。

在学生眼里,袁隆平是老师,但更像是兄长。在安江18年的教学生涯,他送走了一批又一批的学生。当很多学生已经为人父母时,袁隆平却仍然是单身汉一个。学生们都为他的婚事担心,有些学生还给袁隆平当过红娘。由此可见袁隆平和学生之间是多么的亲密无间!

曾经在安江农校农学303班级学习的李安乐老人回忆,自己走上工作岗位后,只要路过母校,就会去看望袁老师。凡是有关袁老师的著作、报道、电影、电视和新闻,同学们都会相互传播,哪怕是"袁隆平"的广告同学们也是百看不厌。

■ 爱"鼓捣"的教书匠

经过多年的教学实践,袁隆平已然成为一名优秀的农校专业课教师。可是袁隆平并不满足于在课堂里讲农业技术,他喜欢把学生带进田野,获取直接经验,增强动手能力,他认为知识要在观察和实践中获得,而不是仅仅从书本上获得。

1956年,党中央号召向科学进军,当时的袁隆平便决定在教学之余,真正搞点研究。在他的组织下,安江农校成立了第一个科研小组。他们把西红柿嫁接到马铃薯上,希望地下长出马铃薯,茎上结满西红柿;把西瓜嫁接到南瓜上,希望得到新型的瓜种。嫁接的作物成活了,长势也不错。

袁隆平后来回忆:"西瓜嫁接在南瓜上,当年结了一个瓜,南瓜不像南瓜,西瓜不像西瓜,拿到教室让学生看,大家哄堂而笑,吃起来味道也怪怪的,不好吃。"

第二年,袁隆平按照无性繁殖学说的定义,把培植这些奇花异果所获得的种子种到了试验田,却发现所获得的优良变异并没有保存下来。这让袁隆平对无性杂交的一贯正确性产生了极大的疑问,这些疑问对之后袁隆平走上杂交水稻研究之路起到了关键性的作用。

作为一名育种专家,人民尊称袁隆平为"杂交水稻之父",他是当之无愧的!作为一名有着18年农村职业学校教学经历的老师,学生尊称他为"良师益友",他也是当之无愧的!

(摘自《中国教育报》2021年5月25日第8版《袁隆平的18年职校教书生涯》)

《袁隆平的18年职校教书生涯》这篇人物报道于2021年5月25日发表。袁隆平,中国的"杂交水稻之父",5月22日13点07分,在湖南长沙逝世,享年91岁。这一消息曝出,举国哀痛。中国教育网反应迅速,从袁隆平的18年职校教书生涯入手,通过袁隆平及其学生们的回忆生动地呈现出他的教师形象。

文章虽然只有1500余字,但分为三个层次:教学一线的"多面手"、学生眼里的良师益友、爱"鼓捣"的教书匠。通过学生李楚甲的回忆,描写了袁隆平通过多种教学方法提高学生的学习兴趣及学习成效的故事,教学"多面手"的形象跃然纸上。通过学生李安乐在袁隆平首批学生毕业50周年座谈会上的讲话以及李安乐的回忆,展现了袁隆平关爱学生生活以及与学生之间的"深情厚谊","良师益友"的形象深入人心。通过安江农校第一个科研小组各种奇思妙想的科学实验,叙述了袁隆平带领学生一起进行科学实验的教学趣事,"爱鼓捣"的形象栩栩如生。就这样,作者通过采访袁隆平身边的人,并对各种素材进行合理取舍与提炼,成就了一篇高质量的人物报道。

高手指路

人物采访中的提问技巧

对人物采访报道而言,采访者想要获得大量的有用信息,就免不了要和采访对象进行思想上的交流。这个过程中采访者必须采用合适的提问方法和技巧。那么,采访中究竟该如何提问呢?

1. 拉近与采访对象的距离

人物专访能获得成功,最关键的就是提问技巧。在交流中寻找恰当的突破口可以拉近采访者与采访对象的距离,这就要求采访者先与采访对象交朋友,触及对方心灵深处。在交流中,最容易寻找的共同语言、最简单的切入点就是采访对象的行业话题。通过这些话题的切入,可以营造一种融洽的气氛,让被采访对象跟采访者更加亲近,为接下来的采访做好铺垫。

2. 挖掘细节

采访中,常常会遇到这样一种情况:被采访对象对自己做过的事,尤其是一些细节不以为然,交流的时候往往蜻蜓点水,几句话轻轻带过。这时,采访者就要以敏锐的眼光迅速捕捉住这些细节,然后追问下去。

3. 记录人物神态与表情

在和采访对象面对面交流时,除了事例的铺陈、细节的捕捉,采访对象的神态、表情,甚至交流语气等要素都不能忽略。在采访的过程中,细心记录人物的神态、表情能让人物更加鲜活、生动、立体。

4. 整合素材

在采访过程中,采访者肯定会挖掘到很多素材,这些素材有的和主题密切相关,有的虽然是和采访对象有关的典型事例,但是和采访主题关联不大,这就需要采访者对材料去粗取精,进行整合。在这个过程中,采访者要按照采访提纲的要求选取那些生动鲜活、主题突出的典型事例,运用描写、抒情、叙述等表现形式对人物进行刻画,从而塑造出一个与众不同,让人过目难忘的人物形象。

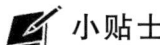 小贴士

人物专访的六个误区

人物专访,看似简单,但在许多采写实践中,会存在以下误区。

误区一:很多采访者写人物通讯,把某个人物的学习、生活、工作等方面一概写出来,面面俱到,没有侧重点。

误区二：校园人物报道中，采访者与被采访者往往是师生关系或同事关系，容易走进熟人就不再深入沟通与采访的误区。

误区三：过于相信采访对象的话，并没有进行核实，或者是采访对象不够多，信息源过少，导致采访内容出现失实、失真的现象。

误区四：报道就是宣传，正面宣传味太重，把采访对象描述得过于完美，过于高大上，没有动人的细节，反而使结果可信度降低。

误区五：只注重主题，忽略情节。人物写得平铺直叙，没有波折，没有故事，毫不生动。

误区六：对采访对象的话语，片面截取采用，没有考虑到对方的完整表达意思，断章取义，导致与原来的意图南辕北辙。

实践与思考

2021年7月27日的东京奥运会上，来自上海的"05后"姑娘陈芋汐和搭档张家齐在跳水女子双人10米跳台决赛中，以363.78分的成绩夺得金牌，这也是历史上中国队"05后"夺得的首枚奥运金牌。上海体育学院围绕东京奥运会这一热点话题，挖掘冠军身后的感人故事，写了一篇《上海囡囡陈芋汐摘"05后"奥运首金！一起来看"冠军妈妈"董春华的育人经》的报道，获得广泛关注。假如你是该文作者，准备采访董春华，请列出一份采访提纲。

任务五：
审稿

一篇教育新闻稿写好后，发布前要进行审稿。教育新闻代表学校的形象，反映其教师风采、教学面貌和管理水平，也反映其作风——文风。人们常常形象地把教育新闻称为学校的"脸面"。新闻稿如果出现错字、漏字、词义表达不准确甚至扭曲原意，就可能对新闻的权威性、严肃性造成重大损害，甚至对学校造成重大影响。

知识导航

一、审稿的意义

审核新闻稿是学校宣传工作中必不可少的重要环节，也是相关部门发挥参谋助手作用的重要体现。这项工作政策性、专业性和时效性强。因此，要挑选站位全局、了解全局且相对固定、相对专业的人员来总揽把关，这样才能保证新闻稿的质量。

二、审稿的内容

审核包含校对，且高于校对。校对侧重技术性，具体的、硬性的要求多，如格式是否符合规范、标点符号使用是否准确、是否有错字和漏字等；而审核侧重思想性，强调从宏观的角度，注重政策性和原则性的要求多，如内容是否符合党的教育路线方针政策和国家的教育法律法规、报道内容是否聚焦主题、文中相关数据是否体现工作成效、文中涉及的指导单位是否恰当以及相关单位的排名顺序是否有误等。审核不但要核"字",更要审"事",发挥的是参谋助手作用。

三、审稿需要多人、多环节合作完成 ◀

一般来说,每个单位都设有审稿岗位,但要保证文稿的质量,仅靠审稿岗位上的一两位教师还不够,需要从新闻稿拟制开始到最后发布的每个环节上的每位教师牢固树立责任意识,严格按照新闻稿处理有关规定做好相关工作。只有将审稿工作贯穿于新闻稿起草、审阅、签批、校核、分发的全过程,只有每一位经办的教师和审阅审批的领导认真把关,确保新闻稿在每个环节的零差错,才能保证新闻稿的高质量。

四、要注意把握两个关键环节 ◀

一是起草拟制环节。既要避免张口就说、提笔就写,又要避免粗心大意、丢三落四。有些同志在起草新闻稿时不假思索、不经推敲,速度倒是很快,就是质量不高,不认真校对就送到上一级领导手中,结果稿子错别字连篇,处处"挖坑""埋雷""设套",令人防不胜防。有的是字词使用上的错误,如将"继往开来"写成"既往开来";有的是同音字,弄混了词意,如"竖起一个榜样",其中"竖"应为"树";有的纯粹是打错字,如将"衔接"打成"衍接";等等。

起草文稿时,要想清楚再下笔,遇到把握不准的内容和字词,要多借助"拐杖",学一学文件、查一查字典、想一想规定,不要仅凭经验办事、仅凭感觉写稿。遇到引用领导批示和原著、数字、日期、人名、文件名等,更要认真核对。

二是审阅审批环节。既不能"捡了芝麻丢了西瓜",又不能"抓大放小"。审读新闻稿既要从大处着眼,又要从小处着手,既要审新闻稿的主题是否鲜明、思路是否清晰,又要看新闻稿的谋篇布局是否得当、观点是否正确,还要看句子是否通畅、词语使用是否恰当、标点是否规范、内容是否涉密等。就审稿而言,有时即便是一个小小的要素,若把握不好,也会产生大的影响。

五、禁用词审查

新华社在《新闻阅评动态》第315期上发表《新华社新闻报道中的禁用词(第一批)》规定了媒体报道中的若干禁用词。[①] 审稿人在审稿时可以参考。

典型案例

下面是一则公众号推文的审稿举例。

原文:

普通高中新课程新教材高一英语教师线上培训

① 8月5—7日,A市教育委员会、B区教育学院和C中学共同主办的普通高中新课程新教材高一英语教师线上培训隆重召开。该培训原定8月2日分别在C中学、D中学、E中学举行,因疫情改为线上进行。面对这一突发情况,C中学立即组织参与授课的10位专家录制线上讲座。来自全市各区的1500名英语教师参加了在线培训。

② 8月5日,英语教材主编X教授解读了新版普通高中英语课程标准,对教材的编写思路、结构体例和主要特色等进行说明。英语教材副主编Y老师有丰富的一线教学经验,针对必修教材进行了内容丰富的案例讲解。出版社的Z编审介绍了新教材的配套资源。专家报告深入浅出、高屋建瓴、诙谐幽默、启迪思路,增强了广大教师根据新课标和新教材开展新教学的能力。

③ 市教委的F处长出席会议并讲话。他希望大家认真学习,深入领会新课标精神,熟练掌握使用新教材的技能,把新教材带来的课堂新挑战转化为教师专业发展的新机遇。

---

① 盛林.从《新华社新闻禁用词》看语言规范的几个方面[J].视听界,2020(05):102-105.

④ 8月6日,培训进入第二天,主要内容是实践交流。C中学的王老师分享了"新课程背景下如何进行英语单元教学设计",赢得了阵阵掌声。D中学的张老师幽默风趣,引导教师们思考"如何进行作业设计,如何让作业既有趣,又有效"。E中学的刘老师以"新教材背景下的新评价"为题讲述了他的经验与思考。

⑤ 8月7日,培训的最后一天。大家都认真填写了调查问卷,并提交了高质量的书面小结,发到了指定邮箱。

⑥ 时间如白驹过隙,弹指一挥间,三天的培训圆满结束。大家纷纷表示,这是一次高质量的培训,收获满满,获益良多。

以上是一篇常见的教师写的教育新闻作品。我们从审稿人的角度,进行简单的审稿与评析。

1. 审标题。标题要既准确,又吸引人。上文的标题存在几点问题:(1)不规范:语句不完整;(2)不简洁:用词(高中)拖沓重复;(3)无新意:只是客观陈述一件做过的工作。审标题本质上是看立意,上文既可以从"线下培训转线上培训之难"着眼,也可以从"新教材培训之新"入手,对无关材料进行取舍。

2. 审结构。审稿人心中要有下面三种结构。

(1) 组织结构。一般的大型活动会包括指导单位、主办单位、承办单位、协办单位、支持单位等。这些单位如果在文中出现,名称一定要准确,各单位承担的角色一定要准确(一般不会出现上文中的市、区、校三级机构共同主办的情况),同时几家单位之间的关系也要明确。

(2) 人物结构。审稿人首先要考虑谁是这次活动的重要人物,是否存在遗漏关键人物的情况。然后要看文中出现的几位人物,是否具有代表性,出场的顺序是否合适。报道领导讲话,要根据写作的重心而定:如果不是重点,可以在导语或结尾部分一笔带过;如果非常重要,可放在正文的开始段或结语前的一段来叙述。多位领导参加时,还要考虑领导的排序。上文中共出现七个人,其中一位领导、三位专家、三位教师,将领导讲话放在正文的中间段,显得十分突兀。

（3）图片结构。审稿时要看反映一次活动的关键图片是否都有。如果是会议，一般包括会标、领导讲话照片、专家报告照片、会场全景照片、重要时刻的特写照片等。上文报道的是网络会议，缺少高质量的现场图片，可以采取PPT截图加网络截屏的方式，后期进行剪辑和加工。

3. 审导语。上文的导语迂回曲折，表意不清，并且与正文部分也缺少呼应。

4. 审正文。上文的正文基本采用顺序结构，根据时间线索平铺直叙。这种结构的优点是四平八稳，缺点是不见波澜，有记流水账的感觉。审正文时，重点要看下面几点：(1)表达是否准确；(2)结构是否合理，详略是否得当；(3)重点是否突出；(4)描写是否有新意。一些似曾相识的语句，或是写了很多却又好像什么都没说的内容，干脆不写。

5. 审结尾。上文的结尾采取常见的"纷纷（表示）体"，草草收尾，缺少思想总结和提炼。

6. 审错字与错句。上文语言不够精练，可以挤出很多"水分"，句式也比较随意，缺少整体感和设计感。

7. 审图片。在结构正确的前提下，要重点避免以下情况：(1)精度不够，光线不好，模糊不清；(2)人物表情不对，姿态不美；(3)主体不突出，背景杂乱；(4)图文不符，张冠李戴。此外，人物图片在发表前要征询本人意见，同意后再发表。

8. 敏感词审查。《新华社新闻报道中的禁用词（第一批）》第五条规定：除了党中央国务院召开的重要会议外，一般性会议不用"隆重召开"字眼。因此，建议将第一段中的"隆重召开"改为"顺利举行"或"成功举办"。

高手指路

审稿"三艺"

俗话说，"无错不成书"。这句话，同样对教育新闻适用。因为时间紧，教师常常仓促成稿，质量不高，这对审稿工作提出了巨大挑战。审稿人要主动修炼审稿"三艺"，不断提升自己的审稿水平。

1. 看

要把起草好的新闻稿多看几遍,每看一遍都能发现新闻稿中的问题,从而不断修改完善。那么,究竟看几遍合适?鲁迅先生提倡写文章"写完后至少看两遍,竭力将可有可无的字、句、段删去,毫不可惜"。对这一主张,他身体力行,直到生命的最后一刻。在他生命的最后两天中所写的《因太炎先生而想起的二三事》一文的修改上,清楚地表现了这一点。当时,他"已经没有力气了",但他仍坚持修改,在这篇最终未能完成的仅有2600多字的短短文稿中,修改的痕迹竟达53处之多。

2. 读

拿着新闻稿读几遍,就能发现新闻稿中丢字落字、句子不通顺、表述不准确、语言不精练等问题,进而可以细细推敲,使之更加精准。

3. 换

换一双眼睛看看,即请其他老师帮助审看。有时候新闻稿写出来之后,拟稿人会出现"审看疲劳"的情况,这时,让其他老师从别的角度审读,能更加敏锐地发现被忽视的问题。

实践与思考

请阅读下面的原文,按照教育新闻的审稿要求写一篇审稿意见。

接地气,整合资源助推有效实践

11月9日,一场题为"怎样撰写一份有价值的学科劳育案例"的在线讲座受到学员的广泛欢迎。主讲专家 A 教授详细阐述了案例和课例的基本概念、框架、标准以及选题的方法等,条分缕析、步骤明确。来自×××研究院的学员认为:"这个讲座非常注重理论与实践的结合。"

"要把劳动教育的理念要求落到实处,课堂教学是主渠道,对于一线教师而言,增强劳动教育课堂教学的有效性显得更加现实而紧迫",培训项目负责人表示,"我们的培训强调问题导向,所以更加注重给学员提供接地气的方法路径,这场课例讲座,就是一个生动缩影"。

模块二
如何写课例研究报告

导读

　　一般认为,课例研究是教学共同体在一定的教育理论指引下,围绕教学实践过程中的某一主题,在真实的课堂教学过程中,基于实际情境,经过反复实践、合作研究、提炼经验、改善教学,促进教师专业发展,最终推进学生的深度学习和健康成长。课例研究最后呈现的书面成果是研究报告,但研究报告不是凭空而来,是建立在真实研究的基础上,其间有具体的研究流程。本章以撰写课例研究报告为任务导向,重点介绍了如何确立主题、组建团队、分析学情、观察课堂、开展研讨等涉及课例研究的关键环节,并辅以案例详细阐释了课例研究中的关键问题,以帮助教师有效开展课例研究。

教师写作：
从经验到专业

任务一：
确立主题

任何教育研究活动都需要有明确的目的，课例研究主题就是回答课堂教学研究聚焦什么问题以及为什么要研究，这也是课例研究的起点。聚焦问题的前提是发现问题，要把那些在教学实践中发现的、具有普遍性的、反复出现的问题，列为研究重点。这些问题往往是学生学习最薄弱的环节，一般也是教师在教学活动中共同面对的困惑或难点。当然我们也要防止主题泛化，深度不够，或者主题太大，泛泛而谈，难以聚焦等现象。通常每个课例只解决一个问题，以保证研究质量。

知识导航

对发现的问题，需要按照确定的原则进行分析判断、归纳总结，筛选出那些适合作为课例研究主题的问题，进一步提炼聚焦，形成正式的课例研究主题。结合实践中比较成熟的做法，具体来说，确立主题主要分三步。

一、寻找不同

主要是指"应然"和"实然"之间的差异。"应然"就是应当如此。例如：对相关的教学内容课标是如何要求的？理论上对实践是如何指导的？授课者认为相关情况应当是怎样的？"实然"是实际如何，主要是指学生、教师的真实感受和实际学习效果。对在教学中发现的问题，教师要对获得的各种材料进行提炼，运用归纳与演绎的方法进行分析与综合，找出症结所在。要认真学习和把握相关的国家课程标准,并通过学习上级文件精神、借助图书馆和情报资料中心、同行研讨反思、查阅档案资料、查找专业性网站等,搜集和分析相关的文献资料,对相关内容做进一步的理论研究和梳理。反思课程标准的基本理念、提出的教学建议以及教学习惯等,与实践中学生的学习效果是否存在差异。如有差异,要通过揭示差异发现课堂教学中的问题。

四川省成都外国语学校周老师发现,在英语传统教学中,很多教师一般按照"讲语法—做练习—订正错误"的传统模式授课,这使学生感到枯燥,教学效果不佳。基于英语学科核心素养的培养,她认为高中阶段的语法教学应该探索新模式,以提升教学效果。所以,周老师在找到"应然"与"实然"的差异后,将其作为主题的关键点,寻找相关对策。同时,她又认真研究了相关理论著作和文章,对英语学科中运用的教学方式和理论进行分析,在充分考虑可行性的基础上,找到了解决问题的方法,结合情境教学法和多元智能理论指导高中英语教学,确定了"多元智能理论指导下的高中情境语法教学"研究主题。可见,寻找差异,搜集资料,有助于明晰研究主题,从而在此基础上明确核心概念的内涵,确定研究的重点与难点,为后续研究做好充分的理论准备。

二、界定概念 ◀

找出差异后,教师应当对即将开展的课例研究主题有初步的设想,下一步应当界定好核心概念。围绕设想的主题,涉及的相关概念可能较多,其中有关课例研究主题全局或课例研究需要解决的主要问题是核心概念。核心概念可能是一个,也可能是数个,但不是课例研究涉及的每个概念都是核心概念。课题的研究要围绕主题展开,就需要界定好核心概念,从而把握研究的主要内容。界定核心概念要明确其内涵和外延,也要对研究问题如何实际操作进行描述,使问题展开过程更加清晰。确定好主题,就确立了研究的范围,可以在课例研究报告的题目中反映出来,使研究方向更加明确,也使教师更加容易找到解决问题的路径。

如上述"多元智能理论指导下的高中情境语法教学"课例研究，题目中的"情境语法教学"和"多元智能理论"就是核心概念，研究者对这两个概念进行了界定。在后面的研究中，由于研究团队对核心概念有了清晰的界定，并把握两者相关的基础理论，从而可以重新设计和构建教学过程，即在情境教学法和多元智能理论的指导下，进行高中语法教学并培养学生的思维品质。

三、提出假设 ◀

在核心概念界定清晰后，教师还应针对问题和差异提出解决方案的初步设想。自此，通过寻找差异、界定概念、提出解决问题的假设，课例研究的主题已经初步确定。不过，当前阶段确定的主题还是初步的。在后面的研究中，可能会发现新的差异，适用的理论可能与实际不符，提出解决问题的假设也可能达不到预期的目标，需要不断去修正、调整。一般来说，后面做出的调整不影响前面确定的主题，但是如果涉及的调整较大，如适用的理论不合适、主要的教学设计和教学方法发生颠覆性变更等，前面确定的主题应做出相应的调整。

例如，一位教师在做"三角形边的关系"课例研究时，以"小组合作""循证"为核心概念来确定主题，把学生分成若干小组，每个小组选择三根小棒作为三角形的三边，拼成一个三角形。但实践下来，学生对这个设计毫无感觉。经过研讨，教师调整原有的研究主题，提出新的设想。改为给学生提供一些吸管，让他们动手剪一剪、拼一拼，并思考在什么情况下围不成三角形，将主要方法确定为实践反证，以此来确定主题。实践后激发了学生的学习热情，让学生直观感受到"三角形的两边之和大于第三边"这个结论。

▎典型案例

在教学实践中，教师可能会遇到各种各样的问题，归纳其中有研究价值的问题，可以按照不同内容将课例研究主题分为学科相关、学习者相关、教学方法相关三大类，教师可以从中找到自己感兴趣的课例研究主题。

与学科相关的研究主题

A中学袁老师在上七年级"分式的意义"时,采取"以史促学"的教学策略,借助了HPM,即数学史料等教学辅助材料展开数学教学,还原了先哲对相关数学内容的认识和思考历程,以帮助学生更好地理解数学。团队的课例研究主题是"'分式的意义'教学中探索HPM的应用",从实际生活入手:以9世纪阿拉伯数学家花拉子米的分10问题以及英国数学家桑德森提出的酒馆付酒费的问题引入第十章"分式的意义"教学,结尾又讲述了斐波那契的分10问题,首尾呼应,让学生感受到同样的问题可以用不同的方法来解决,同时也介绍了中国数学家李冶的《测圆海镜》中提出的分式概念,让学生了解丰富的东西方数学文化背景,提升学生的数学兴趣,激励学生用数学发现的眼光来观察生活,从而在教授数学学科内容的同时提升学生的数学学科素养。

这一类与学科相关的研究主题,学科教师需要对所教学科有着深刻的理解并掌握灵活的教学方法。每一门学科都涉及学科的具体内容、课程教学目标以及学生要达到的学科素养等,涉及教材、教学辅助材料、教学策略的选取,练习的要求、教与学互动、学习的过程与结果的评价等方方面面,在这些方面发现的问题都属于与学科内容相关的问题。教师在这些问题中可以选择到较好的课例研究主题,这类与学科内容相关的主题是范围最广的课例研究对象,对教学而言意义重大。

与学习者相关的研究主题

B中学的地理教研组一直强调在教学中要组织学生开展合作学习,但是在实施过程中小组合作学习存在着诸如课堂纪律难以掌控、学生话语权不平等、上课进度缓慢等弊端。为此他们开展了以"提升小组合作实效的再探索"为主题的课例研究,寻求有效的解决策略,提升课堂教学效果。

又如某区一位教师结合教学实践中的发现——"在有些小组学习中长期存在仅有优秀学生代表发言,而其他学生参与度不高等走形式、效果不佳的情况",确定了"几个人的小组合作学习才是合理的"这一课例研究主题。研究小组通过课堂教学,观察2人、4人、6人、8人组的学习效果,得出学生分组的建议。

这一类与学习者相关的研究主题,涉及学生是如何学习的,特别是对某一教学内容他们有着怎样的理解和疑惑,对不同个性、理解能力或学科基础的学生采取哪种方法设计课程更加有效,学生间存在怎样的相互影响等。

与教学法相关的研究主题

C校潘老师,他们的课例研究小组以"'做数学'课例中研究学生的学习"这一主题进行研究,教学内容选取的是上海数学教材七年级第二学期10.6到10.8的内容,共6课时。通过对教学内容、教材以及学生情况的深入分析,结合之前在中观教学设计(单元设计)的实践积累,研究组成员决定选择这个板块尝试进行知识整合和整体设计(单元主题设计)。教材编排与整合设计的对比见图3-1。

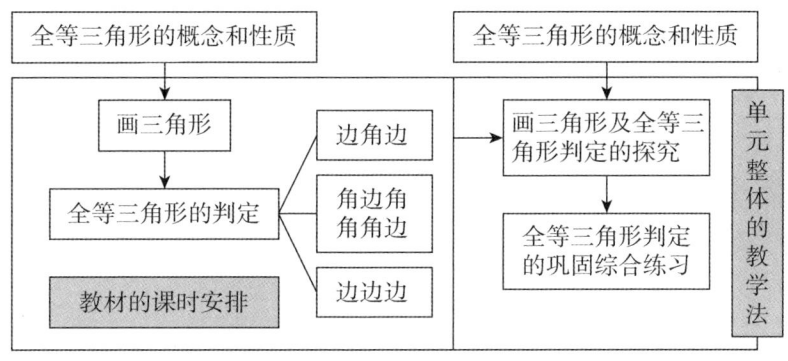

图3-1 教材编排与整合设计的对比图

教学法是一种教学策略,好的教学法不仅需要教师对学科有深刻的理解,而且需要教师能够以学生最容易接受的方式来表达。对某一学科教学大纲中特定的知识点,根据对课程标准的深入解读,通过课程自主设计,并具体落实到教材内容的调整、补充、改造和创新中,再到教学实践中使用教学技巧,合理配置教学资源等,完成特定的教学任务。在这个过程中,有利于促进教师积累真正的活的学科教学法,形成自己的"独门绝技",而不是理论书籍或教师参考书上的教学建议。这些"独门绝技"以及它们积累的过程和思路,都可供其他教师参考。因此,教学法方面的主题也是课例研究的重要内容之一。

高手指路

确立主题的原则

发现问题只是确定课例研究主题的前奏,因为在教学实践中,教师往往是在课堂教学过程中,或在分析教学内容的过程中,或在学生反馈的情况中发现问题,这种最初遇到的问题往往是感性的、表面的、发散的、模糊的。教师除了被动遇到问题外,还应通过前测、访谈、问卷调查等主动发现问题。例如,有教师借鉴我国香港"课堂学习研究"中开展先导测试的经验,在前测之前,为诊断学生的学习困难情况,按照分层抽样的原则,把学习过某个内容的学生与还没有学过的学生分成两组,每组兼顾不同成绩的学生,将相应的学习内容设计成测试题,以了解学生对这项内容的理解情况,鉴别学生在理解上有什么差异,然后有针对性地确立主题。一般来说,确立主题有三个原则。

1. 基于实践

课例研究解决教学中的实践问题,解决的是基于实践的真问题。(1)先有实践再有研究主题。在确定研究主题时,不能仅是研究者根据某种现有的理论拍脑袋刻意编出问题,为了研究而研究,而应搞清一线教学实践中究竟遇到哪些问题,要为了解决教学实践问题而进行研究。从这层意义上讲,主题最初来源于一线教师日常教学场景中的切身体会、具体教学中的言行举止、教师与同事对教学疑难问题的讨论等。(2)主题的内容要与具体的教学实践相联系。例如,课例"从'学'出发,以'生'为本,有效利用导学单"这个主题,就是一线教师在教学实践中,根据不同教学内容、不同年级的学生使用导学单的有效性方面存在的差异提出的。(3)研究方法是行动研究法。确立主题时要明确下一步开展研究的方法主要是通过上课、讨论、记录、观察、修改、前测、后测等具体的教学和研究行动来开展,而不是仅仅依靠文献查阅、理论探讨、逻辑推理等。

2. 聚焦主题

开展课例研究需要聚焦一个主题,精心挑选研究要解决的问题,明确解决问题能达成的目标,把所有参与者的注意力集中起来,让研究共同体所有成员合理安排时间,集中分配资源。例如,文言文教学是初中语文学科的教学难点,通常课堂教学效率低,很多学生会对文言文学习犯怵,无兴趣。一位初中语文教师想改变这样的现象,试图以"文言文教学的有效性"作为研究的主题,但经过与研究小组的讨论,他意识到这一主题涉及的范围太大,通过观看和反思自己的课堂教学录像,他意识到可以以文言文教学的某个点为突破口。为此,他把自己的研究聚焦于"文言文注释辨析运用"这一主题,以促进文言文的教学成效。随着问题的聚焦,研究的可行性以及这一研究所能达到的深度和取得的实际价值将会大大增加。泛化的研究主题往往难以引导教师深入研究,即使勉强研究成文,也是浮于表面,难以深入,对促进学生的有效学习收效甚微。

3. 切实可行

在发现的问题中筛选主题时,要把可能有切实解决措施的问题先筛选出来,并不是所有问题都有研究价值,不能"胡子眉毛一把抓"。这就需要教师事先对问题的价值及研究的可行性做好预判,找准切口,分析研究主题是否符合教学实际、是否有解决问题的具体办法等。对那些研究规模太大、涉及因素过多、体制机制方面的问题、教学理论研究问题、历史遗留问题等,要事先综合考虑,能排除的尽量排除。例如,一位教师做的课例研究是"金山农民画融入美术课堂的探索",他研究挖掘本土现有的资源,充分考虑所处学校和环境的实际情况,选择符合地域特色的研究主题,具有可行性,对其他教师选择区域性本土资源融入课堂教学有一定的借鉴意义。

▎实践与思考

请根据上述的方法与原则,结合教学实践,确定1—2个课例研究的主题。

任务二：
组建团队

课例研究源于"磨课"形式的教研活动，注重不断改进的过程，并兼顾理论的探索。明确课例研究主题后，下一步就要组建团队，合理分工，形成研究共同体。作为一种合作共享的研究共同体，组内每一位成员既要成为特定领域的教学研究专家，也要成为跨学科、跨专业的，打通校内外和师生隔阂的通才。一方面要强调教师的群体合作性，另一方面要尽可能争取专业人员参与，并注意吸收异质人员参与的合作性研究。

知识导航

课例研究不是个人单打独斗的研究，而是一群人共同进行研究。组建课例研究团队需要注意的是，教师在教学实践中发现问题后反映给教研组，由教研组出面组建，或者教育研究机构根据一线教师反映的问题初步组建课例研究团队。原则上对研究主题感兴趣或也有此疑问的教师都可以加入。团队中人员组成的最佳配备如下。

一部分是一线教师，不局限于一个学校、一个区，甚至可以跨省、跨市，只不过为便于研究，人员分布的范围不宜过大，以不同区域、不同学校为宜。同时也要注意教师的分层，职初教师、成长期教师、骨干教师、专家型教师最好都能参与。一部分是如区教育学院或教师进修学院的教研员、科研员，这些人员既有基层的经验，又有一定的教育理论储备，在研究中可以起到承上启下的作用。还有一部分是如市级教育研究机构和各高校专门研究教育的学者、专家，他们具有深厚的教育理论知识，可以从宏观上对课例研究做整体设计，把握方向。

上述人员一般有 7 名左右,以 4∶2∶1 的比例组成为佳。一线教师占主要部分。

在人员的分工上,课例研究团队需要一名组长,一般由教研组组长担任,或由教研组指定,或聘请组织能力和业务能力较强、有威望的教师或学者担任。组长要做好各项组织领导工作,明确人员分工,确定上课教师和观察员;要布置工作任务,哪些成员做前测工作,哪些成员上研讨课(谁上第一次课、谁上第二次课),哪些成员做观察员(谁观察课堂现象、谁观察教师、谁观察学生),哪些成员负责理论指导,哪些成员撰写研究报告,等等;要主持有关研讨,组织好每次的课后研讨,包括研讨的时间、研讨的主题、讨论的记录等;要协调各项事务,在推进过程中碰到瓶颈或研究成员意见不一致时,需要进行不同成员之间的磨合沟通,研究结束后研究成果的提炼、萃取、传播非常重要,需要推广研究成果,让更多教师学习、应用。

研究结束后,不意味着团队就解散,研究共同体在后续的研究中对推进相似问题的解决办法、教育效果、教育评价等方面仍然有很多话题可研究讨论。

典型案例

我们以上海某区的"目标与教学环节的双向一致性"课例研究团队为例来介绍如何组建课例研究团队。

该研究团队共有七位成员。其中,四位来自学校的一线教师,分别是执教者 D 小学的生老师,观察者 E 中学的李老师、F 小学的黄老师、G 小学的陈老师(陈老师也是改进课的执教者);两位区教育学院的研究人员,分别是上海某教育发展研究院的王博士(她也是上海市中小幼中青年骨干教师团队发展项目"课例研究课程化工坊"的领衔者)、上海某教育发展研究院的赵老师(她不仅是"课例研究课程化工坊"的团队成员,也是本次课例研究的组长,负责组织和协调研究开展);一位教育研究机构的教授——某教育科学研究院普通教育研究所夏博士(虽然她没有直接参与课例研究,但她的著作《以学习为中心的课堂观察》带给团队伙伴们很多启发,有助于教师制定适宜的目标,对课例研究起到引领作用）。

结合课例研究的基本理论和学校实践，学校开展课例研究按照"确定研究主题—人员分工—准备活动—集体备课—上课与课堂观察—课后讨论—修改教学设计并反复实践—总结研究结果"的流程，分八步基本程序进行，具体如下。

第一步，学科教师根据教学实际中发现的问题，提出开展课例研究的备选主题。

第二步，学校内外教育研究部门根据提出的研究主题确定研究共同体成员并分工。

第三步，研究共同体阅读课例研究学习资料、进行学情分析、前测等准备活动并开展讨论。

第四步，集体备课，确定研究教案。

第五步，开展第一次公开课。所有课例研究成员参加，可以借助多媒体手段从不同视角分工观察课堂进程并记录。

第六步，课后集体讨论。执教者讲述授课感言，观察者报告观察情况并提出改进建议。

第七步，修改教学设计后进行第二次公开课并讨论。该过程视情况重复进行，直到讨论达成共识。

第八步，总结研究成果，撰写课例研究报告。

高手指路

课例研究的关键点

课例研究是一种问题导向的行动研究，必然要符合行动研究的范式，遵循一定的程序。

第一，课例研究要形成研究共同体。作为一种合作共享的研究体，我国学校教研体制目前以教研组为主体，其行政性、事务性、随意性较强，但专业化、规范化和常规化不足,因此进一步促进学校教研活动的深入发展,需要在教研组的基础上形成研究共同体。一方面要强调教师的群体合作性,另一方面要尽可能地争取专业人员参与,并注意吸收异质人员参与合作性研究。

第二,选好主题。须针对教学实践中真实发生的,应当解决而且可以解决的问题,形成研究主题。

第三,基于实践。课例研究要以教学现场为依据,对真实的课堂教学过程进行研究。这样的研究代入感强,可观察、可再现,具有场景性。

第四,反复研究。强调行动中的过程性实践反思,强调持续性的教育学行为改进。主题的确立、方案的设定、课堂教学的实施、课后的研讨都需要多次进行,通过否定之否定,使得后一次在前一次的基础上,各种教学设计都有所改进,呈现螺旋式上升。

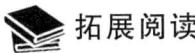 **拓展阅读**

课例研究的价值

课例研究的价值主要体现在下面三个方面。

1. 夯实教师发展的基础

所有参与的教师以课例研究实践为基础,在行动和反思中学习,并通过撰写课例研究报告和观察报告进行系统的思辨性探讨,提升自身实际教学能力和研究能力,增长教学实践智慧,改进教学方法,获得发展,而不仅仅是"打磨"一节优质课或写一篇论文。同时,课例研究归根结底是教师不断自我否定的过程,通过课例研究过程中的否定之否定,培养教师面对实际问题的实践反思能力。此外,课例研究完全体现了一线教师的原创实践与成果,也有利于增强教师从事教学研究的信心,促进教师的专业发展。

2. 提升教研质量

课例研究本着用教育理论指导教学实践,用教学实践支撑教育研究,通过教育研究形成教研成果的思路,围绕教学任务中的重点、难点与关键点,将教育理论与教学实践紧密结合,选择课堂教学中教师或学生反映比较集中的某一个或某一类真实问题,要求教师有计划、有针对性地搜集资料,研究相应教育理论,提出假设,找到解决对策和应对办法,将相应理论以及对策与办法在课堂实践中加以验证,通过课后研讨得失,总结经验,分析不足,找到进一步提升和改进的策略与技巧,并反复实践,从而形成高质量的认知成果,使研、教深度融合,促进教学与研究相辅相成,相互促进,提高教学活动的科学性,提升教研质量。

3. 促进学生成长

课例研究的出发点和终点都是学生。日本学者佐藤学强调:比起教师的提问和教材注解的研究,更应该围绕学生学习的具体状况和教师的应对来进行讨论。课例研究的主题和方案设计都应围绕学生的学习效果进行,在真实课堂里,关注的是学生参与课堂的情况,课堂观察的重点是学生的学习行为、个体研修、小组讨论、参与课堂的主动性、回答问题的正确性、创造性思维的发生等。课例反思和改进也围绕确保学生深度学习有更好的效果来开展,课例的重点是学生学习活动的改进。因此,课例研究的一切都是为了优化学生的学习活动和学习方式,从而促进学生成长。

实践与思考

课例研究的内核是什么?行动路径是什么?如果你是研究团队的组长,请试着写一写团队的分工。

任务三：
分析学情

确定好课例研究主题后，初步的研究团队要根据确定的主题，吸收研究需要的各类专业人员组成研究共同体。研究共同体要认真阅读课例研究学习资料，视情况开展前测，进行学情分析并开展讨论，在此基础上进行集体备课，共同研究设计，确定教学方案，做好各项准备工作。其中，学情分析和研究设计教案是做好课前准备的重点。

知识导航

学情分析是做好课例研究的基础，能够确保课例研究的针对性和有效性。没有做好学情分析，后续的研究就是"无本之木""无源之水"，很容易陷入泛泛而谈、无的放矢，成为执教者个人的自娱自乐。动态地看，分析活动贯穿整个课例研究的始终，但是课前准备阶段的学情分析是最重要的，课后的相关分析运用的分析范式也多与此相同，所以此处尽可能详细地阐述课前准备阶段的学情分析。

尽管"学情"的概念早已出现，但当时主要针对学生学习能力弱、学习效率低、学业负担过重、厌学等负面问题展开。内容包括对学习方法的认识、怎样进行预习、怎样上好课、怎样对待练习和作业、怎样阅读和复习、怎样应考、怎样思维和记忆等。理论界对学情分析也有多种表述。例如，安桂清认为学情分析是指对学习者的学习基础和学习习惯等特点进行分析和判断，为后续教学设计提供科学依据的教师活动。[①] 赵振旗认为，学情主要是指学生的知识基础、学习方

[①] 安桂清.论学情分析与教学过程的整合[J].当代教育科学，2013(22):40-42.

法、心理状态、理解能力、学习兴趣等。[①] 邵燕楠等学者认为学情分析就是在"课前""课中""课后"对学生情况的了解,使教师的"教"促进学生的学。[②] 实践中,不少优秀的一线教师对开展课例研究的热情很高,根据自己的经验对具体的班级、学生和教学内容进行分析,分析的范围和方式也多种多样。

根据我国的教育实际,结合借鉴国际经验,开展学情分析的具体方法主要有以下四种。

一是问卷法。它通过对学生进行先导测试、前测等来分析学生的学习困难点及理解差异点,再运用恰当的教学策略来设计教学活动。我国香港地区的"课堂学习研究",主要运用的就是这种方法。

二是统计法。主要是根据课例研究的类型,对已有学生的一些基本情况进行筛选并统计分析,如学生群体的年龄、性别、民族、身体状况、以前的本学科成绩、其他相关学科成绩、学生的表现评语。

三是观察法。这种方法受美国教育家赫姆莉关于"儿童描述评论"的影响。执教者通过上课、批改作业、测试等日常教学活动,持续观察、描述、评价学生学习生活的方方面面,从而找出每位学生学习方面的优势,并将之作为设计教案的依据。

四是谈话法。这种方法由皮亚杰提出,后经哈佛大学的达科沃斯教授实践并修正。教师设定好特定范围,与学生们通过一段时间的谈话交流,让学生暴露其思想上、学习上、生活上的问题,然后执教者思考这些问题,提出对策,并在教案中反映出来。这些分析学情的方法,有助于教师在确定教学内容时,跳出固有经验及课标、教参等规定的重点和难点等框架,切实从学生的实际情况出发,有针对性地进行教学方案的设计并加强对学生的个性化引导。

实践中,这四种方式可以根据实际选择其中一种或几种重点使用,也可以几种方式综合起来运用。

[①] 赵振旗.应加强对学情的研究[J].山东教育科研,1988(02):30.
[②] 邵燕楠,黄燕宁.学情分析:教学研究的重要生长点[J].中国教育学刊,2013(02):60-63.

> 典型案例

我们以上海某中学施老师撰写的课例研究报告中的学情分析的一段为例,了解如何撰写学情分析。

最切近学生发展的初中语文教学评价(节选)

1. 学情分析的三重视角

笔者将学情分析界定为:学情分析属于教学评价的前端分析,是学生学习的起点,目的在于了解学习者的学习基础和特点,为后续设计与教学变革提供依据。因此,学情分析是服务于学生最近发展区的准确把握。

学情分析包括三重视角,分别是认知水平视角、知识能力视角、情感和价值观视角。……包括认知成熟度、学习兴趣、动机、个人对学习的期望、生活经验、文化背景等。

2. 课例中三重视角的解析

本次研究对象是华东师范大学张江实验中学初二年级。选取八年级第二册中的小说《雁》进行授课,过程中均有观察员进行课堂观察,以帮助授课教师了解学生的课堂学习行为。如果要评价教学是否适切学生的发展,就必须先了解学生的学习情况。下面是对学生学习起点的分析。

(1) 知识能力的起点分析

通过课前提问,获得学生知识能力的起点。教师在初二(1)班和(3)班共收集了108个提问,将学生的问题分类后,得出如下数据:提问主要情节的占44%,小说主题的占21%,写作手法的占12%,文章结构的占5%,人物分析的占5%,关键词语的占3%,课文延伸性提问的占6%,无效提问的占4%。

(2) 认知水平的起点分析

阅读作为一项基本技能,是学生学习的基础和不断提高自己的一种途径。……一方面,学生多以自己对生活的已有认知为标准来理解文本,所以有些学生问道:"公雁为什么久久不愿离去?""为什么留下来陪母雁,又最终飞走了?"受自己外部经验的影响,学生的认知是有局限的。另一方面,学生对信息的深层加工不足。数据显示,学生不理解小说的主要情节和主题,只有5%的学生涉及"欣赏""评价"类的问题,基本就"文"而"问"……学生读不出文本的重要词句所传达出的意思和意味,影响了对内容和主题的理解。

(3) 情感和价值观的起点分析

通过访谈了解学生价值观的起点。这篇小说的故事性比较强,预习时,小说的情节引起他们的极大兴趣。……这就需要有针对性的介入,不再是小学阶段的说教,而是以案例或情景为主,将直观移情与细致的逻辑分析结合在一起,深化人与自然的和谐与个人价值实现的内在联系和整合。

(本案例由华东师范大学张江实验中学施澜提供)

本课例中的学情分析属于与学科相关的研究主题,学情分析综合运用了多种方法。在学情分析的内容方面,执教者从知识能力水平、认知水平、情感和价值观三重视角,分析了智力、情感、生活经验等与学生人格相关的要素,如"学生多以自己的生活经验来提问""受自己外部经验的影响,学生的认知是有局限的""了解学生的价值观起点"等;也分析了基础知识、学习方法、学习经验等与学习相关的要素,如"学生对信息的深层加工不足""学生不理解小说的主要情节和主题""基本就'文'而'问'""初步感知比较浅显""学生忽略了文中大雁很多关键性的语句""学生读不出文本的重要词句所传达出的意思和意味"等。

从方法上看,执教者运用了问卷法,结合教学内容《雁》,先收集学生的提问,共108个,再进行分类分析;运用统计法,根据学生年级初步推断出年级对应年龄段的相应学习能力;还采用了谈话法,"通过访谈了解学生价值观的起点"。借助一定的技术和方法,根据相关数据和资料,对学生的认知能力起点、价值观起点等进行了深入的学情分析。当然,该报告大部分分析依靠一份问卷收集问题进行,略显单薄。但是有了这样的学情分析报告,教师的教学设计更能准确地把握教材和教学,针对学生的具体情况,真正做到有的放矢。

高手指路

如何准确把握学情

要准确把握学情，必须从其目的入手。学情分析的目的是提高教学的针对性和有效性。所谓"因材施教"，执教者要教好学生，首先要知道"材"，精准了解其相关情况。学情分析就是了解学生情况并对其进行分析，进而提出对策的过程。"学情"是能够对学生下一步有效学习产生影响的各种因素，既包括学生的身体、心理、性格、智力、情感、生活经验等成长发展的人格要素，也包括学生的知识基础、学习方法、学习经验、学习兴趣等直接与学习相关的要素。"分析"就是把复杂事物的要素提炼出来再探寻这些要素的相关关系，以获得对事物整体的把握。学情分析既要分析学生整体具有的特点，更要具体分析学生间的个体差异；既要有面上的整体把握，也要提出差异化对策。

需要注意的是，根据课例研究主题类型的不同，研究的学情重点也不同，不能千篇一律、千人一面。与学习者相关的研究主题，如综合学情分析和班主任工作的学情分析等，分析的重点在于与学生成长相关的人格要素等内容，兼顾与此相关的学习要素。与教学法相关的研究主题，如任课教师对课时学情、单元学情的分析等，则更多关注直接与学习相关的要素，兼顾与学生成长相关的人格要素。与学科相关的研究主题，量大面广，需要两者兼顾，视情况突出重点，不一定要面面俱到。学情分析没有固定的格式与要求，本着为研究提供依据的原则，可繁可简，应尽量避免无用的分析。

在日常教学实践中，学情分析无论有什么样的表现形态和话语方式，其结论一定是差异化的应对策略和行动指南，而不是仅仅对学情进行静态的描述或记录。课堂实践后，执教者还需要针对课堂中和课堂后的学情再次进行分析，进一步修改教学设计，不断完善教学方案。

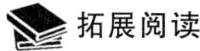 **拓展阅读**

如何设计教学方案

研究设计教学方案也是课前准备的一项重要任务,它是整个教学活动的"蓝图"。教学内容的实现,要通过事先的教案设计来规划,因此教案的设计就成为研究是否有效的重要影响因素。设计教案是形式,其实质是研究如何把学情分析中发现的情况与教学目标有效连接,解决教学中的困惑,进而有效完成教学任务。

1. 设计教案的准备工作

在明确主题、做好分工、完成学情分析的基础上,设计教案的工作由课例研究团队的组长负责组织实施。组长准备好需要研读的教材、课标、大纲等材料提前发给大家,让研究成员提前查阅相关资料,做好笔记,要求团队成员根据基础教育改革的学生观、教学观认真学习资料,准备好问题,熟悉上课内容。落实好讨论的准备工作,定好讨论的时间、地点、方式,将新理念与具体的教学活动结合起来,转变教师角色,强化学生学习的主体地位,改善原有对教学行为的要求,确定好讨论提纲并及时发给相关成员。

2. 研究讨论

组长根据确定好的进度,可采用线上和线下相结合的形式,安排研究讨论。讨论一般由组长主持,参与人员积极发言,最后组长归纳总结,授课者做好会议记录。讨论主要围绕如何根据教学内容选择合适的教学方法开展,研究如何将教学要求、教学内容、教学方法融会贯通,优化组合,突破教学难点,完成教学目标。此外,还要具体研究各个知识点如何衔接、单元与篇章之间的关联、教学情境的创设、多媒体教学设备的使用、板书和作业的设计、目标与环节的一致性、预设与生成的统一、教师评价用语的选择等细节。讨论要注意关注学生的主体地位,要关心"教",更要关注"学"。教师的"教"归根结底是为学生更好地"学"服务,教师应关注学生学习方式的变革,关注学生之间的差异,平等对待学生,关注每位学生的发展。

3. 撰写教案

一般来说,执教者也是教案的撰写者。在讨论的基础上,执教者应充分吸纳研究共同体成员提出的有益意见和讨论成果,通过自己的再思考、再吸收和再加工,完成课堂教学和课题研究需要的教案。从形式上看,执教者可以通过文字或列表,或是文字加列表的形式进行撰写。撰写的主要内容包括"教"与"学"两大板块。实践中,有学者将教案内容细化为三个栏目,即教师活动、学生活动、设计意图,也有学者将其细化为教学环节、教学内容、教师活动、学生活动和设计意图五个栏目。具体栏目教师可以根据自己课例研究的主题进行选择。下面以复线型教案为例,说明教案撰写的栏目。

表 3-1 复线型教案表[①]

教师活动及提问	学生活动				设计意图	改进措施
	预期行为		非预期行为			
	学生反应	教师应对	学生反应	教师应对		

各项准备工作大功告成后,就进入课例研究的核心阶段——课堂教学和课堂观察。

■ **实践与思考**

分析学情时,需要把握的要素有哪些?方法有哪些?请试着写一份课前学情分析。

---

① 本教案表仅供参考,研究者可以根据实际情况进行设计。

任务四：
课堂观察

课堂观察是课堂教学过程中，观察者从不同角度观察、记录课堂的教与学，并加以评价的课例研究活动。课堂观察是对教学规划进行检验、评价、反思和重新规划的基础。课堂观察是课例研究中最重要的环节之一，可以为课例研究提供最真实、客观的一手资料。课堂观察时，研究共同体确定的施教者按照计划进行课堂教学，所有的观察者都要到课堂，观察公开课上执教者在教学实施过程中的各种现象，以及学生在课堂中的表现和学习效果，分析执教者在教学过程中的亮点与问题，判断执教者事先假设的有效性情况，思考现象与主题之间的关系，并做好记录，为研讨时提供辅助的研讨证据。根据课例研究的进展状况，公开课有时可能会进行多次，课堂观察也是如此。后续的课堂观察还要关注前次课堂观察中发现的问题是否得到解决，修改后的教学设计效果如何，是否产生了积极有效的影响并为后续课堂教学的研究积累素材。

知识导航

课堂观察有四个要素：谁来观察？观察什么？如何观察？观察结果如何发挥作用？一般来说，在课例研究的准备阶段就已经明确了观察者的分工，观察结果如何发挥作用将在课后研讨这一任务中进行阐述，在此不再赘述。下面将重点阐述观察什么以及如何观察。

一、观察什么 ◀

课堂观察的核心是教师如何教、学生如何学，以及教与学之间的关系，这也是衡量教学效果的依据。

从教师教学来看,主要观察教师如何驾驭课堂、为何教、怎么教、教什么、教得如何。具体而言,要观察教师是否发挥了课堂的组织者、引导者和促进者的作用,也要观察教师关注学生学习主体地位的情况,在教学中完成立德树人任务的情况,以及关注是否促进了学生生成分析、综合等高阶认知,有无把控学生自主探究的学习时间等情况。还要观察教师的教学理念是否符合新课程标准的要求、教师落实教案设计的情况、教师的教学风格、教师处理课堂突发情况的能力等。然后要根据这些观察对教师的课堂驾驭能力、学科专业素养、教学的基本功、与学生沟通的能力等做出基本判断。

从学生学习来看,主要观察和记录学生在本节课中的反应,包括上课的状态和课堂学习的兴趣、参与课堂互动的热情、思维是否得到调动、专业知识是否得到提升等。例如,某小学的司老师团队进行的关于课堂兴奋点的课例研究,观察者在课堂观察时发现,一年级学生在分、涂、写活动中本身是比较安静的,没有达到预设的兴奋点,但在汇报交流时却争先恐后,一个说得比一个好,十分兴奋。对此,观察者记录了学生的反应、教师的反应、课堂兴奋的情况及教学效果。在课后讨论中,观察者就教师设计的兴奋点是否真的能让学生兴奋起来进行讨论,提出教师对兴奋点内容的安排把握要准确等改进建议。

教与学的关系反映了课堂文化。教与学关系的重点是以教带学,以学促教,教学相长。课堂观察要观察教师通过教学活动带动全体学生学习的情况,以及教师尊重差异、关注个体需求的情况;还要观察学生在课堂上的思考、提问、回答等学习活动,是否引起教师即时处理,适当调整教学策略,生成新的教学目标等。另外,如何通过建立和谐的师生关系,形成相互促进和提高的教学关系,也是观察者应当注意的情况。

二、如何观察

在研究课上,观察者按照事先的计划带好必要的工具,可以在教室后方或教室靠墙的两侧进行观测记录,一般不要在教室内行走,以免影响学生的学习。但是,必要时也可在教室中行走以观察学生学习活动的具体情况。观察内容确立后,研究者可以借助科学的观察工具进行定性和定量的分析,确保观察的客观性和科学性,确保新教案的设计有据可依。

定性分析是一种着重从质的方面分析和研究事物属性的人文科学研究方法。从定性分析来看,课堂观察主要是用语言对观察到的教学行为及结果加以详细描述的记录方式。需要通过定性的分析,说明课堂教学的整体性和复杂性。

定量分析侧重对数量特征、数量关系与数量变化进行分析,课堂观察也是如此。对同样一堂课,即使从相同的角度观察,不同的人从自己的经验出发,感受也是不同的,因此仅仅是定性分析容易导致最后的评价五花八门。所以需要借助定量分析的观察工具,确定好观察维度,以表格的方式和数字化的形式归整原始资料,进行科学分析,使之能够更加客观地反映学生的学习状况,从而改进课堂教学。当前,课例研究中课堂观察的定量分析主要通过设计、使用和分析观察量表来实现。

典型案例

在《"三人行"小组活动课堂观察报告》中,朱老师以观察员的身份观课,并以叙述性的语言描写了这一段观察记录。

教学环节一,呈现问题是"What's your favorite food?"由于学过第一课时,而且问题是学生所关注的食物,学生A、B、C都能罗列出喜欢的东西,注意力都较集中,不需借助组内活动就能完成。在解释喜欢的食物环节,ingredients、process、package、transport、storage等词汇出现时,C同学关注度更高,B同学次之,A同学有走神的情况。在涉及问题"How will you contact the manager at a company?"时,教师采用抽问形式,学生A、B、C都能倾听,但小组活动不多。

教学环节二，读取书信范文时，学生 A、B、C 都能了解 address、date、body、signature 等词汇，并能正确朗读。在小组合作活动 finish a letter 中，大组长及时根据要求给组内的 A、B、C 学生分配写信任务，不同学生写不同部分，最后合作完成一封书信。B 同学边看书，边完成；C 同学瞄了一眼 B 同学，明白了意图，较顺利地完成了自己的部分；A 同学也顺利完成。之后 C 同学交给大组长核对，B 同学交给 A 同学校对。在校对中大组长及时纠正 C 同学的用词错误，C 同学及时把"I would like to visit your company"改为"restaurant"。在组际交流时，由于发言的声音轻，C 同学能倾听，A、B 同学走神（教师专注于其他发言小组，没有掌控全班，对走神学生没有及时干预，导致这部分的小组活动实效降低）。

教学环节三，an interview 中，在读取范例时 A、B、C 同学都能认真参与，但在设计采访的相关问题环节时，A、B、C 同学只是拿出各自准备好的问题纸条，没有真正参与设计讨论，只是在大组长的安排下凑成一个采访的问题框架。大组长的任务安排也偏离学习任务，只是安排学生谁先说，谁后说，自己的指令不太清楚，安排任务语言比较零碎，不清晰。当然最后上台表演采访还是顺利完成了。

（本案例由上海市浦东新区澧溪小学朱永清提供）

叙事型的描述有助于还原课堂的真实情景，就像录像的倒带功能一样，能将观众拉回现场。透过场景，给大家带来启示，思考现象背后的原因。报告中，观察者描述了 A、B、C 三位学生，通过他们的动作、神情等细节描写，真实再现了三位学生小组合作的场景。在合作活动 finish a letter 中，要求三位学生每人写不同的部分，最后合作完成一封信。观察者描述 B 同学的行为是"边看书、边完成"，说明他对书写内容还不是很熟悉；C 同学则"瞄了一眼 B 同学"，然后再开始写作，说明他有可能没有完全明白活动意图，也有可能没有听清楚教师布置任务时的要求，需要观察一下其他同学再决定自己的行为。在组际交流时，观察者描写了 C 同学能倾听，A、B 同学走神，之所以造成这样的局面，观察者也分析了是因为发言声音轻,但最根本的原因是教师对走神的学生没有及时干预,导致这部分小组活动实效降低。通过这一场景的描述和解读,可以发现描述性语言有助于展现课堂教学的多变性、复杂性,有助于从现象背后挖掘原因,进而调整教学策略。

高手指路

课堂观察分析要点

做好课堂观察的定性分析要注意四个方面。一是观察者的观察活动要全面。要观察教师的教学行为,要观察学生的学习情况,如学生小组成员的角色分工、学生内部合作的学习氛围,还要观察师生之间的互动以及由此产生的课堂文化。当然,每个观察者都有不同分工,在重点观察分工事项的同时,也要兼顾其他,方便事后进行全面客观的分析。二是描述事实要客观。要从多角度、多方位详尽地记录课堂现场,通过观察者的非数字化语言对观察到的现象和行为进行描述,客观地还原课堂教学和学生学习时的具体情景,减少主观性和随意性。三是主要运用归纳的方法。要对课堂观察产生的材料进行去粗取精、去伪存真、由此及彼、由表及里的全面综合分析,并进行比较、抽象和概括,由此才能找出反复出现的规律,使研究者对全面判别教学设计、教学方案和教学活动的属性具有更加客观的参考价值。四是分析要深刻。分析时,要挖掘表面现象背后的深层次原因,对教学行为进行科学的、专业的课例评价,探索其中的教学规律,反映出对人性的洞察和理解,使课例研究的行动反思能够最终产生答案或解决办法。

课堂观察的定量分析主要通过设计、使用和分析观察量表来实现。设计观察量表要注意三个方面。一是突出重点。设计量表要聚焦研究的主题以及需要解决的问题来确定观察内容,不要泛泛而谈,面面俱到。二是逻辑清晰。要明确主题内涵涉及的各要素的概念,明晰各个概念相互间的因果关系,不要交叉重合,不要循环论证。三是操作性强。观察条目的内容要具体且可操作性强,条目设计要有据可依,不要过于抽象、过于简略笼统。每个观察量表都提供了不同于经验式观察的量化观察和评价课堂的视角,观察分析的结果基本与经验一致,但有时也可能出现不一致,这不仅能够促进执教者的深入思考,还能激发观察者跳出经验思维的藩篱,换个角度重新反思课堂。

工具箱

实践中,常见的课堂观察量表有以下几种。

1. 反映学生学习的量表

记录学生在课堂学习中的行为,关注学生在课堂上的表现,关注真实的课堂情景。此类量表一般涉及学生回答问题、思考问题、合作学习等方面。可以对学生进行分类,然后选取不同类别的代表,抽样观测其表情、言语、状态等,并进行记录,以反映学生真实的学习情况。

量表 1　课堂语言流动[①]

	讲台		
	↓	↓↓↓↓↓	
	↓		↓
↓		↓↓↓↓	✕

根据对量表的分析,课堂上的主要语言流动约 50 处。从总体看,学生发言较积极,覆盖面较广;从个体看,问题主要集中在个别学生身上,不能体现本班学生的整体水平。

---

① 选自"声音放大和缩小"课例研究活动中的观察记录表。

量表 2　学生应答水平

教学环节	内容	学生回答类型					
		无应答	机械	认记	推理	创造	主动质疑
情境创设	情境创设	0	0	3	0	0	0
活动一：声音的增大	学生实验并交流	2	6	0	8	1	0
	共鸣的概念	0	0	0	0	0	0
	乐器共鸣箱	1	0	0	6	0	0
活动二：声音的减小	交流生活中的噪音及其减小方法	3	0	2	2	6	0
	方案设计与交流	6	7	0	7	4	0
	学生实验并交流	4	2	0	2	0	0
活动三：声音减小的运用	声音减小的运用	0	1	1	7	2	0
	阅读材料	0	0	2	0	0	0
总计		16	16	8	32	13	0

从问题的流向来看，问题多是单向的，从教师流向学生，课堂缺少生成性问题，教师的提问不能反映学生本来的智力水平，而且学生思维的深度不够，没有主动质疑。因此，教师一方面要深入设计有结构的问题；另一方面要充分重视学生之间的差异，针对不同的学生采取不同的理答方式，以启发学生深入思考，鼓励学生主动参与课堂，营造轻松愉悦的学习氛围。

量表 3　学生参与度定量评价

观察维度	观测点	课堂记录	观察结果分析
学生参与的广度	独立思考和回答问题的时间		
	小组讨论的时间		
	回答问题和示范的人次		

(续表)

观察维度	观测点	课堂记录	观察结果分析
学生参与的认知水平	有深度的、创造性的问题个数		
	学生回答有深度、有创意的人次		
	较少提供答案的次数		
学生参与的主动性	学生主动提问的人次		
	学生个人回答问题的次数		
	学生集体回答问题的次数		
学生参与的时间	用于深度问题讨论的时间		
	课堂参与的时间		

2. 反映教师教学的量表

记录教师在课堂中的教学,关注教师的表现,关注真实的课堂情景。此类量表一般涉及教师的教学技能、课堂行为等情况。

量表4　教师教学技能定性评价表

观察维度	观测点	课堂记录	观察结果分析
教学设计	教学目标的设置		
	对教材的理解与处理方法		
	课程资源的加工与整合		
教学方法	教法的选择与设计		
	学习方法指导设计		
教学问题	问题设计的科学性与思维性		
	问题处理的方法与技巧		
教学基本功	生成性问题的处理艺术		
	语言艺术及教态		
	板书基本功		
	现代化教学手段的运用		
	应变及调控课堂的能力		

(续表)

观察维度	观测点	课堂记录	观察结果分析
教学成效	目标与教学环节的一致性		
	目标的达成度		
教学个性	教学个性特点		
	教学风格		

量表5　教师课堂行为评价

观察维度	观测点	课堂记录	观察结果分析
教师课堂目光分配	前排学生		
	中间学生		
	后排学生		
	回答问题的学生		
	注意力不集中的学生		
	与学生无关的事物		
教学时间的分配	第一部分		
	第二部分		
	第三部分		
	……		
教师巡视	第一组学生		
	第二组学生		
	第三组学生		
	第四组学生		
	……		
教师的态度	积极（愉悦、热情）		
	一般（平淡、平稳）		
	消极（敷衍、应付）		
师生互动	明显		
	一般		
	不明显		

(续表)

观察维度	观测点	课堂记录	观察结果分析
课堂把控	课堂秩序的管理		
	课堂氛围的营造		
课堂反馈	对与预设不同的问题的回答		
	对生成性问题的回答		
	对学生的评价恰当与否		

3. 反映教与学关系的量表

主要反映教与学的情况,有教师表现也有学生表现,也可以从课堂文化的角度来观察。

量表6　课堂文化观察表

观察维度	观测点	课堂记录	评价	观察结果分析
思考的文化	对提问的理解			
	专注问题解决			
民主的文化	师生互动			
	生生互动			
	自主学习			
	合作学习			
	教师权威			
课堂创新的文化	情景设置			
	资源利用与生成			
	教育设计			
	教学机制			
课堂关爱的文化	是否面向全体学生			
	是否尊重差异			
	是否关注特殊需求的学生			

注:表中课堂评价一栏都可以以量化的形式体现,分为优秀(5分)、良好(4分)、一般(3分)、合格(2分)、基本合格(1分)、不合格(0分)六个等级。

能清晰反映课堂观察的要点,有利于课堂观察的呈现,才是一份科学有效的观察量表。当然,上述列举的量表只是根据观察维度来设计的,不足以覆盖所有量表,研究者可以根据设计的教案进行改造和创新。观察量表可以由一个人设计,也可以多人设计,但必须由组长统筹确定,全组分工使用。

对课例研究而言,定性分析的课堂观察与定量分析的课堂观察应当相互补充,相得益彰。对观察的记录和量表的分析,可以依托网络平台,建立课例研究资料库,进行存储和分享,并结合收集的其他教学实录,作为后续课例分析的资料。针对课堂实践中出现的问题,概括出普适性的解决思路,从中归纳出具有理论与实践相结合的、可操作性强的研究成果,进而指导教学,促进教师的专业发展。

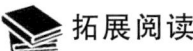 **拓展阅读**

课堂观察报告的撰写

课堂观察后,观察者需要将观察到的课堂现象记录下来供大家分析研讨。因此,撰写课堂观察报告就显得尤为重要。课堂观察报告通常由研究团队中承担课堂观察的人员,从不同的维度进行观察并记录课堂情况。所以,一份课例研究报告中往往包含多份课堂观察报告,且呈现样式不拘一格,既有质性描述也有量化描述。下面以黄老师撰写的观察报告为例。

从互教走向互学的小组合作学习的课堂观察报告(节选)

一、观察背景

本堂课主要从小组合作学习的角度对课堂进行观察……从观察班级来看,小组合作学习是教学常态。

二、观察准备(明确观察对象及观察目标)

观察目标:小组合作学习的情况。

小组成员:小青(男)、小怡(女)、小樊(男)。

小组位置：全班共六组，三组一行，两组一列，本观察组位于第二行的中间。

观察位置：小青及小怡之间。

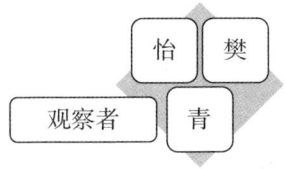

三、课堂观察结果

教学环节及教师活动	学生行为表现
1.导入新课：教师询问学生心目中对老鼠的印象，从而导入课文《黠鼠赋》。	三人沉默。
……	……
8.课文写作手法讨论： 借物喻理（学生插嘴） 教师否定，标明是借事喻理 以小见大（老师补充）	三人沉默，记笔记。

四、课后访谈

观察者提问	学生反应	观察者提问的原因
你们觉得"黠"是作者对老鼠的赞扬还是批评？	小青说"难讲"。 小樊旁观，小怡低头思考。	1.这个问题本身在教学设计中有而实际上课中无。 2.观察者个人对这个问题好奇。
这个故事说明了什么道理？	小青马上回答："不要被迷惑。"当观察者追问不要被什么迷惑时，小青答不上来。 小怡被点名问到的时候说："要仔细思考分辨。" 小樊说："被他们说完了。"	1.学案中有这个问题的设计。 2.上课时教师没有就这个问题详细展开讨论。 3.观察者想知道学案上的答案和课后的答案有无变化，结果是没有变化。

五、观察心得

(一) 观察对象的小组合作状态

……

(二) 观察小组学习目标的达成情况

……与预习时学案上的看法是一致的,没有改变及补充。

(三) 观察者的思考分析

……从互教走向互学,是否能够使小组合作学习更有效,这有待实际教学的进一步检验。

(本案例由上海市上南中学黄艳嬿提供)

黄老师的观察报告从五个方面叙述了课堂观察的情景。第一部分先描述观察背景,让读者了解研究开展的目的。第二部分通过描绘座位表,明确观察对象(化名)。第三部分通过设计教学观察表,观察教师与学生活动的情况,以表格的形式记录学生与教师的互动,使其更加清晰明了。第四部分的课后访谈是课堂观察报告的延伸,可以了解学生对内容的掌握。第五部分描述自己的观察心得,如通过上面这些步骤得出的真实感悟。

黄老师的课堂观察报告给我们的启示:

(1) 从结构上讲,撰写课堂观察报告有一定的顺序,一般根据上课的顺序进行记录。

(2) 从内容上讲,需要详略得当,一般性的过程无须记录,重点记录观察对象的活动、观察对象与教师之间的互动,以及课堂中让人印象深刻、引发思考的内容等。

(3) 从行文脉络上讲,须注意逻辑顺序,按照事先拟订的课例研究计划,进行有针对性的课堂观察。对初学者,建议只观察1—2名学生,且事先详细了解教学环节,确定观察点。

(4) 从表达手法上讲,应以客观、平实的语言进行描述。一篇独立的观察报告首先脱胎于观察员随手做的各种记录,经过整理、筛选、构思,到正式成文前,需要反复修改。

（5）从标题拟定上讲,需要一个好的标题。一个醒目的、恰当的标题,往往能把观点、态度、情绪都蕴含其中,且能凸显观察报告特有的现场感和细腻性。

实践与思考

根据研究的内容,从不同角度设计 2—3 份课堂观察量表。

任务五：
课后研讨

完成课堂教学并进行课堂观察记录后，需要课例研究共同体基于执教者上课的感受和观察结果，围绕主题，对难点问题和课堂教学中发现的问题进行交流碰撞，从不同角度分析课堂教学的得失利弊，并提出切实可行的具体改进措施，最后达成共识，进而促进教学的进一步改进和完善。一场好的研讨，不仅能够完善一堂课的教学方法，还能促进学生对相关知识和技能的理解与掌握，打通教师、学生和教学内容三者之间的隔阂，形成新的良性互动关系，对教师专业发展有重大意义。

知识导航

课后研讨活动由组长统一组织实施。事先制定好讨论议程，做好讨论前的各项组织事务。确定好讨论时间，一般安排在课后 3 个小时以后，但最好不要超过 24 小时。这个时间安排一方面给成员充足的课后消化、梳理时间，另一方面所有人的记忆仍相当鲜活，不至于拖沓时间过长，让人记忆模糊。讨论会时长一般为 2—3 小时。地点由组长事先安排好，最好放在原教室或附近的会议室，尤其是教室中的黑板、文本资料等还留存着上课的痕迹，便于随时观察和引用。提前安排好主持人（一般是组长本人）和记录人（一般是执教者或再增加一名辅助记录人员）。参与讨论的人员在讨论前要结合上课及课堂观察的情况整理好观察资料，准备好上课过程中使用和产生的资料。

课例讨论会通常包括介绍、发言、讨论、总结等活动。讨论结束后，执教者根据讨论情况，对照讨论记录，进一步思考并改进教案，在今后的教学中实施、检验。

一是改进的内容要全面。要根据讨论内容，认真反思教学实施过程中的每一个环节，对大家提出的问题和解决方案进行思考，争取设计出更为优化的教学计划和讲课流程。对讨论中大家提出来的，自己认识上存在的未知或模糊的领域，要进一步探究，理清思路，找到对策。对发现的不足之处，若暂时还没有发现好的办法，也要做好记录，作为以后研究的题材。实践中，修改教案可从教学设计的合理性、教学过程的有效性、学生参与的积极性、教学效果与预设的一致性几个方面入手。

二是改进后的课程要合理安排好。课例研究主题与学科内容相关的，改进策略与学科内容的关联更大，针对学科的具体内容更强，必须考虑重新于另外一个平行班级再教一遍，让学生每次体验的都是新课，这样观察的效果会更加客观有效。当然，执教者也要事先研究该班级的学情，在讨论和修改教学方案的基础上，根据学生的不同情况对方案做出微调。若课例研究主题与学生相关，而与学科关联度较低，则教学改进的策略对同一批学生不同的课程内容都是适用的，不一定需要安排在另外的班级，可以在同一个班级针对后续教学内容采用改进的课堂教学方法进行尝试，观察其效果。无论什么情况，研究共同体的每一名成员都要与前次一样，在组长的组织下参加后续课程，继续做好观察与记录，继续做好讨论。

三是要反复实践、反复讨论、反复修改，直到构建成科学有效的教学模式。从课前准备，到上课及课堂观察，再到课后研讨的总结归纳与反思和修改教学设计方案，这个过程可以多次循环，但要求每次都有改进和提高。通过否定之否定，使得课例研究活动呈现螺旋式上升，不断提高。最终通过课例研究，探索出教育和学习规律，促进教师的专业发展，最终推动学生的学习。

由于课例研究是一个集规划、行动与改进于一体，不断提升的过程，因此不能随着一堂公开课的结束而结束。基于课堂观察结果和课后研讨的结论，修改教案后，还需要进行第二轮公开课及课堂观察和课后研讨，第二轮观察和研讨还要关注第一轮发现和提出的问题有没有得到解决，解决的效果如何，提出的假设是否得到验证,有没有达到预期等。视情况还可以进行第三轮,但一般不超过三轮。

典型案例

"课例研究课程化工坊"课后研讨

这项研究由某教育学院王博士领衔。开展课后研讨时,研究已过半,研讨会主要是团队的其他教师(包括若干课堂观察员)针对公开课发表意见。我们以此为例,说明常规课后研讨的具体步骤。

第一步,主持人介绍团队成员及分工,概述研讨会的议程和发言要求。

第二步,执教者介绍教学意图,帮助其他成员理解其对教学的设想和做法,并反思得失。介绍教学意图时,一方面要说明课堂教学的目标、重难点,教学设计的构想及其理论依据,对重点、难点的判断依据等,诠释自己的思路;另一方面要说明教学实践中的调整,对原教案做出的变更进行合理的解释。反思得失时,既要细致表述自己对教学效果的判断以及对课堂的感受与体验,评述收获和引发的思考,也要分析自己课上感受到的不足之处,阐述教学的困惑和困难。

第三步,观察人员根据课前安排的任务,以自身观察的情况为基础,客观公正地报告课堂观察的结果并评论。其间,执教者可以就他人的评论进行简短的回应。课堂观察者与执教者在平等协商的基础上就课堂教学问题的解决达成共识,如有专家参与,则由专家发表评论。力求使广大听课教师都能获取他人的经验,促使听课教师反思自己的教学设计和教学实践。

第四步,全体参与者自由讨论,主持人鼓励大家积极发言。执教者可以比较充分地回应观察者和专家的意见。其他参与者可以针对具体课题,也可以针对一个观点或一个问题对课例进行详细的评议,用细节和证据合理指出具体的成功与不足之处,发表自己的见解,提出具有建设性的建议,争取达成共识。各参与者从多层次、多角度切入,充分剖析课例,与执教者互动,避免评课者单边的"话语霸权"。此期间主持人要整体把握好讨论方向和讨论时间,但是也要避免"一言堂"。

第五步,执教者系统回应讨论意见并再次反思得失,分享自己在本堂课中的收获和感悟。

第六步,主持人或组长进行总结评论,概括所有评议要点,总结课堂教学理念和思路、课程设计方法等方面的成功经验,归纳大家分析的不足之处,梳理后续须努力改进的目标和做法,形成对课堂教学的理解和改进的基本思路。

全部程序完成后,王博士课例研究团队的组长要求事先安排的记录人根据课例研讨过程中的记录,最终形成一份规范化的文本,记录下研究的进展和研究脉络,形成积累的原始材料,将其作为修改教案的依据和事后撰写课例研究报告的素材。

执教者根据组长的要求和讨论记录,进一步修改了教案,并在一周内根据修改的教案再次上了一堂公开课,效果明显提升。

高手指路

课后研讨注意事项

课后研讨是课例研究的关键,研讨水平的高低决定着课例研究整体质量的高低,所以一定要高度重视。一般来说,一场好的课后研讨要注意以下三个方面。

1. 聚焦重点,不能开"无轨电车"

提出问题要按照新课标的要求,结合教师在教研实践活动中的体验和专业判断进行。首先,要聚焦课例研究主题。课前准备、讲课、课堂观察都是围绕研究主题开展的,基于观察结果的课后研讨活动也应围绕主题开展,侧重阐释围绕主题开展的教学活动,以及涉及研究主题的问题和解决办法等。仁者见仁,智者见智,最后统一好思想。不能脱离主题和观察量表,泛泛而谈,就现象谈现象,就经验谈经验,而缺乏针对性,做不到理论联系实际,导致对问题的研究无法深入。也无须在主题之外全面综合地评价和检查执教者的教学活动,或者是面面俱到地评价教师的其他教学技术手段、教师的外在表现等,甚至考核教师个人。对发现的主题之外的其他问题可以会后个别提醒,不宜放在会上讨论。

其次,要聚焦学生的学习。执教者要尊重每位学生,关注课堂活动中学生学习方面存在的薄弱环节,注意到学生的差异。观察者要分析观察到的学生课堂参与程度、学生学后提升等情况。要围绕主题,共同分析和研究学生的学习行为,关注学生的学习效果和学生对知识的掌握程度,分析学生学习上存在的困难,形成学生学习信息。要分析探讨如何帮助不同的学生解决不同的问题,以此提出改进课堂教学的办法,修正教学方案,提升学生的学习效果。不能仅仅关注教师的教,而忽视学生的学。

最后,要聚焦记录。这个主要针对观察者而言。观察者提出的意见和建议,要以观察记录或量表等为基础,有具体而明确的依据,不能仅仅拍脑袋、想当然、凭感觉,使别人无所适从,这样不利于研讨的深入开展。

2. 平等研讨,不能是一方说教

课例研究是研究共同体的一个研究平台,是各自观点和思想进行碰撞的过程,也是研究共同体全体成员认识不断深化、思维不断升华的团队活动,而不是对某个教师的专业考核或测试,也不是某个专家的专业讲座。虽然每个共同体成员有分工,但其本质都是相互学习的团队伙伴。

课后研讨时,主持人要营造对话的氛围,引导全体参与者围绕主题发言。要引导执教者虚心听取意见和建议,吸收集体智慧,鼓励执教者创新思路、完善方案,投入新一轮的实践。在总结发言时要围绕主题梳理全体参与者发表的意见和建议,理清主次和从属关系,归纳要点。但是主持人要注意不能以势压人,一锤定音,用个人观点代替集体讨论的结论。

执教者也是团队的一员,应敞开自己的内心,坦率地投入到对问题的研讨上,与观察者积极互动,与大家平等探讨。执教者要认识到,每个人都会有一定的个人风格,看待问题的角度和侧重点也不可能完全一致,彼此间的观点冲突在所难免。要避免在说课时有"露一手"的心态,沾沾自喜,自我感觉良好,容不得别人不同的意见。也不能为避免被别人负面评价而采取防御姿态,对别人的不同意见缄默不语,消极地听取意见或仅维持表面礼貌的言谈。

观察者和专家要客观地观察、评价一堂课,提出意见和建议是共同体内部思想交流和方法探讨的思辨过程,而不是对执教者的指导或否定,也不是评价课的成败或教师的教学风格。在某一教学情境中,观察者不能仅仅以自己的教学方法来否定执教者的具体教学方法,"正确的教法"从来都不是唯一的。在某种意义上,甚至只有"合适的教法",而没有"正确的教法"。同时,对观察者和专家而言,观察别人的讲课并与执教者探讨,也是自身学习的契机,也要思考自己在课堂观察后"学到了什么",思考应如何促进自我成长。

3. 建议要实,不能无的放矢

课后研讨不仅是一个讨论研究的过程,还是一个提出具体提高措施以改进教学效果的过程。观察者和研究者提出问题时,要有建设性的态度,不仅需要指出问题,还需要分析问题产生的原因,并提出中肯的解决问题的途径和方法。例如,提出"概念阐述不清"的意见,初看好像意见很具体,但是别人容易不得要领,无法改进。相应的意见和建议可以改成"某某概念在课堂讲解时,只按照教科书说明了定义,有部分学生听完表情茫然,可能没有完全理解。建议举出1—2个例子来说明,也可以介绍学科史的内容,介绍人们认识这个概念的思维过程,以帮助学生深入理解概念",这样指出的问题很具体,提出的解决办法不仅具体且可操作,方便执教者后续课堂教学行为的改进与优化。

"苟日新,日日新,又日新",实践常新,理论常新。成功的课例研究不是给参与者提供一个今后遵照执行的"标准教案",而是启发每一位教师不断思考和探索,对新情况和新问题不断开创新思路,找出新办法。因此,每次课例研究结束后,研究共同体要认真总结经验,不断积累,并以课例研究报告的形式记录下来,以供他人参考。

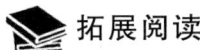 拓展阅读

课例研究"三实践两反思"模式

上海市教科院顾泠沅教授和他的课题组提出的"三实践两反思",是以课题

研究为载体，以三阶段两反思为操作特色的行动研究模式。此模式基本涵盖了课例研究的主要过程。

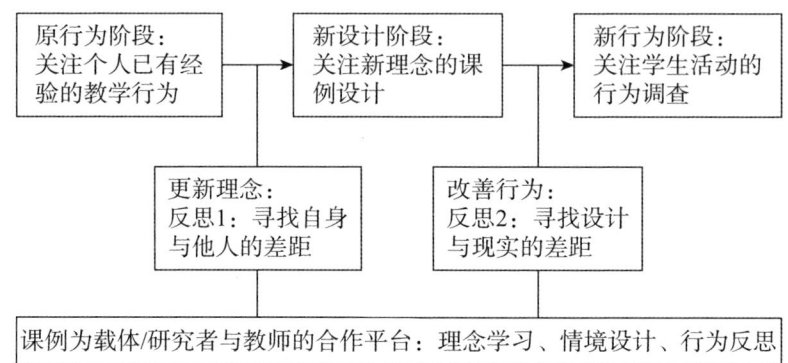

图 3-2 课例研究的三阶段两反思

实践与思考

请根据本任务研讨的方法，试着以课例研究组长的身份组织一场课后研讨活动。

任务六：
写课例研究报告

课例研究是一个动态的过程。对课例研究而言，课例研究报告是其过程的忠实记录、经验的集中提炼、思想的不断升华。课例研究报告要把课例研究的动态过程描述出来，呈现出课例研究的思路、方案设计、过程、方法、结论与反思等成果。课例报告不是素材的简单叠加，更重要的是反映出研究共同体的理性思考，因此撰写出一份好的课例研究报告不仅能反映作者的文字水平，更能反映研究共同体的思想水平和理论功底。课例研究报告没有相对固定的格式，但是一般认为一个完整的课例研究报告应当包括研究主题、教学方案、教学实践、课例反思等部分，也可以附有观课记录、研讨文本等原始素材。本任务将着重介绍这些内容的写作技巧，并通过举例的方式，给读者更为直观的印象。

知识导航

写好课例研究报告首先要确定标题，最好要从标题就能看出主题，可以清楚地让读者知道课例探讨的问题。报告正文的第一部分通常是研究主题的撰写，撰写者需要讲清楚三个"什么"，即"为什么""是什么""依靠什么"（说明研究的载体和方法）。第二部分通常是教学方案的撰写，这既是课堂教学的样板，也是课堂教学评议的依据，所以要把它当作课例研究报告的主要内容来写。第三部分通常是教学实践内容的撰写，撰写时要注意详略得当，重点突出，聚焦上课、观察、评议三块内容，写法上既有情境的描述，也有问题的思考，夹叙夹议，突出主题与中心思想。第四部分通常是课例反思的撰写，这是课例研究报告的重点。报告的这一部分,撰写人需要完整地回顾整个课例研究的过程,进行系统性的反思和总结。

典型案例

下面以上海市J区X中学的苏老师撰写的地理课例研究报告为例,分成四个部分进行说明。

提升小组合作实效的再探索

1. 主题撰写

现代心理学研究认为……合作学习是一种互助式学习方式,学生们可以在学习中合作,在合作中进步。

2013年学校开始"生本课堂教学实践"的课堂转型改革,推行小组捆绑式评价的学生自主管理模式。课堂学习中,主要以小组合作学习为主要的课堂教学组织形式。……实施了一段时间,影响教学进度、课堂纪律难控制等问题相继产生,既然小组合作学习被人们称赞是"近几十年来最重要和最成功的教学改革",笔者坚信小组合作学习的开展可以促进学生的学习。

2017年夏天随着学校区级重点课题"以课例反思为途径,构建校本教研'新生态'的实践与研究"的立项,小组合作学习教学的实践研究又迎来了新的研究契机。通过课堂观察手段……课堂已经悄悄地发生着变化。

尽管课堂已经发生了些许变化,但小组合作学习总能发现不尽如人意之处。……如何在小组合作学习时充分发挥每一位学生的个性特长,依然是笔者课堂实施中最重要的研究主题。

根据研究主题的确定,笔者选择了七年级《地理》祖国篇(下)《中国区域篇》"自主学习、认识区域"的第二课——湖北省。本篇课文属于……所以在这样的背景下,拟通过小组合作学习的方式来学习本篇课文,让尽可能多的学生真正地参与到自主探究活动中来,提高全体学生的学习效果。

(本案例由上海市嘉定区徐行中学苏海萍提供)

该课例研究报告的第一部分分五个自然段。第一段阐述的是合作学习的意义。第二段介绍小组合作学习的背景，阐述之前的实践与发现的问题，为本次课例确立主题打下基础。第三段确定课例研究主题的动因。第四段正式确立研究主题——小组合作学习的实效。第五段说明了选择的教学内容与研究主题的关系，即通过这节课需要解决的具体问题是什么。第一部分告诉读者确立研究主题的意义、背景、动因以及研究主题的核心概念，选择这节课与研究主题的关系等。从整个描述中，我们可以清晰地看到课例主题确立的脉络，这是一篇较好的主题说明。

2. 教学方案撰写

（一）学情分析

X 中学地处 J 区北部，是一所农村初级中学，学生大多来自农村和城乡接合部，学生的知识结构差异很大。……遵循"组间同质，组内异质"的原则，安排不同层次的学生为一组，开始了小组合作学习。

（二）内容分析

教材内容主要分为"地处中原、资源丰富""鄂西山地、神农架林区""千湖之省、江汉平原"和"九省通衢——武汉"四个板块，涉及湖北省的地理位置、地形地势特点、江汉平原的农业生态前后变化以及省级行政中心城市等内容。……引导学生从自然和人为等方面分析江汉平原农业生态前后差异的原因，探讨治理的更合理方案并逐步树立正确的资源观和辩证思想。

（三）课堂观察重点与工具设计

本次课例研究的主要内容是教师观察"学生的学与教师的教"的现场……重点对本课时的小组合作学习活动的几个环节开展观察与记录。

第一观察小组主要观察教师的语言，分别从语速、语调以及功能类型三个方面，对教师组织学生的语言表达进行观察与记录。

第二观察小组主要观察教师的非语言行为，主要是教师的巡视行为记录，包括俯身、对话、停留等次数的记录，客观分析教师的巡视指导对学生参与活动的作用。

第三观察小组也主要观察教师的非语言行为,对教师的板书、多媒体使用、习惯性动作、应答行为等进行观察与记录。

第四观察小组主要观察学生的合作学习,对小组成员仔细倾听且明确自己的职责、在合作过程中逐渐进行讨论、分享学习资源、互相质疑与协作等情况进行观察与记录。

第五观察小组主要观察小组间的教学环节与方式,以及小组文化(包括显性和隐性两个方面)对组内成员学习的驱动力。

(本案例由上海市嘉定区徐行中学苏海萍提供)

执教者首先介绍了所在学校、班级和学生的情况。学校地处远郊,是农村中学,学生来自城乡接合部,知识面较窄,整个班级的学风比较沉闷。同时对学生的地理知识做了前测,了解了学生的认知起点。当然如果加入访谈,再得出学生的整体情况会更加可信。其次,报告还呈现了教学设计,重点描述了教学方式为"辨析探究",教学内容为"地处中原、资源丰富""鄂西山地、神农架林区""千湖之省、江汉平原"和"九省通衢——武汉"四个板块,设计意图为"培养学生分析和解决地理问题的能力",学生发展表现为"培养学生的地理思维和研究地理问题的科学素养,逐步树立学生正确的资源观和辩证思想"。再次,报告也呈现了课堂观察的情况,描述了观察者的分组情况、任务分配和观察方法等。

3. 教学实践撰写

案例的第三部分,介绍这一课例的教学共进行了三轮,每轮完成后均进行研讨,并对教案做出适当修改和调整。

(一)第一次执教

1. 主要教学目标

通过小组合作,让学生了解湖北省的位置、地形和地势特点、河流等自然信息。

通过小组讨论交流湖北省水能资源丰富的原因,理解中国地形和地势特点。

通过自主阅读图表数据资料,小组合作探究"围湖造田""退湖还田"的不同实施效果,感受江汉平原不同时期的农业景观,逐步树立正确的资源观。

2. 教学实施

本课主要包括:创设情境,导入新课;查阅地图,认识地形……"讨论江汉平原农业发达的原因""纠错总结材料",其中后两次是小组讨论学习。

(二) 第一次执教过程的可取之处

1. 教师善于开展鼓励性评价,引导学生积极合作

……

2. 小组讨论非常热烈

……

3. 教师适时进行合作指导

……

(三) 观察发现及问题诊断

1. 教师对部分小组合作学习活动的巡视不到位,影响了小组合作实效

……

2. 小组合作学习指令不清晰,导致讨论结果不全面

……

3. 六个小组在开展小组合作时学生参与度参差不齐,导致小组得分差异较大

……

4. 临时缩减小组合作学习时间,影响小组合作学习的讨论结果

……

(四) 群体改进建议

第一,对第六小组关注度不够的主要原因是它的位置在教室的西北角……建议教师巡视时可以自己设定一定的顺序行进(顺时针或逆时针),避免出现零巡视的情况。

第二,小组合作时学生参与度参差不齐……找到适合这部分学生的鼓励

契机。

第三，小组合作学习时需要设计一些特殊的课堂活动来吸引学生的注意力，提出更详细、更精准的组内活动要求来提高小组合作的实效。

（五）第二次执教改进的要点

第二次执教选择了以随迁子女为主的，同样有小组合作学习经历的教学班作为执教班级。……目的是提高每一位学生的思维品质，提高小组合作的质量。

（六）第二次改进课堂发生的积极变化

第一，教师的巡视路线有所调整。

每一次巡视，教师基本都能按照顺时针或逆时针的顺序有序行进，能兼顾到每个学生小组，有效地参与并指导每个小组的合作学习。

第二，教师更加注重小组合作竞争的鼓励与调控。

第三，增加小组竞争的趣味性，组间竞争从课堂导入开始，改变学生的参与热情，提升参与度。

第四，教师组织小组合作学习时指令更清晰，学生完成指令很到位。

……

（七）第二次改进的课堂观察发现及问题诊断

第一，针对个别开放性问题学生喜欢争论不休，破坏了正常的课堂秩序。

……

第二，小组合作学习中需要更多关注学困生群体，提升小组合作的精致度。……茫然地看着其他忙碌的同学而无所适从。

（八）再次改进建议

第一，课堂上如何倾听、如何做才是尊重别人……让学生的课堂学习行为更规范。

第二，课堂上可以安排"一对一"微合作互助小组。指导更明确，减轻教师的指导压力，提升小组合作质量。

（本案例由上海市嘉定区徐行中学苏海萍提供）

上述文字反映了在教学实践的开展中,教师在教学策略方面所做的改进。之所以要详细展示这个环节的写作,主要是因为这部分内容是整个课例研究报告的重点,撰写的过程是作者对自己的教学进行再分析、寻找问题解决方案的心路历程。同时,这部分内容能够唤起读者的思考,引发他们的共鸣,引导他们从中吸取经验和教训,因此在描述中要力求细致到位,切忌笼统模糊,并且要紧扣研究课题展开,避免不分轻重,支离散漫。

4. 教学反思撰写

在本案例的最后一部分,任课教师基于群体研讨与自我反思的结论,提炼出教学的四点收获。

(一) 教学反思

通过两次执教、观察、研讨,总体来说本课例有很多可圈可点之处,但是任何一堂课都会有问题产生,同样本次课例无论是教师还是学生也有很多问题。

1. 组织合作学习更需要"备"学生

……

2. 组间竞争发挥重要作用

……

3. 教师即时评价发挥关键作用

……

4. 追求合作实效需要师生长期共同努力

……

(二) 对后续改进的再思考

开展小组合作学习绝不是一朝一夕就能完成的,它不仅仅是全班学生分成几个小组这么简单,无效的小组合作随时可能存在,根据笔者的开展经验,还有以下几点不足有待改进。

1. 建构集体合作文化

……

2. 培养有能力的组长

……

3. 开展多元评价

……

（本案例由上海市嘉定区徐行中学苏海萍提供）

上述课例研究报告，教师总结了教学中的四点体会。第一，从学生层面看，上课前需要对学情做更详细的分析，每个班级的情况都有不同，应根据不同的学生调整教学方案。第二，从学生层面看，小组合作学习中发挥了组间竞争的优势是本课例的成功之处，也回到本次课例的研究主题：小组合作实效的探索。第三，从教师层面看，教师的即时评价发挥了关键作用，对学生产生了莫大的鼓励，增强了学生的信心和兴趣。第四，从师生层面看，小组合作实效的增强需要师生共同配合，它不是某一方努力就可以达到的。

授课教师经过这样的反思后，在后续教学中，驾驭小组合作学习肯定会更加驾轻就熟，会更加关注学情对教学的影响，对每个小组的关注会力争平衡，会加强小组之间的良性竞争，从而促进学生在课堂上的投入度，而且也会时刻提醒自己要给予学生更多的鼓励，明确师生的配合是增强小组合作学习实效的关键。同时，执教者除了反思本节课的教学外，对后续研究的开展也做了理性思考，形成一个比较完善的反思过程。这可以激发读者的思考和讨论，具有一定的启发性。

高手指路

课例研究报告撰写注意事项

课例研究报告每部分内容的撰写，有相应的注意事项和写作技巧。

1. 主题的撰写

进行主题撰写时需要写明"为什么""是什么""依靠什么"。

"为什么"即选这个主题的理由，包括背景、动因或实践由来等内容，让读者感受到整个课例的价值和意义所在。这块内容要交代清楚确定的主题是因为发现什么问题而提出的,这个问题是不是具有普遍性的、反复出现的问题,是不是学生学习最薄弱的环节,是不是教师在教学活动中共同面对的困惑或难点,解决这个问题能达到什么预期结果。还要讲清楚课例研究主题的实践性、聚焦性和可行性。

研究主题"是什么",即明确讲出研究主题的名称和内涵。要界定清楚主题涉及的核心概念,涉及多个核心概念时,要分析清楚各概念之间的关系。还要深入分析,写清"应然"和"实然"之间的差异,以及提出假设的目标和依据。

"依靠什么"来研究,是说明研究的载体和方法。研究主题依靠什么学科教学内容作为载体,即讲清楚主题与所选学科教学内容的关系。同时对研究主题的类型进行界定,根据不同的主题类型,明确差异化的研究策略。

2. 教学方案的撰写

一般来说,这部分包括三个方面的内容。

第一,学情分析,主要描述学校、学生整体情况,分析学生认知起点、思维能力以及学生的情感、态度、价值观等内容。如果有先导测试的话,可以将先导测试对象的选择、测试的结果、分析及修改等内容进行概括介绍,并简要说明前测情况。同时要写清楚学情分析采取的主要方法及依据。

第二,方案设计情况,方案设计的重点是深化备课。基本内容包括"教"与"学"两大板块,涵盖具体的教学流程、教学方式、教学内容、学生发展四个方面。根据情况,还可以涉及教材分析、设计意图、教学关注点等其他方面。可以用描述的方式,也可以通过列表的方式表示。在撰写教案这部分内容时,还要将集体研讨的组织情况、讨论过程和讨论结果等进行说明,既要概括介绍相应的内容,也要记录大家对细节进行讨论的情况,包括教学要求、教学内容、教学方法、教学难点、教学目标、各个知识点如何衔接、单元与篇章之间的关联、教学情境的创设、多媒体教学设备的使用、板书和作业的设计、目标与环节的一致性、预设与生成的统一、教师评价用语的选择等。

第三,课堂观察的准备。一方面,要写明观察的重点,观察者的分工及观察任务的分配,如怎样听课并记录、如何观察学生学习的情况并记录;另一方面,要写明观察者准备采取什么工具(如哪种观察量表)来观察课堂及选择的原因。

课堂反思之后,对方案设计和课堂观察内容的后续调整和改进的内容,可以放在这一部分撰写,也可以放在后面的课例反思部分撰写。总之,这部分内容要突出重点,用简明扼要的语言阐述上述三方面的内容,让读者快速进入角色,对课例研究和即将开展的课堂教学有整体印象。切忌面面俱到,照抄照搬教案。

3. 教学实践的撰写

情景描述要在观察和实录的基础上,对教学过程中课堂里实际发生的、与研究主题密切相关的原始片段,采用第三者视角,使用直白的语言进行详细描写,必要时可以直接引用教师和学生的言语。但是,情景描述不等于把完整的课堂实录直接摆进课例研究报告里,一定要围绕研究主题对课堂实录进行取舍后再组织材料,对那些与研究主题联系不太密切的课堂实录,可以适当删减与调整。关于问题思考的撰写,也要围绕研究主题涉及的教学问题来展开。比如,在第一次公开课进行课堂观察时发现了哪些问题,提出了什么新的假设,需要对方案设计做出哪些修改等。当然,对问题也要加以筛选和梳理,把那些围绕主题的问题选出来,写清问题之间的逻辑关系,最好能够环环相扣。在撰写时,要将教学实录与遇到的问题及对策思考联系起来描述,让读者有现场带入感,共同参与分析思考。

写好教学实践部分,既交代在课堂中是如何落实教学设计方案的,又交代清楚问题的产生、研究思考和解决过程,可以使读者知道设计方案调整完善过程的来龙去脉,让读者"知其然,并知其所以然"。这样对读者更具吸引力,而且还可以引发深入思考和讨论。完成教学实践部分的撰写后,课例研究报告基本完成了雏形,但这仅仅是回顾一堂课教学的得失,还没有反映出课例研究对思想的启迪,还需要对整个课例研究进行系统性的反思。

4. 课例反思的撰写

这部分内容的撰写要从课例出发,通过提炼与内化,升华主题,走出课例本身;再通过相关教育理论和他人经验的借鉴分析,把教育理论内化到教学实际,提高解决实际教学问题的能力,增强驾驭课堂教学的能力,最终再回归到课例。

首先,要全面回顾课例研究的过程。通常包括反思教学理念、主题选择、载体选择、教学方法设计、课堂观察、讨论的情况等整个课例研究流程中的成功与不足之处,总结成功经验并分析不足的原因。这里不能是描写教学片段或情景故事,而应是概括记录,归纳分析。

其次,要回顾学生的学习情况。通常包括学生的课堂具体表现,如神态、表情、动作、反应;还包括学生在课堂上的参与程度,如小组讨论、发言;也包括教学中学生表现的变化情况,如思想、观念、知识掌握程度。必要时可以对学生进行教学后测,将结果与前测情况进行比较,以此分析课堂的有效程度。

最后,要回顾教师在教学中的得失。虽然在每一轮课堂教学的流程中要进行两次讨论,课例研究共同体均会即时检讨得失,在这一部分进行归纳整理,但是在完成多轮课堂教学后,还需要运用理性思维,比照相关教育理论和他人经验,分析整个课例研究实践中产生了哪些教学冲突及产生的原因,分析研究的价值并思考反复实践的可行性,进一步提炼结论,探索教学规律,以便提供给他人借鉴。

在撰写反思部分时要注意语言的风格,内容要紧扣主题和载体,夹叙夹议,对过程的描述要提炼和归纳,使之条理化。发现问题、分析问题和提出解决办法要增加理性成分,使用范式语言。这部分前面的描述和后面的分析不能跳跃,要避免前面描写课堂教学过程过于具体,后面理性分析过于抽象,泛泛而谈,使得文风前后不一。同时应注意撰写反思的内容要整体平衡,既要写出个性化的体会,又要写出多元化的评价,既要有正面的肯定,又要有对不足的分析。

写完反思后,还可以根据具体情况撰写后续研究过程的打算。这一部分一般没有统一要求。此外,观察的情况一般由观察者另行撰写课堂观察报告作为课例研究报告的依据和附件。

实践与思考

课例研究报告需要面面俱到吗?详略应如何安排?请按照上述的写作策略,试着写一份课例研究报告。

模块三
如何写调查报告

导读

　　调查研究为广大教师所熟悉且可能经常使用。开展调查研究需要遵循一定的流程与规范,即需要在清晰界定研究问题的基础上制定明确的调查方案(如开发数据收集工具、设计抽样计划)、实施调查与收集资料、分析与综合资料、撰写研究报告。本模块将着重介绍常用调查工具(问卷与访谈)的开发方法、抽样方法、数据处理的基本步骤和研究报告撰写的规范等。

| 教师写作：
| 从经验到专业

任务一：
设计调查问卷

问卷和访谈是教师常用的两种数据收集工具，本任务先介绍问卷。问卷是一种自陈式的数据收集工具，在数据收集方面，问卷的适用场景非常广泛，小到课堂教学，大到人口普查、总统竞选等。开展问卷调查前，首先要编制问卷，设计精良的问卷是获取精准数据、确保研究信效度的关键。设计调查问卷时，要注意问卷的结构化和科学性，所设计的题目要有预设性。

知识导航

开始设计调查问卷前，需要先了解问卷的基本结构和设计步骤。

一、问卷的基本结构 ◀

从内容结构上来说，问卷一般包括以下几个部分。（1）标题。（2）指导语或填写说明。这是整个问卷的开头部分，作用是向研究参与者说明一些信息，如研究者的身份、调查的大致内容（调查什么）、调查的主要目的（为什么调查）、对调查结果保密的措施、如何填写问卷等。（3）被调查者的个人基本情况。这部分需要填写的项目可能包括性别、年龄、年级等变量，内容需要根据调查目的进行调整，有时候甚至可以省略。（4）调查问题。这是问卷的主体，也是问卷设计的主要着力点。设计的问题按照形式不同可以分为开放式问题、封闭式问题及半封闭式问题。

二、问卷的设计步骤 ◀

(一)了解基本情况

设计问卷的第一步并不是马上罗列要调查的问题,而是要先做一定的探索性工作,也就是要先摸摸底,熟悉、了解一些基本情况,以便对各种问题的问法和可能的回答有一个初步的认识。具体方法包括实地考察、访谈、向知情人士打听相关信息、文献检索与阅读等。其中,综述既有研究文献以及那些曾经用于完成类似研究目的的相关研究工具,可以帮助研究者更好地把握问题。研究者可以借鉴、参考既有研究中相关问题的设计,站在"巨人的肩膀上"开发符合自己调查目的的问卷题目。相对于完全自主开发问卷,借鉴与改编成熟问卷不仅可以降低问卷开发的难度与成本,而且能够有效保证问卷的信效度。在文献查阅过程中,可以重点关注与自身研究主题相同或相近的研究,注意收集相关成熟的问卷与量表,结合自身研究问题进行调整与修改。

(二)设计问卷初稿

根据第一步获得的信息,初步设计出问卷的各个部分。常见的做法有两种,分别是卡片法和框图法。

1. 卡片法

第一步,根据探索性工作获得的认识,将每个问题写在一张卡片上;

第二步,把询问相同事物的问题卡片放在一起,即"合并同类项";

第三步,将同类问题的卡片按照合适的顺序排列;

第四步,根据问卷整体的逻辑结构排列每类问题的先后顺序,使所有卡片形成一个整体;

第五步,从研究参与者阅读和填写的便捷性,以及是否会对参与者形成心理压力等角度反复检查问题的先后顺序及连贯性,对不当之处进行调整与补充;

第六步,将问题卡片电子化,形成问卷初稿。

研究者也可以借助一些信息化工具,借鉴卡片法的思路来设计问卷。

2. 框图法

第一步,根据研究假设及所需资料的内容,画出整个问卷的各个部分及先后顺序的框图;

第二步,具体写出每部分中的问题及答案,并安排好这些问题的顺序;

第三步,考量研究参与者阅读和填写的便捷性,以及是否会对参与者形成心理压力等因素,对所有问题进行检查、调整与补充。[①]

(三) 开展预调查

问卷初步设计完成后,需要先进行"试测",才能将其用于正式调查。"试测"的目的是对模糊、混乱或准备不充分的题项进行纠正与剔除,并分析问卷的信效度。试测问卷常用的方法有两种:客观检测法和主观评价法(也称特尔菲法)。

客观检测法的具体做法是:采取非随机抽样的方法选取一个小样本进行试测,并对试测结果进行分析,从中发现问题并修改。检查和分析的方面主要包括下面几点。(1)回收率。如果回收率过低,则说明问卷设计的问题较大。(2)有效回收率。剔除各种废卷后的回收率比回收率更能反映问卷的质量,有效回收率越低,说明问卷的问题越大。(3)填写错误或不完全,如答非所问(通常出现在开放型问题中)或遗漏题目。

主观评价法是请该研究领域的专家、研究人员及典型的被调查者来评价问卷,从他们各自的角度指出问卷中的不妥之处,并提出修改意见。[②]

需要注意的是,修改后的问卷还需要再次试测,直到问卷符合要求为止。此后,才可以进行正式施测。

▎典型案例

张校长是一位中学校长,希望对本校家长参与家校合作的情况进行调研。

---

① 风笑天.社会学研究方法[M].北京:中国人民大学出版社,2008:167-168.
② 同上:168-169.

他需要设计一份调查问卷,让我们看看他是如何做的。

<h3 style="text-align:center">关于家长参与家校合作情况的调查问卷</h3>

第一步,了解基本情况。张校长的调研主题是家长参与家校合作的情况。主题明确之后,首先需要寻找是否有相关或相同主题的成熟问卷。如果主题相同,则可以在参考他人问卷内容的基础上,根据自身实际情况修改相关成熟问卷。如果主题相近,则可以参考、借鉴,选择共性问题,然后再根据实际情况进行补充。如果张校长没有找到成熟问卷,则需要开展探索性工作,如与相关人员进行访谈获得初步信息。

第二步,设计问卷初稿。张校长在设计问卷时需要重点考虑的人口统计学信息包括性别、年龄、学历等。在设计调查题项时,需要先划分模块,再具体设计每个模块下面的问题。对"家长参与家校合作的情况"的调查问卷,根据前期获得的基本信息,可以从家长参与意愿、家长参与家校活动的形式、家长参与效能、影响家长参与的因素四个方面展开,再据此设计具体的问题(见表4-1所示)。考虑到研究参与者的时间和精力,问卷调查的作答时间大致控制在20分钟内。各模块的问题,可以按模块顺序排列,也可以打乱排序。

表4-1 "家长参与家校合作的情况"问题模块设计

序号	模块内容	具体问题示例
模块一	家长参与意愿	• 您觉得教育孩子只是学校的事吗?
模块二	家长参与家校活动的形式	• 您孩子所在的学校开展的家校合作活动有哪些? • 您经常参与的家校合作活动有哪些?
模块三	家长参与效能	• 您觉得参与家校合作活动最大的收获是什么?
模块四	影响家长参与的因素	• 您觉得影响您参与家校合作活动的因素有哪些?

张校长在设计"××学校家长参与家校合作的情况"调查问卷时,预先对所调查的主题进行了"四个模块"的内容划分,对每个模块的问题进行了梳理,确定题项及适合的问题形式,并在设计完成之后进行了"预测",以检验问卷的内容,为问卷正式施测做了充分的准备。

> 高手指路

问卷编制注意事项

问卷调查的目的是挖掘与获悉研究参与者对研究相关变量的意见,研究者在编制问卷时,要时刻提醒自己注意所设计的问题能否准确地收集到研究参与者的想法与感受。总体来说,在编制问卷时需要注意下面几点。

1. 题项与研究目的匹配

在开始编制问卷之前,必须明确为什么要开展研究。例如,如果计划开展探索性研究,那么问卷通常不需要像验证性研究那样详细且具体,也就是如果主要研究目的是探讨某个主题,那么问题设置就要相对宽泛,不能遗漏任何研究参与者可能认为与之相关的重要概念。

2. 避免双重目的问题

双重目的问题是指在一个单独的问题中包含两个甚至两个以上的问题或态度、目标。例如,"您认为教师应该与家长和学校管理者有更多的联系吗"这个题目实际上包含了两个子问题,即"您认为教师应该与家长有更多联系吗""您认为教师应该与学校管理者有更多联系吗",研究参与者对待这两个问题的态度可能不同,将两个问题合并成一个问题会导致研究参与者难以作答,或者导致研究者不明确研究参与者到底回答的是问题中的哪个部分。

3. 题项尽量清晰且简短

对研究者及研究参与者而言,问卷中的每个题项都应是可理解的。在编制题目时,应尽量做到使用通俗易懂的文字,不使用生涩字词,也不要超出研究参与者的理解能力。同时,所给出的供选择的答案应意思明确且界限清楚。如果研究参与者对问题和答案理解不清晰,那么他们的回答就会导致数据不能或不适用于研究。除此之外,还要尽量让每个题目的表述相对简短,较长的题目可能会让研究参与者感到困惑或产生压力感。

4. 按照一定的逻辑顺序排列问题

问题的排序一般可以遵循如下规则。(1)先易后难。把简单易懂的问题放在前面,复杂的问题放在后面。(2)同类问题放在一起。(3)把研究参与者感兴趣的问题放在前面,难以回答的问题及敏感问题放在后面。尤其需要注意敏感问题,当被问及个人隐私或敏感问题时,研究参与者往往会有本能的自我防卫心理,如果直接提问,极有可能会被拒答或收到虚假回答,除了把这些敏感问题放在后面外,还需要尽量采用容易被接受的、委婉的方式进行提问。

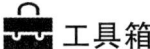 工具箱

问卷星的操作指南

问卷星是一个专业的在线问卷调查、测评、投票平台,专注于为用户提供在线设计问卷、采集数据、自定义报表、调查结果分析等系列服务。问卷星具有快捷、易用、低成本的优势,已被大量企业和个人广泛使用。那么,如何使用问卷星进行调查问卷设计与施测呢?

第一步,进入问卷星官方网站(https://www.wjx.cn/),注册账户信息,再点击"免费使用"按钮,即可在线创建问卷。目前问卷星支持免费使用,提供最简便的问卷调查模板。

第二步,录入预先设计好的题项。

第三步,在"发布问卷"页面,选择发布问卷、再次编辑问卷、导出问卷等功能,系统会自动生成问卷链接与二维码,用户可以通过这两种方式邀请研究参与者作答。

第四步,问卷测试完成后,平台可以初步分析数据并生成数据分析报告,用户也可以下载原始数据。

实践与思考

请你根据"在线教学如何影响初中学生学习习惯"这个主题设计问卷,并选取部分学生、家长和教师进行试测。

任务二：
访谈

除了可以通过让研究参与者填写问卷收集数据之外，还可以通过对研究参与者进行访谈来收集数据。访谈是研究者向研究参与者提问从而收集数据的方法，它的优势在于研究者可以自由使用探究性问题。

知识导航

就操作层面而言，访谈提纲的设计步骤与问卷设计的步骤大致相同。

一、了解基本情况，形成问题提纲 ◀

与问卷调查一样，开始设计访谈提纲之前也需要了解基本情况。研究者可以通过文献梳理、实地考察、向知情人士打听情况等方式获得一些基本情况，然后在这个基础上按照一定的顺序去组织、罗列具体问题，形成初步的问题提纲。

问题提纲一般包括开场语和对话，可以列举与主题有关的 8—10 个核心问题。访谈时的问题数量不宜过少，因为过少容易无话可说，但是也不宜过多，过多容易泛泛而谈。同时，在难度上，访谈问题也要有易有难。

二、确定访谈类型 ◀

巴顿将访谈分为四大类：封闭式定量访谈、非正式会话访谈、指引式访谈与标准化开放式访谈。① 教师需要结合研究主题与内容,选择适当的访谈类型。

(一)封闭式定量访谈

这种访谈形式的问题提纲与问卷非常相似,两者最大的不同在于,问卷是由研究参与者完成的,而封闭式定量访谈需要研究者读题和记录。研究者必须保证将每一位研究参与者置于同样的刺激之下,以便结果具有可比性。访谈的人数较多且问题较封闭时,可以选用此类方法。

(二)非正式会话访谈

这是一种自然且结构松散的访谈方式,一般没有访谈提纲,研究者用不同的问题询问不同的研究参与者,"自然引出"某一问题。这类访谈由于缺乏系统性和全面性,后期的数据分析难度较大。针对研究问题进行探究性思考时,可以选取此类访谈法,研究者从观察开始将研究参与者与问题紧密联系起来。

(三)指引式访谈

这类访谈需要提前确定访谈主题与提纲,但是研究者不必按照某一特定顺序提问,同时研究者在实施访谈的过程中可以根据具体情况修改访谈提纲问题的措辞,研究者与研究参与者之间是一种非结构化的互动。

(四)标准化开放式访谈

相对指引式访谈而言,这类访谈更加结构化,在访谈过程中研究者不可以改变提纲,研究者需要按照提纲问题的顺序进行提问。采用此类访谈时要注意这类访谈在特定个体和环境相联系方面缺乏灵活性,问题的标准化措辞可能导致参与者的回答不够自然,从而限制问题与答案间的相关性。

---

① Patton, Michael Quinn. Qualitative Research & Evaluation Methods [M]. London:Sage Publications,Inc,1990.

三、试测

访谈提纲完成之后也需要进行试测,试测的重点应该围绕以下问题展开。

(1) 是否获得了主题所需的信息?是否有词语/问题多余或有误导、诱导的嫌疑?

(2) 这些问题是否适合研究参与者群体,特别是行业话语的使用是否存在歧义?

(3) 访谈的程序是否是标准化的?研究者对访谈的目的、意义、方法等是否都有明确的认识?不同访谈人是否能够保证以相同的方式收集信息?

(4) 从访谈调查中获得的信息的一致性如何?

在试测环节,如对上述问题持有否定答案,那么研究者需要反思、调整和修改访谈内容或提纲。

(1) 删除多余的词语或问题,使用中性语言,避免误导、诱导。

(2) 围绕研究主题阅读文献,更改访谈调查的语言,尽量使研究者与研究参与者在同一个话语体系中沟通。

(3) 对访谈提纲或模拟访谈中出现的难以回答的或模棱两可的题目进行修改和调整。

(4) 修正访谈流程,使之标准化。通过反思和调整,使访谈的内容和环节具有效度和信度。

典型案例

张老师围绕"'课程思政'教学试点现状"这一主题做了一个访谈调查,让我们来看看,她是如何设计访谈提纲的。

关于"课程思政"的访谈设计

第一步,确定访谈提纲。张老师在阅读文献的过程中,发现了类似的研究问题,并根据既有研究,将访谈问题聚焦于"现状""认识、态度、观念""建议、设想"三个方面。

表 4-2 "'课程思政'教学试点现状"访谈问题设计

序号	具体问题	主要方面
1	您如何理解"课程思政"教学改革?	认识、态度、观念
2	您觉得"课程思政"的最大难点在哪里?	认识、态度、观念
3	您做"课程思政"教学研究过程中最大的收获是什么?	认识、态度、观念
4	您认为目前的"课程思政"实施过程是否存在形式主义?	建议、设想
5	您认为应该如何避免"课程思政"的形式主义?	建议、设想
6	您认为应该如何验证"课程思政"的教学效果?	建议、设想
7	您布置过哪些特别有"思政味"的作业?	现状
8	在开展"课程思政"教学试点工作后,您认为您现在的教学与过去有何不一样?	现状

第二步,采取标准化开放式访谈进行访问。

第三步,预访谈,张老师找来 3—5 位其他学校的教师进行预访谈,主要针对访谈内容进行评估。经过磨合,张老师调整了访谈问题,最终制定了关于这一主题的访谈提纲。

针对张老师上述的访谈提纲,我们可以做如下的修改。

第一题,这是许多刚刚接触设计访谈问题者常犯的错误。围绕"课程思政"教学试点这个主题,直接问研究参与者如何理解"课程思政",虽然符合访谈问题"开放式"的特点,但是常常会造成研究参与者不知道如何说起。如果想询问的是教师对这个主题必要性的理解和认知程度,那么访谈的问题最好改成"过去我们提课程和德育相结合,现在提'课程思政',您是如何看待二者的关系的?"

第二题与第三题,题目想要询问的是教师对"课程思政"的态度,但是在访谈的前期就提到了"难处",难免会为后面的访谈奠定一个"情绪低落"的基调。

这时最好把第二、第三题联系起来,比如可以问:"'课程思政'概念容易理解,但是实施起来可能老师们的做法不一样,能分享一个您在这方面的得意之笔吗?"如果这个问题老师说不出来,那么可以追问:"您觉得主要的困难是什么?"如果教师讲了得意之作,可以继续追问:"您觉得效果这么好的主要原因是什么?"

第四题与第五题,"形式主义"这个问题带有明显的倾向性。如果想知道"课程思政"如何在课程中实施,可以将第四、第五题结合起来,问:"'课程思政'与教学内容之间的结合对教师来说是个挑战,您觉得可以如何避免'两张皮'的问题?"

第六题,对"课程思政"效果的验证,实际上是想知道教师对"课程思政"的评价,此时应当用教师比较容易理解的词语进行描述,比如可以问:"如果要对'课程思政'的效果进行评价,您觉得评价标准应当包括哪些方面?应该由谁来评价?评价的结果可以做什么用?"

第七题与第八题,是比较好的问题,可以在教师作答结束后继续追问:"您希望学校在课程思政方面提供哪些支持?"

高手指路

访谈提问技巧

研究者在访谈的过程中,如何才能更有效地提问?

第一,明确区分主要问题(或核心问题)和次要问题,不纠结于细节问题。研究者既要提出主要问题并获得预期资料,又不能因急于进入主要问题而"直奔主题"。研究者不能将"研究问题"作为提问的主要问题,而应将其转化为一系列适合研究参与者的小问题,并用研究参与者熟悉和理解的语言进行提问。

第二,掌握提问的节奏与情绪。访谈过程中应尽可能让研究参与者放松、愉悦。研究者的语气、神态及提问方式都会影响到访谈氛围。如果访谈氛围比较沉闷,研究参与者作答的积极性不高,研究者就需要及时调整提问方式或转换到一些轻松的话题。研究者在访谈前与研究参与者建立融洽的信任关系,能有助于推动访谈的深入进行。

第三,注意提问的结构和顺序。提问时应尽可能使用简单易懂的句子,避免连续问多个封闭型问题。不同问题之间要尽量过渡自然,保持问题的连续性。如果研究参与者不愿意回答某个问题,研究者不要强迫其回答,而应尽快转换新的话题,待寻找恰当的时机再行提问。

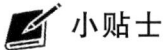 小贴士

如何提高访谈的有效性

(1) 事先查找研究参与者的背景信息,加强对参与者的了解。

(2) 对性别、年龄、与研究参与者之间的文化差异等方面保持敏感。

(3) 对研究参与者所说的内容感同身受,但要保持中立。

(4) 用轻轻点头和"嗯""啊"等词表示对研究参与者所说的话感兴趣。

(5) 确保大部分时候是研究参与者在说,而不是研究者在说。

(6) 访谈结束后,检查笔记以及录音的质量与完整性。

实践与思考

请根据"在线教学如何影响初中学生学习习惯"这个主题设计访谈提纲,并选取部分学生、家长和教师进行试测。

任务三：
抽样

抽样就是从一个总体中抽取样本的过程。研究者很少研究感兴趣的总体中的每个个体，而是研究总体中的样本，通过样本的特征来了解总体的特征，即研究者可以通过对样本的研究做出关于总体的阐述。样本规模通常比总体小，因此抽样可以节省时间和金钱。但是，需要注意的是，如果总体非常小，那么研究对象最好包括所有人。在研究大的总体时，抽样的力量才会真正显现。

知识导航

虽然不同的抽样方法具有不同的操作要求，但通常都会经历下面的几个步骤。

一、界定总体范围 ◀

界定总体范围就是在具体抽样之前，明确界定样本的总体范围与界限，这是抽样调查的前提与基础。总体范围的界定一方面取决于抽样目的。虽然抽样只是对总体中的部分个体实施，但目的是描述与认识总体的状况与特征，是为了寻找总体中存在的规律性，因此必须事先明确界定总体的范围。另一方面，界定总体范围是为了达到良好的抽样效果。如果总体的范围与界限没有界定清楚，那么即使后续采用了严格的抽样方法，最终抽取的样本也会难以代表总体。

二、制定抽样框 ◀

抽样框是总体中所有元素的清单。研究者需要根据界定清晰的总体范围收集总体中全部抽样单位的名单,并对名单进行编号,建立起抽样可用的抽样框。如果要抽取学校的学生样本,那么抽样框就是该校所有就读学生的名单。需要注意的是,如果抽样是分几个阶段进行的,那么就要在几个不同的抽样层次上分别建立抽样框。

三、决定抽样方案 ◀

在选择抽样方案时,首先需要确定抽样技术(随机抽样还是非随机抽样),其次需要确定具体的抽样方法(见表 4-3 所示),最后还要确定样本的数量。需要注意的是,每种抽样方法都具有自身的特点和适用范围,因此要根据研究目的、各种抽样方法的特点以及其他有关因素来决定具体采用哪种抽样方法。

表 4-3 常见的抽样方法

	抽样方法	操作方法
随机抽样	简单随机抽样	常用随机数字生成器,请尝试登录 www.random.org/www.randomizer.org,在线输入指令,得到随机数字序号,与抽样框中的元素序号对应即可。
	系统抽样	首先确定抽样间距 k,即总体规模除以想要的样本规模,N/n。接着随机选择一个起始点(1 到 k 之间的任意数字),然后在抽样框中依次选择第 k 倍数点上的元素。
	分层随机抽样	总体分为相互排斥的"层",然后从每层中抽取简单随机样本或系统样本。有两种常见形式:分层比例抽样,即"层"中变量的比例和总体中比例一致;不等分层抽样,即"层"中变量比例与总体不一致。

（续表）

	抽样方法	操作方法
随机抽样	整群随机抽样	随机抽取"群"（包含多个元素），而不是抽取单个单位元素。方法同简单随机抽样或系统抽样。
非随机抽样	方便抽样	根据研究者寻找研究对象的"方便性"实施的抽样，方便抽样的样本不能推广到总体中去，需要研究者描述"假设总体"，再由读者去检验与推断。
	定额抽样	由研究者决定每一群组的人数，使用方便抽样方法选择每一群组样本。
	目的抽样	研究者明确目标总体的特征，然后设法找到具有这些特征的个体。
	滚雪球抽样	由自愿参与者推荐一个或更多满足调查特征且愿意参与的人，样本像"雪球"一样越来越大。当没有抽样框时，这种抽样方法特别有用。

四、实际抽取样本 ◀

实际抽取样本就是在上述步骤的基础上，严格按照选定的抽样方案，从抽样框中选取抽样单位，形成样本。对样本运用不同的调查方法逐个进行调查，从而获得第一手资料。依据抽样方法的不同，以及是否可以提前获取抽样框等因素，实际的抽样工作可以在研究者到达实地之前完成，也可以在到达实地后完成。也就是说，可以事先抽取样本，直接对抽取的样本进行调查研究，也可以一边抽取样本，一边开始调查研究。

五、评估样本质量 ◀

通常，样本抽取结束并不意味着抽样过程的结束。完整的抽样过程还应包括对抽取的样本进行评估。所谓样本评估就是对样本的质量、代表性、偏差等进行初步的检验与衡量,以防止样本的偏差过大而导致的失误。样本评估的基本办法:将可得到的反映总体中某些重要特征以及这些特征的分布情况与样本中的同类指标的分布情况进行对比,若两者之间的差别不大,则样本的质量和代表性很高。

典型案例

在研究中需要根据研究目的来选取合适的抽样方法,下面我们跟着李老师的研究,来具体了解一下几种常用抽样方法的操作要点。

系 统 抽 样

李老师学校有 100 名教师,如何使用系统抽样选取 10 名教师呢?系统样本的获取需要确定抽样间距,随机选择一个起始点,然后在抽样框中依次选择第 k 倍数点上的元素。因此,需要将学校 100 名教师进行编号,建构抽样框。

第一步,确定抽样间距(用字母 k 表示)。为了获得 k,李老师将总体规模除以样本规模,即 100 除以 10,可以得出 k 等于 10(100/10=10)。

第二步,随机选择 1 到 k 之间的数字(包括 1 和 k)。李老师在这个环节使用随机数字表或随机数字生成器,随机选择了数字 8,因此号码 8 的教师是第一个被选进样本的人。数字 8 在系统抽样中就被叫作起始点。

第三步,确定了 k 值和起始点之后,李老师开始选择其余的系统样本。现在已经选择了 8 号,因为起始点是 8,k=10,因此包含在样本中的第二位是 18 号(8+10),以此类推,这个系统随机样本由 8、18、28、38、48、58、68、78、88、98 号组成,一共 10 人。

分层随机抽样

李老师要使用分层随机抽样法从一年级至三年级抽取一个样本(样本量为 100 人)。在此,年级可以作为分层变量(总体分组所用的变量)。李老师计划采用分层比例抽样方法,所以她要确保样本中 1—3 年级的学生比例和学校中 1—3

年级的学生比例相同。

李老师在选取样本之前,首先了解了学校1—3年级学生的比例。其中,一年级为30％、二年级为35％、三年级为35％,因此100人样本中会需要随机抽取一年级学生30人、二年级学生35人、三年级学生35人。

方便抽样

李老师计划实施一项心理调查研究,在心理学课上招募了86名大学生(45名女生和41名男生)参与研究,样本平均年龄是21.3岁。在这项调查中,李老师因课程之便招募自愿参加研究的人,便是使用了方便抽样的方法。就技术而言,方便抽样的样本不是最优的,因为方便抽样常常会面临两方面的问题:第一,并不是总体中每一个人都有均等机会被包含在样本中;第二,方便抽样的"样本"来自什么总体常常不清晰。

滚雪球抽样

李老师要使用滚雪球抽样的方法选取某些人员进行一项关于教育政策制定过程的研究。她首先找到2名教育政策颁布者,然后请他们推荐了另外5名政策草拟者。以此类推,随着每一位新参与者的推荐,其他可能参与研究的人员越来越多,样本遂而变得越来越大。由此可见,当总体中的成员很难确定时,或者没有抽样框时,滚雪球抽样方法就非常有用了。

抽样的方法有很多种,研究者在具体的研究实践中应根据研究需要选取合适的抽样方法,并且在实际操作过程中要注意每种抽样方式的特点和操作要点。

高手指路

抽样注意事项

怎样才能更好地完成抽样呢?研究者在实践的过程中,需要注意下面几点。

1. 综合考量抽样设计的要求与标准

优秀的抽样设计应满足 4 个方面的标准：目标定向、可测性、可行性、经济性。目标定向是指设计抽样方法时要以研究设计和研究目标为依据，以研究的问题为出发点；可测性是指抽样设计要为必要的分析提供数据，能根据样本数据推断出总体特征；可行性指的是抽样方法能在现实情境中落实；经济性主要在于尽量降低时间、人员与经济等因素的成本。抽样设计很难同时最大限度地满足以上 4 个原则，所以抽样设计时需要考虑如何平衡这些因素。

2. 不同类型的调查适宜的样本规模不同

开展调查研究时，样本规模是个不可回避的问题。最简单的答案就是样本规模越大越好，因为样本规模越大，误差也就越小，也就意味着根据样本情况推断总体情况的准确率越高。最极端的情况是将总体都纳入研究中，而不是抽取某些个体，这样就不存在误差的问题了。就经验而言，如果总体数量少于 100，则推荐将总体纳入研究。当然，也可以参阅既有类似研究中的样本规模，据此来确定样本规模。通常，小型调查的样本规模为 100—300；中型调查的样本规模为 300—1000；大型调查的样本规模为 1000—3000。[①]

在使用随机抽样时，样本规模的确定需要注意以下几点。(1)样本规模取决于总体数量。如果总体数量越小，则研究者越应选取占比大的样本；反之亦然。(2)总体的同质性越强，样本规模越小；反之亦然。(3)数据分析中的分类越多或越细化，则样本规模就应越大。(4)随机抽样法越有效，样本规模就越小。相对于简单随机抽样，分层随机抽样倾向于更少的样本数，而整群随机抽样则倾向于更多的样本数。(5)如果原始样本中的某些人拒绝参与研究，则需要根据如下公式来调整原始样本规模：期望的样本规模÷可能应答的比例＝原始样本人数[②]。(6)在确定样本规模时，需要充分考虑研究者所拥有的经费、人力和时间。

---

① 风笑天.社会学研究方法[M].北京：中国人民大学出版社，2008：152.

② 伯克·约翰逊，拉里·克里斯滕森.教育研究：定量、定性和混合方法[M].马建生，等译.重庆：重庆大学出版社，2018：219-221.

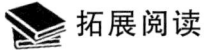 拓展阅读

定性研究中的抽样类型

在定性研究中,研究者必须决定研究对象是什么,即明确哪些总体或现象与研究焦点相关。通常,研究者需要定义待研究总体所具有的标准或属性,并用这些标准筛选出潜在目标人群,这样的抽样策略可以称为目的抽样。目的抽样也适用于定量研究,而前文提及的非随机抽样也同样适用于定性研究。

除此之外,某些定性研究者还曾使用过以下抽样法。(1)同质样本选择。研究者通常选择一个相对较小且同质的案例或一组案例进行深入研究。更普遍的是,当研究中包含特定的亚小组或该研究作为更大研究的一部分时,研究者们会依赖于同质样本选择。(2)极端案例抽样。研究者识别出某些特征的极端或极点,然后选择仅代表这些极端情况的案例用于调研。(3)典型案例抽样。研究者列出典型的或平均水平的案例标准,然后找到一个或几个案例进行研究。关于哪些案例是研究的典型现象,应与多位专家进行对话并尽量取得一致看法。一般情况,典型案例研究可附在定量研究报告后,以增进读者对研究结果的理解。(4)关键案例抽样。案例是用来做深度研究的,这些案例要么可以特别好地支撑原先被证明过的论点,要么大家都知道这些案例是特别重要的。(5)负面案例抽样。有目的地选择那些被认为可以证明研究者的预期不能成立的案例。(6)机会抽样。研究者利用数据搜集的机会来选择重要的案例,这些案例可能是关键案例、负面案例、极端案例,更甚至是典型案例。①

实践与思考

请阅读关于抽样问题的文章并比较各类抽样方法的优缺点。

---

① 伯克·约翰逊,拉里·克里斯滕森.教育研究:定量、定性和混合方法[M].马建生,等译.重庆:重庆大学出版社,2018:222-223.

任务四：
数据处理

不管是通过问卷还是访谈收集到的资料，都必须经过一定的数据处理程序转换为可供计算机分析的数据形式。通常，调查数据处理包括资料检查与校订、资料编码、数据录入与整理几个步骤。[①] 如果问卷调查是借助某些平台进行的，则数据处理过程会相对更简单高效。

知识导航

数据处理的步骤主要有以下三个方面。[②]

一、资料检查与校订

资料检查是指对调查得到的原始资料进行质量审查与核实，目的是要确定接受或剔除哪些资料，主要是对资料的完整性、准确性和真实性进行核查。资料的完整性主要体现为问卷填写或访谈问题回答的完整程度，是否存在漏填或漏答的情况。准确性取决于是否严格按照科学的程序进行调查，如研究者是否符合要求。对于检查出来的问题资料，如果能纠正就纠正，无法纠正的就只能按照作废处理。真实性的核查需要随机复查部分研究。此项工作由研究者来完成，复查的主要内容是研究参与者是否符合要求、调查过程是否合乎规范等。

资料校订是对初步合格的资料进行更细致的查验，找出不合格的答案，并

---

① 郝大海.社会调查研究方法[M].北京：中国人民大学出版社，2007：196.
② 同上：196-212.

做相应处理。例如,问卷中的单选题选了多个答案、访谈中某些问题的回答模棱两可。遇到上述情况,除了做必要标记外,还要对不合格问卷做出处理。如果条件允许,首选就是退回不合格资料,请研究参与者补充相关资料。如果无法退回,可以将少量不符合要求的非关键性的答案按照缺失值来处理。需要说明的是,如果按废卷处理的问卷所占比例较大(超过10%),就有可能出现数据偏差。

二、资料编码

资料校订完成之后,需要将资料电子化,制作成数据文件。建立数据文件的首要步骤就是对资料进行编码。编码的目的是使研究参与者的每一个回答都分配一个计算机软件能识别的代码,以便后续进行数据分析。通常,这个代码采用数字,偶尔也用字母。就具体编码方式而言,研究者可以在问卷设计时事先赋予研究参与者所可能回答问题的选项一个代码,编码时只要逐一记录研究参与者回答的选项代码即可。这种与问卷设计同步进行的编码方式称为事前编码。封闭式问题一般采用这种编码方式。当然,也可以在调查结束后,再对研究者的回答进行编码,这种编码方式称为事后编码。开放式问题(包括访谈)、封闭式问题中的"其他"选项,通常采用事后编码。实践中,研究者可根据自身情况自行决定使用哪种编码方式。

对资料进行编码时,必须事先确立详细的计划和明确的规则。通常需要编码手册来记录资料数量化的格式和内容,以及使用资料的具体步骤。不管是事前编码还是事后编码,所有的编码手册最后都需要合并在一起。

三、数据录入与整理

数据录入是指将代码电子化,建立数据文件。数据整理则包括数据清理和缺失值的处理,前者是利用统计软件查找数据错误,后者则是通过数据分析补救缺失值。数据清理包括两点。(1)查找并清理超过范围的数值。例如,在表征性别变量时,用1表示男性、2表示女性,而数据文件中出现了3、5等超过性别变量的合理取值范围的数值,这个数值需要查找原始记录并进行修正。(2)保证数据文件的逻辑一致性,当两个或两个以上变量之间出现了逻辑上彼此互斥的数值时需要进行处理。例如,在调查教师是否应用某个理论来指导教学时,出现了不了解该理论却能使用该理论来指导教学实践的回答,这可能就出现了逻辑不一致的数据,可能是题目跳转不当,也可能是编码错误或数据录入错误造成的,需要查找错误原因并修正数据。

数据缺失可能出现在调查过程中的每个环节,例如在收集资料时研究参与者拒答,数据录入时遗漏了某些数据。因此,从研究设计开始就需要重点防范。例如:问卷编制时,应尽量保证题目的答案穷尽了所有可能性;数据录入时,注意保持处理所有缺失数据的内在一致性。

典型案例

李老师主持了一个课题,运用问卷、访谈等方法收集到一批数据资料后,对这些资料进行了统计分析。

统计分析之法

第一步,资料审核。李老师对所收集到的原始资料(主要集中在问卷),进行了初步的审阅,校正了错填、误填的答案,剔除了乱填、空白和严重缺答的废卷,从而使得原始资料具有较高的准确性、真实性和完整性,为后续资料整理录入与统计分析打下较好的基础。

第二步,资料编码。为了便于计算机处理和定量分析,李老师对回答结果进行编码,编码就是给每个回答一个数字,作为它的代码。在资料处理阶段,李老师将被调查者对问卷中问题的回答转换成供计算机识别和统计的数字,见表4-4所示。另外,李老师在处理表格式问题时,特别注意了问题的方向性,见表4-5所示。对于赞成孩子做家务的看法,李老师按照"5=非常同意,4=同意,

3=无所谓,2=不同意,1=很不同意"来赋值。因为李老师这次研究的参与者为本校学生家长,样本转换工作量较大,需要多人共同完成,所以她制定了一份编码手册,给编码员都提供一份。编码员按照编码手册的要求,统一进行资料转换。在编码手册中,李老师将编码的项目和问题一一列出,逐一规定它们的代码、宽度、栏码、简要名称、答案赋值方式及其他特殊规定等,见表4-6所示。

表4-4 资料转换示例

		转换成数字
A1	你的性别:①男✓ ②女	1
A2	你的年龄:35周岁	35
A3	你的文化程度:①小学及以下 ②初中 ③高中 ④本科及以上✓	4

表4-5 对学生是否要做家务态度的调查(在每一行所选项打"✓")

	非常同意	同意	无所谓	不同意	很不同意
① 家务活动不会影响学习		✓			
② 家务活动可以促进孩子更好成长			✓		
③ 在时间允许下,孩子可以适当做一些家务		✓			

表4-6 编码手册(节选)

项目名称	变量名	含义	宽度	栏码	答案赋值
区	V	城区	1	1	1=黄浦 2=浦东 3=闵行 4=静安
个案号	ID	个案号	4	2—5	根据问卷上的号码填写
问题A1	A1	性别	1	6	1=男 2=女 0=无回答
问题A2	A2	年龄	2	7—8	按实际年龄填写 大于99岁填99
问题A3	A3	文化程度	1	9	1=小学及以下 2=初中 3=高中 4=本科及以上

李老师在处理家长的访谈调查数据时,对访谈文本也进行了编码,摘选部分如下。

性格养成 学习效率 专业 理解 家庭	研究者 L:您觉得从小让孩子做家务对孩子的成长有什么影响? 家长 A:上学前,我们就让孩子做家务了,当时觉得孩子可以安静一会,不那么闹腾;上学后,孩子做作业累了,做做家务,可以换换脑子,休息一会,再看书可以效率更高一点。而且,真的不能小看孩子,他们做家务像模像样,甚至比大人做得还要好。 研究者 L:您觉得相比于其他休闲活动,做家务的意义是什么? 家长 A:一方面可以让孩子理解父母和生活的艰辛;另一方面对家庭的氛围也是有益的,更加和谐了。

第三步,数据处理。在开始统计分析之前,李老师和她的小伙伴们在计算机的帮助下,仔细地进行了数据清理工作,不让有错误的数据进入运算过程。她主要通过"有效范围清理"和"逻辑一致性清理"的方法进行查找,完成了数据清理。当问卷的答案转化为数据资料后,李老师便将这些数据资料录入了计算机,选择利用专门的统计分析软件 SPSS 进行分析。

高手指路

开放性问题编码技巧

对于开放性的问题应该如何进行编码呢?[①] 由于研究者无法预知开放式问题(含访谈)和封闭式问题中"其他"选项的答案范围,因此一般采用事后编码。

第一,研究者需要对已出现的各种答案进行分类,将相似的归为一类。此时,研究者可能会处于两难境地,如果分类很细,给每一个与已确定代码的答案不太相似的新答案一个新代码,则会出现答案类别和代码远远超出预期,可能有的代码只对应一两个研究参与者。反之,如果分类太粗,将同一个代码赋予相似度不高的答案,则可能会忽略了答案的不同含义,而这些含义往往可能正

---

① 郝大海.社会调查研究方法[M].北京:中国人民大学出版社,2007:200-201.

是研究者需要的。因此,开始事后编码前,研究者需要针对所有需要编码的项目出具代码指南。

第二,代码指南要在问卷设计开始时编制,研究者需要记录下各种不同答案,随后对每个答案进行分类,并草拟每个答案的代码,形成初步的代码指南。

第三,编码时,除了准备好编码指南外,还需要根据实际情况添加新答案的代码,不过这些新代码是否纳入编码系统,还需要再讨论。

第四,对分类含义不清楚的答案,应该将其合并到已有类别中还是设立新代码?通常,有经验的研究者会选择设立新代码,因为在后续分析中,可以通过软件进行合并,但拆分却是不可能的,只能参考原始资料重新编码。

第五,如果多人同时编码,要么在不同时间编码,要么同时同地依照统一编码手册编码,以避免因无法得知增加新编码而产生的困难。如果的确新增加了编码,就会出现同一个代码对应两个不同答案的情况,从而产生严重的数据错误,所以编码必须依照相同的编码手册。如果的确出现了新代码,要及时更新代码手册。

实践与思考

请对"在线教学如何影响初中学生学习习惯"这个主题进行调查后收集到的问卷及访谈数据进行编码,并做初步的数据分析。

任务五：写调查报告

完成资料的收集与分析后，最后的任务就是将研究结果以恰当的形式传达给他人，与他人进行交流，即撰写调查报告。调查报告是调查研究成果的集中体现，其撰写质量的好坏直接影响到调查研究成果的交流。

知识导航

调查报告撰写一般分为确立主题、拟定提纲、选择材料、撰写报告四个步骤。具体内容和要求见表4-7。

表4-7 调查报告撰写的一般步骤

序号	步骤	内容	要求
1	确立主题	报告所要表达的中心问题	报告的主题和研究的主题需要尽量一致
2	拟定提纲	导言、方法等部分比较固定，提纲一般针对报告的结果和讨论部分	理清思路、明确报告内容、安排好结构
3	选择材料	按照提纲选择符合的研究资料，包括各种数据等客观材料，以及通过分析、概括的主观材料	坚持精练、典型、全面的原则
4	撰写报告	用适当的文字，将材料、提纲等表达的内容组织在一起	报告撰写宜一气呵成，全部完成后再反复从头阅读、审查和推敲

调查报告从所探讨的问题开始,到研究所得到的结论和意义结束。它的结构一般分为导言、方法、结果、讨论、小结、参考文献以及附录,各部分的主要内容见表4-8。

表4-8 调查报告的一般结构

序号	主要部分	一级内容	二级内容
1	导言	说明所研究的问题及研究的意义	• 研究的背景与动机 • 研究的问题及其界定 • 研究的目的和意义 • 前人研究的综述回顾
2	方法	说明所采用的方式方法、研究的程序和主要工具	• 研究的思路或逻辑 • 研究的基本概念、变量 • 研究的总体、样本、抽样方法和过程 • 研究的主要方法
3	结果	通过研究发现了什么	
4	讨论	说明发现的结果具有哪些意义,还能继续做什么	
5	小结	对上述的四部分内容进行简要总结	
6	参考文献	报告中所涉及的书籍和文章条目	
7	附录	研究中所用的问卷、量表或计算方法	

典型案例

钱老师经过前期的调查、访谈、数据处理与分析之后,准备记录并呈现分析结果,写成一篇调查报告。

钱老师的"四步"撰写法

第一步,确立主题。在开展研究之初,通过阅读和研讨,钱老师确立了他的主题是"在线教学对传统教学的影响"。

第二步,拟定提纲。在下笔撰写报告之前,钱老师先构思了报告的整体框架,然后将框架转变为了具体的撰写提纲,他将"在线教学对传统教学的影响"这一主题分解成"在线教学的现状""在线教学的特点""在线教学对教师教学的影响""在线教学存在的问题""在线教学如何与传统教学整合"等几大部分,然后又将每一部分的内容具体化。例如,将第一部分的内容具体化为"在线教学使用情况""教师对在线教学的态度""在线教学下学业成绩评估"等。

第三步,选择材料。钱老师拟定调查报告提纲之后,开始选择材料,他发现一项研究所得的资料与研究报告的资料并不是一回事,所以钱老师再一次梳理资料,找到那些能直接支撑框架的素材,并对这些材料进行分析、综合和概括,将其作为调查报告框架中具体表述的内容。

第四步,撰写报告。钱老师根据调查报告的几大部分,完成了调查报告的撰写,并邀请团队中的其他成员对报告进行了反复的阅读与修改。

高手指路

撰写调查报告时须具备"读者思维"

作为研究者,在撰写调查报告时,可以从"读者"角度进行思考:报告内容对"读者"有什么用?"读者"如何读懂?需要对调查报告的结构(导言、方法、结果、讨论、小结、参考文献以及附录)进行重点设计与组织。

1. 必须明确调查报告中的总体目的和具体问题

题目是文章的"眼睛",一般从调查报告的标题基本可以判断出这份研究报告的研究问题。读者通过阅读调查报告的题目,可以大致了解研究问题的范围。研究者要在题目中明确主题,使读者可以在具体阅读之前清晰地了解报告主题,并决定是否进行深入阅读。

2. 必须明确研究报告中的研究参与者是什么"人"及采用的抽样方法

研究者需要在调查报告的导言和方法部分,详细论述研究参与者和抽样范围,也可以详细记录每一次调查的时间以及设计(如调查问卷的主要问题和访谈提纲)。这两部分内容是读者重点关注的,必须给予重视。

3. 要重点呈现调查中的数据与结论

调查报告的核心部分是"结果",研究者在撰写调查报告时应重点展示对调查得出的数据进行分析的逻辑和结果。将"结果"获得的方法、工具以及步骤清晰列出,启发读者对调查问题的探索进一步思考。

除此之外,在撰写调查报告时还应该注意以下问题。

(1) 要用简单平实的语言撰写,最重要的标准是准确、清楚、客观、严密。调查报告的撰写不像文学作品那样强调和注重文学性、可读性,而需要强调报告的客观性、准确性、严密性、简洁性。

(2) 陈述时避免使用主观或感情色彩较浓的语句,叙述中最好使用第三人称或非人称代词,尽量不使用第一人称。

(3) 行文时,尽量避免表现出力图说服读者同意某种观点或看法的倾向,读者比较关心的是研究结果和发现,而不是研究者的主观看法。

(4) 应尽量使用可视化方法呈现数据分析结果。每张表都应该有标题,选定一种表格形式后,请沿用之。当表格数据的来源不是那么显而易见时,应该用可视化图表列出,包括折线图、雷达图、柱状图以及饼图等。通常在报告中使用多种图表来达到预期效果。

(5) 调查报告也是规范性论文,需要列出参考文献,且文献格式要符合相关标准。

(6) 必要时可以有附录。当有些资料不适合全部呈现于研究报告的主体部分时,可以列在附录中。例如,作者自己设计的测量工具(测试题或调查表等)、原始分数表。或者,在报告主体中呈现大量的相关资料,会给阅读报告带来不便与困难时,这些结果也可以放在附录中。注意不同类型资料的附录要分开,且附录一般放在参考文献之后,位于报告的最后。

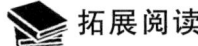 拓展阅读

调查报告的常见分类

比较常见的教育类调查报告主要聚焦于三类问题。

1. 需求调查类

从大的方面说，需要制定政策或规划项目时，小到学期开始前的教学安排设计等，需求调查是最基础，也是最常用的一种。通过需求调查，可以寻找到政策或项目研究的方向以及教学活动设计的抓手与内容。

江西省中小学教师职后教育调查报告[①]

职后教育是人们接受全日制教育，走上社会工作岗位后的再培养、再提高的学习活动。在学校，职后教育是指在职教师所进行的各种形式的再教育活动，包括自我学习、校本培训、校本教研、考察学习、网络培训、外出培训、学历进修……为了了解和掌握江西省中小学教师职后教育情况，为各级教育行政部门和学校加强教师队伍建设，推进教师专业发展提供数据，笔者对此开展了专题调研和跟踪，对存在的问题进行了分析，并提出了问题解决的途径。

该调查报告针对的是中小学教师职后教育的情况，包括中小学教师自我学习、校本培训、外出考察等进行的需求调研，以及其中暴露出的种种问题。通过阅读，可以了解该省中小学教师职后教育的基本情况、职后教育需求和问题，为找出解决之法提供全面的信息。

2. 满意度调查类

另一类比较常见的是满意度调查。当评估一个项目的效果，或家校合作交流时，常会用到满意度调查。通过调查，可以评价效果并为后续的调整提供参考。

办好人民满意的教育——全国教育满意度调查报告(2019)[②]

聚焦国家、社会和人民群众普遍关心的"人民满意的教育"问题，系统分析了教育满意度调查的理论基础、价值意义，全面梳理了国内外有关满意度调查的理论和实践研究，建构了符合我国国情的科学可靠的方法模型……在此基础

[①] 何声钟.江西省中小学教师职后教育调查报告[J].教师教育研究,2015,27(05):78-83.

[②] 中国教育科学研究院.办好人民满意的教育——全国教育满意度调查报告[M].北京:教育科学出版社,2019.

上,获得了全国各地区、各个教育阶段、不同教育参与主体对教育的满意度情况,对改进我国教育工作提出了有针对性的建议。

从这个报告的标题便能清晰地看出,这是一项面向全国开展的关于教育满意度的调查,研究旨在通过对全国不同区域、不同阶段、不同主体的调研,了解我国教育现状,为改进工作提出更加有效的建议。

3. 情况调查类

情况调查是区别于需求调查和满意度调查的其他调查,主要目的是了解如何指导研究和项目的信息,便于研究和项目更加顺利地开展。

中国教育财政家庭调查报告(2019)[①]

本书基于全国家庭跟踪调查数据提供的家庭教育支出的信息,统计描述家庭教育机会获得和教育选择的基本情况,分析我国当前不同收入、不同社会阶层的家庭在教育选择、校内外教育支出和负担方面的基本情况,尤其是家庭在公立学校系统之外,包括课外补习机构等教育培训机构发生的支出,分析家庭背景与家庭教育选择和支出的关系……分析在公共教育资源和市场教育资源的双重配置机制下不同家庭所面临的机会和选择。

该报告分析的是我国家庭教育支出的情况,以及与教育机会获得和教育选择的详细情况,属于情况调查类报告。

▍实践与思考

请撰写"在线教学如何影响初中学生学习习惯"这个主题的调查报告。

---

① 魏易.中国教育财政家庭调查报告(2019)[M].北京:社会科学文献出版社,2019.

模块四
如何写课题研究报告

导读

　　课题研究是教育科研中一种重要而基本的形式,在探索重大教育改革问题、解决教育实践难题、提炼教育实践经验、推广教育科研成果方面发挥着独特作用。教师开展课题研究实际上是以科研的思路在更高层次上审视自己的日常教学工作,发现、思考问题并形成解决问题的策略,推动教学工作的开展,提升自身的专业素质。作为教师由"教书匠"向科研型教师转变的助力,课题研究已经成为当代教师的一种基本工作方式和学习方式。但是,如何运筹帷幄、循序渐进地开展课题研究呢?本模块将从研究选题来源、课题申请书撰写、开题报告和中期报告撰写、结题报告撰写、研究成果推广等方面介绍教师开展课题研究的关键环节。

教师写作：
从经验到专业

任务一：
确定研究选题

有效开展课题研究，选题是第一步，也是非常重要的一步。确定选题不仅是明确研究对象和内容，也是明确课题研究的方向。

知识导航

哪些内容可以作为选题来源？应如何确定课题研究的选题？

首先，课题指南是非常直接有效的选题来源。教育部社科司、各地教育规划办、相关教育单位、教育科研机构等都会在相对固定的时间与课题申报通知同步发布课题指南。教师可以根据指南中给出的"选题范围建议"确定自己的研究主题，或者直接选用指南中给出的课题名称。

其次，工作实践是教师主要且重点的选题来源。对教师而言，结合工作确定研究选题是最有基础且最可能将理论与实践结合起来的方法。尽管教师开展课题研究时最好将研究选题与教育教学发展要求、自身专业成长目标结合起来，但长时间的教学实践可能使教师对日常工作中的现象或问题习以为常，导致很难找到合适的研究课题。所以，有必要进一步明确选题来源，找准研究问题。具体来说，可以从以下几个方面选取研究课题。

1. 从实践问题中选择课题

教师可以从教学实践的疑难、矛盾和困境中发现研究课题。教材使用、教学设计、课堂教学、家校共育、师生关系等都有可能成为教师开展课题研究的选题来源。教师遇到的问题一方面与教学实践和具体的教学环境相关。例如：教师如何进行有效的跨学科教学？怎样实现以学生为中心的课堂教学？如何针对某教学内容进行兼具个性化教学特点的教学设计？另一方面与教师的理想和现实间的差距、学校与家长的不同立场相关。例如，教师尝试"创新教学"，学生成绩的提升却不明显，家长不认同，教师需要寻找、论证解决方案。

2. 从教育经验中选择课题

教师在长期的教育教学工作中往往会积累不少成功经验，这些经验通常符合一定教育环境下的教育规律，具有科学性，但却停留在经验层面，仍未被系统论证，还有待通过教育研究使之显性化、系统化。所以，成功的教育经验也可以成为课题研究的重要选题来源。同时，成功的教育经验往往包含着教育实践方面的创新，更容易具有亮点。从教育经验中选取的研究课题往往具有较好的实践与研究基础，相对容易开展深入研究，且容易获得丰硕的研究成果。

3. 从理论实践的辩证思考中选择课题

教师应用辩证的眼光看待已有的理论、观点和结论，不盲从，多反思。在运用前人或他人的理论、观点、结论时，要注意新的、意外的、特殊的环境与条件，注意透过现象去查明其背后的、起支配作用的规律和本质，既要尊重传统理论观点，也要批判性地思考实际情况与传统结论相比的新发展与新变化。教师要将自己的批判性反思提炼为课题选题，并通过课题研究做进一步的体系化展开。对前人或他人提出的开创性理论，也可以结合实际进行检验论证，提出自己的独立见解或新结论。

4. 从前沿政策的研究落实中选择课题

教师对教育教学的把握应当紧跟前沿政策，符合课程与教学改革的要求。不论是新课标、新教材的推出，还是校本研修、教师培训的推进，都需要教师在接收、学习后能尽可能全面地领会并进行有效落实。教师结合实践对政策的解读、对相关要求的思考以及对相关理论的探索研究，都可以通过课题研究加以整合。

典型案例

不同课题的选题来源

表 5-1 课题选题来源

选题来源	课题名称
从教学实践的问题中选择课题	新课标下小学语文生活化教学的探究
	小学生跨学科学习主题设计与学习生态的研发
	区域性高中语文整本书导读策略研究
从教育经验的提炼中选择课题	农村小学"种蚕与养蚕"综合实践课程的开发与研究
	中小学生创新潜能识别及培育的实践研究
	资优生培养中提升学生高层次数学问题解决能力的实践研究
从对理论的辩证思考中选择课题	小学改变课堂灌输模式的学生学习方式的研究
	实施"反思性教学"促进教师向研究型发展的研究
	基于话语分析的中外教师课堂教学比较研究
从对前沿政策的研究落实中选择课题	"十三五"课题"初中系列主题班会课程化的实践研究"
	名校集团托管下郊区新办校自适应发展的实践研究
	上海市"小学体育兴趣化、初中体育多样化"课程改革成效与问题研究

第一类是从教学实践的问题中选择课题。这是教师最日常的行为,也最容易引发教师对问题的思考,如"生活化教学""跨学科学习""整本书阅读"。

第二类是从教育经验中提炼课题。例如,教师在日常的教育教学中认识到创新潜能的重要性,也积累了一些成功的思路与方法,但是怎么证明这些经验是有效的呢,这就需要通过研究进一步探明创新潜能的识别与培育策略。由此,确立课题"中小学生创新潜能识别及培育的实践研究"。

第三类是对理论的辩证思考。以课堂教学模式为例,教师在学习课堂教学模式的时候,可能会发现有些教师的课堂教学仍然属于灌输式。这种灌输模式的主要表现是什么?为什么会存在这种方式?要如何改变?对这些问题的思考就是从理论学习的角度来发现理论与实践的联系，进而以课题的形式开展研究。

第四类是从对前沿政策的研究落实中选择课题。目前，这种政策落实类课题比较常见。教师身处教育综合改革的大环境，教育面临着很多变革，如五育并举、集团化办学、体育一条龙、五项管理等，这些政策的落地以及实施都需要教师的参与和实践。在这个过程中，对政策的理解、政策落实的举措、政策落实的反差、政策落实的效果等，都可以提炼出课题进行研究。

上述案例中给出的例子可供参考，但研究者需要注意课题的来源往往不是单一的，有时是教育教学实践、经验，有时是对理论的思考，有时是对政策的敏感与把握，有时可能是对以上几种类型甚至其他方式的综合思考和预判。研究者在具体的实践中，需要深刻理解，灵活运用。

高手指路

确定研究选题的原则

根植于教育教学一线的教师，每天都会遇到需要解决的问题。怎样让"值得"研究的问题成为教研课题，这就需要对问题进行由表及里、由现象到本质的理性思考，综合考量，再加工提炼，方能形成研究课题。总结起来，研究课题应该遵循以下原则。

1. 创新性

选题要创新，也就是要有新的视角、新的方法。选题的创新可以体现在研究问题、研究视角、研究方法、研究材料等方面。具备创新性的课题既可以是尚无人研究过的课题，也可以是对已研究过的问题有新突破的课题。随着时代的发展和研究的深入，每个问题都面临新环境的挑战，因而需要重新建构理念、开拓新思路，这些都是课题研究的创新。

2. 科学性

课题必须具有科学性。科学性体现为研究问题要遵循教育教学规律，符合学生身心发展规律，不违背常识等。具有科学性的课题既要有实践基础，又要有理论基础。教师实践经验丰富,实践基础扎实,源于实践的课题往往有大量的教育教学实践作事实依据,选题具备实践基础,但在理论方面通常比较薄弱,往往会出现选题起点低、盲目性大等问题。因此,在选题时要立足于"真问题、真实践、真发现",本着求真务实的原则,做"专研究",而不是"泛研究",在教育教学实践的基础上运用科学研究方法进行设计。

3. 可行性

选题具有可行性是指所选的课题能够被研究,研究者能正常开展研究工作,且能取得预期的研究成果。可行性体现在两个方面。一是选题具备研究开展的主观、客观条件。主观条件是指选题应符合研究者的专业特长、知识基础、科研能力和经验、兴趣爱好等;客观条件是指所选课题必需的资料、设备、时间、人员、经费、时机等。二是教师的教研科研应结合工作实际,从实际出发,充分考虑研究所具备的主客观条件,结合教育教学实际,寻找出发点,选择自己力所能及的应用型课题。

实践与思考

当前,电子产品的使用人群越来越低龄化,在一些幼儿园的电子阅览室会经常看到小朋友拿着iPad用手指滑来滑去。这一方面体现了教育信息化硬件水平的不断提高,另一方面也让社会、教师、家长不断产生忧虑。有人担心孩子小,用数码产品伤眼睛,也有人认为生活在人工智能时代,应该让孩子多接触智能产品。有人担心孩子自控力弱,会沉迷游戏,也有人认为接触电子产品有利于培养孩子的编程兴趣。

请基于此话题,拟定研究选题。

任务二：
写课题申请书

从课题申报流程来说，选题确定之后，紧随其后的工作就是撰写课题申请书。课题申请书是课题研究中的重要内容，是课题研究正式启动之前对整个研究活动的价值分析、内容分析、操作分析等进行规划与部署的关键性工作。课题申请书不仅能让课题负责人及成员了解课题所要达到的目标，规划整个研究程序，还能为论证、评审课题提供基本依据，同时也是科研管理部门批准与管理课题实施的过程性文件。

知识导航

通常，课题设计时需要关注以下几个关键环节。

一、课题名称

课题名称是课题研究方向的具体化表现，是课题所要研究内容的高度概括，需要告诉他人所要研究及解决的问题。一个好的课题名称应能揭示、照应课题的研究内容，符合准确、规范、简洁的要求。准确就是课题名称要反映出研究问题的最主要信息。规范就是课题名称所用的词语、句型要规范，不建议使用问句式、口号式等句型。简洁就是课题名称不能太长，如果确实需要，可以采取主副标题的形式。就课题名称的结构模式而言，通常包括研究对象、研究内容、研究方法、研究目的、研究背景等。当然，一个课题名称不可能反映出以上所有信息，应根据课题的侧重点凸显最想突出和最应突出的内容，根据需要对课题信息进行择取与组合,由此形成课题名称的不同结构模式。最常见的课题名称结构模式包含三个要素:研究对象、研究内容、研究方法。

二、课题价值

课题价值分析主要回答"为什么做这个课题"的问题,可以主要从研究背景、研究现状述评、选题意义等方面阐述。

研究背景也称选题缘由,主要回答"为什么要进行该课题研究",一般可以从时代背景、理论背景和实践背景三个方面来论述。时代背景是指所处时代对课题选择的影响因素或条件,主要阐述随着社会、政治、经济、科技等发展所带来的新问题、新挑战及其与研究课题之间的关系。这些新问题、新变化、新挑战需要通过课题研究来解决,而本课题正是顺应新变化、解决新问题、应对新挑战的一种途径。理论背景是指影响课题选择的理论因素。课题的选择有时是对理论发展的回应,这种回应包括理论的使用、检验和发展等。实践背景是指实践对课题选择产生影响的因素或条件,主要阐释实践中需要解释的现象、需要解决的问题等对实践发展的影响,以及解决它们的重要性和迫切性等。

研究现状述评不等同于文献综述,文献综述是对文献的综合述评,对象是文献;而研究现状述评不仅包括对已有文献的述评,还包括对一些未形成文献却正在开展的研究进行的述评。研究现状述评非常重要,从课题评审者的角度来看,研究现状述评能反映出申报者对研究课题资料的掌握程度和对研究现状的把握程度;而从课题研究角度来看,研究者通过对已有文献和研究情况的把握、分析,可以了解类似研究已经进展到什么程度、存在哪些不足,本课题可以在哪些地方进行突破和创新等。

选题意义一般可以从理论意义和实践意义两方面进行阐述。理论意义是指课题研究对该领域理论发展的推动和创新等。实践意义是指课题研究对实践的改进或启示等,对更新认知、指导实践具有一定影响。

三、课题内容

课题内容分析主要回答"做什么"的问题,主要包括概念界定、研究目标、研究内容、创新点等。

课题方案设计要聚焦研究内容,这就要对研究中的核心概念做明确界定,以便研究问题进一步具体化。界定核心概念时,一般需要介绍概念的一般义和特指义。一般义是指一般情况下这个概念的意思,可以源于字典,也可以源于其他研究者对此概念的界定。特指义是指在本研究中,这个概念的含义是什么,要对概念的适用对象、适用范围等做出清晰说明。

研究目标是课题预期要达到的结果。明确的研究目标对课题研究具有定向指导作用。教育科研的本质是认识教育规律,探索未知领域,产生新的认识和新的知识,因此在把握课题的研究目标时应着力采用新方法、新思路去研究问题和解决问题,从中发现规律,得出科学结论,提出新见解以及解决问题的正确方法和路径。在描述课题的研究目标时要具体、清晰、有条理、适度。"具体"就是针对具体要解决的问题描述目标;"清晰"就是用恰当的语言描述目标,不能含糊、模棱两可;"有条理"就是体现出研究目标的层次性、条理性;"适度"就是研究目标不能定得太高或太低。总体而言,研究目标宜简洁明了,要能直接解释课题所追求的结果。

研究内容主要是课题所涉及的研究问题,一般需要根据研究目标来确定。课题研究的主问题可以分解为几个相关的子问题,这些相关子问题就构成了研究的主要内容。相对研究目标而言,研究内容更为具体、明确,且一个研究目标可能需要几个方面的研究内容来实现。在写作研究内容时,不仅要把内容逐条罗列出来,而且要做出简明扼要的介绍。内容介绍的文字要适度,太少不能具体反映内容情况,太多则不能凸显重点。

课题研究贵在创新,没有创新,课题研究就没有价值。课题研究的创新点主要表现为:发展创新,即课题研究对既有研究的推进与突破,解决了没有解决的问题；开拓创新，即课题从新角度对研究领域做出了探索，开辟了新的研究领域；认识创新，即课题采用了新视角看待老问题，带来了对老问题的新认识；手段创新，即课题研究采用了新研究方法、工具等，从而给研究问题带来了新的解决方式。通常，一项研究不可能包含以上所有创新，只要包含其中一两项即可。

四、课题操作分析

课题操作分析主要回答"如何做"的问题，主要包括研究思路、研究方法和实施步骤等内容。

研究思路是就课题的研究实施而言的，是对研究的整体规划，需要写清楚研究准备怎么做，要求须明确清晰、有条理性。

研究方法是课题研究的必要手段。研究方法部分需要说明课题准备使用什么研究方法，如何使用这些研究方法，并要揭示所采用的研究方法与研究内容之间的内在关系，便于课题评审者能够看出内容与方法之间的适切性。

研究步骤也称研究阶段，是课题研究具体实施的活动安排，需要写得尽量详细一些。研究步骤要充分考虑研究内容的相互关系和难易程度，一般情况下，都是从基础问题开始，分阶段进行，每个阶段的起始、结束时间都要明确。

典型案例

基于课程标准的教学与评价背景下小幼学段教学衔接的实践研究（节选）

情报综述部分

（对本项目相关国内外研究现状的述评。）

一、关于幼小衔接内涵的研究

国内外的研究都对"衔接"这一词语下过定义，根据"衔接"的具体意义不同，分别有三个英语词汇来解释"articulation""transition""continuity"。"幼小衔接"是在其他概念界定的基础上进行的，"衔接"意指儿童成长发展过程中，从一个较基础的学习场所转到另一个较高层次的学习场所。在西方国家的教育体系中,很少用"幼小衔接"来表达"过渡",因为他们将幼儿园直至二年级的教育视为早期教育,这一阶段的教育是连续的。

我国关于"幼小衔接"的概念源于1995年原国家教委与联合国儿童基金会合作研究的"幼儿园与小学衔接"。随后,开启了我国对于"幼小衔接"的各种理论研究与实践探索。

陈帼眉于1998年提出"幼小两个发展阶段之间有一个过渡时期,也可以称为衔接时期。在这个时期,幼、小两个极端的特点同时并存,互相交叉。"

刘东于2005年在论文《对幼小衔接教育的再思考》中提出:"幼小衔接是指幼儿园与小学两个阶段教育的平稳连接与过渡。"

陈凤巧提出:"幼小衔接是指幼儿园教育和小学教育之间在教育上的互相连接。"

朱晓曼于2002年在《中国教师新百科》中把幼小衔接定义为一个过程,指出:"幼儿园和小学为了一个共同的目的,即促进儿童健康成长,通过做好一系列工作,创造条件,促进儿童从幼儿园到小学过渡的过程。"

杨晓萍于2010年提出,现有幼小衔接概念的一个共同特点就是把幼小衔接狭义化,"大部分学者把幼小衔接仅仅理解为幼儿园教育和小学教育两者间的衔接,而幼小衔接作为基础教育的系统工程,需要社会、学校、家长等多方面的支持才能顺利进行"。

李娅菲于2013年提出,广义上幼小衔接是为了儿童顺利从学前教育阶段进入小学阶段,学校、家庭、儿童三者之间持续不断的相互适应。

通过分析可见,对于"幼小衔接"的概念虽有不同,有广义和狭义之分,但都明确指出,"幼小衔接"意指儿童成长发展过程中,从幼儿园这一个较基础的学习场所转到小学这一较高层次的学习场所,实现从学前教育到小学教育阶段的平稳过渡的过程。

二、关于幼小衔接存在问题的研究

从研究的主体看,以幼儿园为主体开展的幼小衔接的研究较多,以小学为主体或双向衔接为主体开展的研究相对较少。

通过研究梳理发现，在国内已有的研究中，更多关注幼儿园单方面的衔接工作，强调幼儿园教育要向小学教育靠拢。陈帼眉于1998年在《关于幼小衔接的几点思考》中指出幼小衔接的几个误区……刘东于2005年在《对幼小衔接教育的再思考》中指出幼小衔接教育的问题是……

从研究的内容看，主要是从理论层面分析小幼衔接中存在的问题，对小幼学段教学衔接的内容、途径、形式等方面缺乏整体规划和系统构架。

马以念、谢秀莲、王冬兰指出……潘洁在《解决好六个断层的连接问题》中阐述了孩子入学后六个方面的断层……

……

三、关于小幼学段中教学衔接的研究

从目前已收集的资料来看，总体情况是我国关于小幼学段中教学衔接的研究非常少，还没有系统的理论基础，研究点比较零碎，有调查或经验的总结，也有思辨性的理论，还有对国外某个理论或具体实践经验的介绍引进，但这些研究由于不够系统，对教师实施小幼学段教学衔接的针对性和指导性尚不明确。

……

江玲、袁百灵等通过分析儿童观的结构特点，认为……

……

参考文献：（略）

研究方案部分

（本项目核心概念的界定，选题意义及研究价值；本项目的研究目标、研究内容、研究方法、实施步骤；本项目的关键问题和拟创新点。）

一、核心概念界定

幼小衔接：纽曼提出衔接应该包括"垂直衔接"和"水平衔接"两种。所谓"垂直衔接"是指从家庭进入幼儿园，或者从幼儿园进入小学。"水平衔接"是指人从生活中换场所所产生的。本研究所指的幼小衔接是指学前教育与小学教育阶段平稳过渡的过程。

小幼学段教学衔接：主要指幼儿园教育阶段与小学教育阶段教学目标、教学内容、教学方法、教学实施、教学评价的相互承接，促使幼儿尽早尽快适应小学教育，使两个阶段教育衔接的阶段性与连续性得以保障和体现。

二、选题意义与研究价值

在实施"基于课程标准的教学与评价"背景下，开展小幼学段教学衔接的研究与实践具有重要的现实意义。首先，本研究与实践将依托"小学阶段实施基于课程标准的教学与评价"对目前小幼学段教学衔接的现状、问题进行分析，体现学科教学在"科学发展观"中的具体落实，同时引入"毕生发展心理学理论"，从心理学的角度整体把握小学阶段的课程标准，并研究和解决小幼教学衔接的问题，使幼儿园与小学的教学具有连续性和统一性，其宗旨是为了促进学生在幼小衔接中各种心理过程与特征的发展呈现阶段性与连续性的统一。

三、研究目标

初步规划小幼学段教学衔接的内容序列，形成优势互补、资源共享的小幼学段教学衔接实施体系。（1）研究毕生发展心理学理论视域下小幼学段教学衔接的关键要素与内容体系；（2）了解"小学阶段实施基于课程标准的教学与评价"背景下小幼学段教学衔接的现状、问题与对策；（3）探索小幼学段教学衔接的有效机制与行动策略。

四、研究内容

1. 了解目前小幼学段教学衔接的现状与问题。

2. 毕生发展心理学理论视域下小幼学段教学衔接的关键要素。

3. 毕生发展心理学理论视域下小幼学段教学衔接的内容体系。

4. 小幼学段教学衔接的分段培养目标与内容安排。

5. 小幼学段教学衔接成效的评价研究。

6. 总结区域推进小幼学段教学衔接的成功经验与对策建议。

五、研究方法

1. 调查法。通过对教师、家长、学生进行问卷和访谈等调查，了解不同学段的学科教师在学习素养、知识结构、行为习惯、教学资源、衔接机制等方面的现状与问题。

2. 文献研究法。查阅国内外相关研究文献,用毕生发展心理学理论分析目前小幼学段教学衔接研究中有关关键要素与内容体系的成果,构建我区小幼学段教学衔接的分段培养目标与内容安排。

3. 行动研究法。以小学和幼儿园为阵地,以语言与阅读、科学与探究、艺术与表达、健身与适应为主要内容开展行动研究。分计划、行动、考察与反思四环节进行,即以调查资料和文献分析为前提,形成小幼学段教学衔接的研究假设;选择四所小学和四所幼儿园开展实践研究;对行动的过程、结果、背景以及行动者的特点进行考察;对观察到的与实施计划有关的各种现象加以归纳整理,描述出研究过程和结果,然后对行动的过程和结果做出判断评价,对有关现象和原因做出分析解释,调整下一步行动计划和工作构想。对八所学校(园)的小幼学段教学衔接成效进行分析。

六、实施步骤

1. 启动阶段:2016年10月—2016年12月　筹备课题组,进行课题的规划、论证,制定课题研究方案。

2. 调查阶段:2017年1月—2017年4月　制定调查问卷,开展调查研究。

3. 实践研究阶段:2017年5月—2018年5月　根据调查结果,进行案例研究和行动研究。

4. 总结阶段:2018年6月—2019年8月　撰写课题研究报告,进行课题研究成果交流与展示,推进课题成果鉴定。

七、研究关键问题与创新

本研究用毕生发展心理学理论和小学阶段实施基于课程标准的教学与评价的要求,审视当前小幼教学衔接中存在的问题,探索科学的衔接规律,构建良好的衔接机制。基于"整体架构、实践导向、特色发展、系统提升"的工作目标,促进小学与幼儿园的教学衔接,进一步深化小学教育教学改革。

(本案例由上海师范大学附属外国语小学王利敏提供)

以上案例为 2017 年上海市教育科学研究一般项目"基于课程标准的教学与评价背景下小幼学段教学衔接的实践研究"的课题申请书内容节选。在当时的时代背景下，该选题紧紧抓住了理论研究及教学实践中的社会热点问题，选题具有一定的创新性及实践性。课题名称命名相对规范，"课程标准""学段衔接"等关键词准确反映出了该研究的焦点及重点。文献综述采取了"综""述"结合的写作手法，对既有研究主题进行了明确的分类及较为全面的概括，但在写作时以罗列为主，如某某在某论文中指出……缺少对既有研究观点的提炼总结。因此，也就无法对研究主题及观点进行深入的分析。同时，也没有阐述清楚本研究的观点与既有研究观点之间的差异性。

课题方案论证部分相对完整，核心概念界定清晰，研究内容与研究目标的一致性程度较高，所设计的研究内容基本能达成研究目标。研究内容层次分明、逻辑清晰，但由于并未对研究内容进一步分解或解释说明，该部分略显单薄。研究方法合理，基本能够解决研究中的关键问题，但并未提及缘何选择这个(些)研究方法，有待进一步补充完善。此外，需要注意的是，虽然该研究的"实施步骤"从课题规范管理的视角计划了课题进度，但缺少可操作性，对课题组成员而言依然无法明确研究计划的进度安排。通常，在撰写"实施步骤"时应从研究任务出发，对研究任务进行明确的时间段划分，以便于课题组成员能够按照计划完成相应的研究任务。

高手指路

课题研究方法选择要点

研究者根据课题实际情况，选择恰当的研究方法，同一个课题中研究方法的使用可以交叉多样。虽然一个课题研究可以采用不同的方法，但确定研究方法时也要注意各个方法本身的局限性。

对课题研究来说，方法选择要适当且有效，既要符合课题整体的需要，又要切合研究问题的解决。教师进行课题研究时，应该有意识地思考研究问题与研究方法之间的关系。不论选择何种方法，都应该在研究设计中说明为什么选择这个(些)方法，这个(些)方法与研究的其他部分有什么关系，将如何运用这个(些)方法。例如，对过去的事情、外域社会现象以及隐秘的私人生活进行调查，了解被研究者的思想观念、语词概念和意义解释，对现象进行因果分析时，就不适合用观察法。当研究目的和任务偏向对对象的认识时，可以考虑运用调查法，通过问卷、访谈等形式进行调查，了解现状，为研究提供第一手材料，为决策提供观点和论据。案例法既包括对已有案例进行积累和分析，对典型案例作验证与实践，形成相关策略，达成既定目标；也包括对案例的记录与品读，发现案例中行为者的变化与发展，开展分析研究。实验法是针对某一问题，根据一定的理论或假设进行有计划的实践，经过科学设计，通过操控某些因素，研究变量之间的因果关系，从而得出一定的科学结论。

同时，进行研究设计时可以对研究结果做出预设，由研究结果出发选择一定的研究方法。例如，如果研究结果将以文字形式表现，就应特别注意访谈资料的整理及记录，如果要结合图片与录像的形式表现研究结果，就应该特别注意保留照片和影像。

另外，课题研究中的研究方法通常是指教育科研的基本方法，在撰写研究方案时，要注意避免混淆实践措施与研究方法，或者自创研究方法名称，以及具体措施不详、难以操作等情况。

实践与思考

某学校正在与区域合作开发博物馆课程，并以此申报课题，希望能通过设计研究让博物馆参观或活动与课程教学结合更为紧密，让大部分博物馆课程更加具有吸引力。请就该课题选题撰写课题申请书。

任务三：
写开题报告和中期报告

课题立项之后，需要组织专家召开开题报告会进行开题论证；在实施过程中，还需要组织专家召开中期检查报告会进行中期检查评估。这两个环节都是课题研究中必不可少的。开题论证是有组织地系统鉴别研究价值、分析研究条件、完善研究方案的评价活动。中期检查是课题管理部门为保证课题质量、推进课题研究、强化课题管理，在课题研究进行过程中实施的管理措施。

知识导航

一、开题论证

开题论证时需要准备开题报告，有的人会将课题申请书中的内容直接"搬"到开题报告中，这是不合适的。因为两者的功能、面对的对象是不同的。课题申请书侧重课题价值阐述和可行性分析，主要用于评审，面向的是评审专家，功能是获得专家的认可以成功立项。开题报告面向的是论证专家，用于对课题进行诊断，以获得研究支持。开题报告需要对申请书中"粗线条"的可行性论证进行细化和具体化，需要将研究内容和研究方法结合起来通盘考虑，需要在申请书的基础上进一步撰写。

撰写开题报告时需要重点阐述研究方案部分，包括研究内容、研究方法、组织与分工等，需要说明研究方案的总体思路是什么、方案是否完备及方案中各部分的联系等。研究内容、研究方法需要尽可能细化,便于课题组成员开展研究。

参加开题论证的专家至少需要三人,若人太少,不足以发现问题,人太多,则会增加开题论证的各项成本。专家需要有副高级以上职称或其他要求,并熟悉课题,最好具备一定的研究基础或经验。专家组成需要具备一定的异质性,需要考虑专家的专业结构、知识结构等因素,实践专家、理论专家、管理者等异质性人员组成的专家组可以从不同视角提出指导性意见。

二、中期检查 ◀

中期报告是中期检查中十分重要的材料,决定着中期检查是否通过。中期检查报告的内容主要包括研究工作主要进展、阶段性成果、存在问题、重要变更、后续研究计划等。

研究进展主要写明课题实施以来,课题承担者所做的主要工作及其对课题研究的推动。可以对照课题申请书,查看课题申报时的阶段性承诺。应该兑现的,有没有兑现?如果兑现了,兑现的质量怎么样?还有哪些没有兑现?因为什么原因没有兑现?可写工作的起止时间以及采取的主要措施、策略、方法等。研究进展也可以分阶段写,比如在哪一阶段做了哪些事情,取得了怎样的进展。阶段性成果是指在课题研究的某一阶段产生的成型的研究成果。阶段性和成型性是阶段性成果的重要特征。阶段性,说明这些成果还不是最终的、完整的研究成果,是课题研究成果的组成部分;成型性,说明这些成果本身是可以相对独立存在的,是已经完成的状态。阶段性成果可以从实践性成果、理论性成果、技术性成果等方面来写。实践性成果主要指课题实施以后对教育教学实践的改变,如师生的变化情况等;理论性成果主要指教研论文、论著、案例、报告等的撰写和发表情况;技术性成果主要指课题研究中相关量表、工具、技术手段等的开发和使用情况。已有研究成果的获奖情况、被采用情况等,也可以写在这部分里。

在中期报告里,课题研究中会存在很多这样那样的问题,这部分写主要问题,也就是会影响整个课题研究继续推进的问题。对存在问题的写作要本着实事求是的态度,如果故意掩盖课题研究中存在的问题,将不利于课题管理者和评审专家提出有针对性的、建设性的指导意见,帮助研究者寻找解决办法。在今后设想部分,要根据存在的问题、今后研究的需要和原有的研究计划来写。主要写今后研究的思路、拟采取的问题改进措施或课题研究的推进措施等内容。可以简单介绍,但要有实质性内容。经费的使用可以使用表格明细的方式呈现,一目了然。这部分内容要定量与定性相结合,既要呈现所使用的经费数额,又要定性地评价所使用的经费是否符合规定。

中期报告可以有附件,其内容主要是课题的阶段性成果。附件可以证明前期工作和所取得的阶段性成果是真实存在的,有助于评审者据此检查课题实施的质量。中期检查报告要有条理性,文字要简洁,主要目的是介绍课题实施的情况。

典型案例

案例一:

基于课程标准的教学与评价背景下小幼学段教学衔接的实践研究
(开题报告节选)

一、开题活动简况[开题时间、地点、评议专家(课题组外专家不少于2人)、参与人员等。]

二、开题报告要点(题目、内容、方法、组织、分工、进度、经费分配、预期成果等,限5000字,可加页。)

题目:

基于课程标准的教学与评价背景下小幼学段教学衔接的实践研究

研究内容:

1. 了解目前小幼学段教学衔接的现状与问题。

2. 毕生发展心理学理论视域下小幼学段教学衔接的关键要素。

3. 毕生发展心理学理论视域下小幼学段教学衔接的内容体系。

4. 小幼学段教学衔接的分段培养目标与内容安排。

5. 小幼学段教学衔接成效的评价研究。

6. 总结区域推进小幼学段教学衔接的成功经验与对策建议。

研究方法：

1. 调查法。通过对教师、家长、学生进行问卷和访谈等调查，了解不同学段的学科教师在学习素养、知识结构、行为习惯、教学资源、衔接机制等方面的现状与问题。

2. 文献研究法。查阅国内外相关研究文献，用毕生发展心理学理论分析目前小幼学段教学衔接研究中有关关键要素与内容体系的成果，构建我区小幼学段教学衔接的分段培养目标与内容安排。

3. 行动研究法。以小学和幼儿园为阵地，分计划、行动、考察与反思四环节进行，即以调查资料和文献分析为前提，形成小幼学段教学衔接的研究假设；选择四所小学和四所幼儿园开展实践研究；对行动的过程、结果、背景以及行动者的特点进行考察；对观察到的与实施计划有关的各种现象加以归纳整理，描述出研究过程和结果，然后对行动的过程和结果做出判断评价，对有关现象和原因做出分析解释，调整下一步行动计划和工作构想。对八所学校（园）的小幼学段教学衔接成效进行分析。

研究进度与组织分工：（略）

经费分配：（略）

预期成果：（略）

（本案例由上海师范大学附属外国语小学王利敏提供）

以上案例为2017年上海市教育科学研究一般项目"基于课程标准的教学与评价背景下小幼学段教学衔接的实践研究"的开题报告内容节选。该开题报告直接"搬"了申请书中的内容，并没有将研究内容与研究方法结合起来考虑，也没有对研究内容及研究方法进行细化，课题组成员依然无法明确该如何实施研究计划。研究内容需要细化分解，以"小幼学段教学衔接的现状与问题"为例，需要明确预计从哪些视角探讨这个问题，该问题细化分解后，就可以以此为据设计问卷及编制访谈提纲。如此，也就能将研究内容与研究方法结合起来通篇考虑。在研究方法部分，该研究中使用了问卷法及访谈法。以问卷法为例，需要进一步明确研究对象、抽样方法、问卷编制方法、问卷施测方式以及数据分析工具等。开题论证时，还须将问卷、访谈提纲等作为附录一并提交，便于专家给出更为精准的指导意见。课题负责人在开题论证后，还需要根据专家的指导意见，再次修改开题报告，从而保证课题的顺利实施。

案例二：

基于课程标准的教学与评价背景下小幼学段教学衔接的实践研究

（中期报告节选）

三、中期报告要点（研究工作主要进展、阶段性成果、存在问题、重要变更、下一步计划、可预期成果等，限5000字左右，可加页。）

一、研究工作主要进展

……

（一）根据研究主题组建研究团队

总课题确立了"语言与阅读""科学与探究""艺术与表现""健身与体验"四个子课题，以结对校（园）长为子课题负责人，保障课题研究的落地实践。在研究中，各子课题均成立了以学校领导、科研骨干和一线教师为主的课题研究组。总课题组通过专题式培训、案例征文讲座、文献分析等方式组织课题组成员加强理论学习。同时，在实践层面，幼儿园与小学加强沟通协调，积极探索相关课程设置衔接、教学方法对接、教学内容互渗、教学成果共商等。

（二）基于问卷调查了解衔接现状

四个子课题组为了更加全面地了解幼小两个学段教学衔接的真实状况，针对研究主题，自行编制了调查问卷，在结对的幼儿园大班和小学低年级开展师生调查，了解教学衔接的现状以及问题。并根据调查的数据，分析影响问题的关键变量，针对关键变量开展有针对性的行动研究。

（三）开展联合教研攻关教学衔接难点

……

（四）加强实地调研基础上的针对性指导

……

二、阶段性成果

（一）小幼学段教学衔接的现状调查

1. 调查方法与过程

（1）调查对象的选择

本次调查涵盖了SJ区50所幼儿园、18所小学、24所九年一贯制学校。抽样教师具有一定的代表性，人口统计学信息如下……针对不同性别、不同年龄、不同学历、不同学科教师的调查能够真实且全面地反映幼小衔接的基本情况，保障了调查结论的普遍性。

（2）问卷的编制与选项解释

本调查问卷是研究者在自行编制的基础上征求个别校（园）长、教师对问卷内容编制的意见后，反复对问卷进行修改和完善，形成了最终的调查问卷。调查问卷主要了解教师对幼小衔接的理念、做法、保障机制、存在困惑等方面的信息。问卷处理采用SPSS17.0进行统计分析。

……

3. 调查结果与讨论

（1）教师对儿童在园、在校的生活及相关政策缺乏了解

调查结果显示……

（2）"幼小衔接"理念显偏差，理论和实践存差异

政策导向及理论研究都强调"幼小衔接"应是幼儿园和小学相互配合的过程。但在实际调查中发现……

（3）小学与幼儿园教师、家长就"幼小衔接"交流的频率较低

对944名小学教师"与幼儿园教师就'幼小衔接'交流的频率"的调查结果显示……

（4）小学和幼儿园对科学适宜的教学方式和衔接课程有较高需求

……

（5）小学及幼儿园缺乏有效的"幼小衔接"机制

……

（6）基于核心素养多向互动开展"幼小衔接"是共同追求

……

3.优化"幼小衔接"的对策建议

……

（二）教学衔接目标与内容比较分析

1.明确小幼学段的教学目标及其联系

……

2.重审小幼学段的教学内容及其安排

……

（三）各子课题阶段性成果

……

"科学与探索"组：从喜爱"科学"的情感和态度、运用"科学"的方法和能力、积累"科学"的知识与经验三个方面梳理了科学教育衔接的目标，从生命科学、物体科学、环境与地球科学、科技与生活方面提炼了科学教育衔接的内容。

……

（本案例由上海师范大学附属外国语小学王利敏提供）

以上案例为2017年上海市教育科学研究一般项目"基于课程标准的教学与评价背景下小幼学段教学衔接的实践研究"的中期报告内容节选。该中期报告相对完善，相对完整地回顾了课题实施以来课题组研究工作的主要进展，并

对主要阶段性研究成果进行了翔实的归纳总结。从课题进展来看，课题组基本按照预期计划完成了阶段性研究任务，这为后续顺利完成整个研究计划奠定了良好的基础。撰写中期报告时，切忌"流水账"式记录课题实施过程中的关键事件，如"组织专家研讨"等，以免写成工作纪要，缺少"研究"属性。通常，撰写研究主要进展时依然建议"研究内容与研究方法结合起来考虑"，即交代清楚课题组在某个时间段内采用某种研究方法开展了针对某个问题的研究，并归纳总结阶段性研究成果。

高手指路

课题实施注意事项

开题、中期虽是课题研究中必不可少的环节，但课题具体实施过程也不容小觑。课题研究实施是课题研究的展开阶段，是整个课题研究中耗时最长、最耗精力的环节，也是课题研究的关键步骤，直接决定了是否能达成预期研究目标及完成预期成果。在研究实施过程中，研究者有很多工作要做，比如做好课题的过程性管理、收集好各种资料等，做好各种工作才能保证课题的顺利实施，并达成预期目标。

虽然课题管理部门会依据课题管理办法来实施管理，但课题负责人也要做好课题管理工作。主动实施课题管理，有助于课题的顺利实施与完成。对课题负责人而言，课题研究管理主要包括团队管理、时间管理、资料管理等。

课题研究往往需要团队合作，这就需要对团队进行管理。首先，合理分工，责任明确。课题负责人在组建研究团队时要充分考虑到研究者的情况，根据个人专长来分配研究任务，确保每个参与者都能最大限度地发挥自己的能力与特长。其次，统筹协调，稳步推进。如果课题研究推进过程中出现了问题或矛盾，课题负责人要视具体情况调整任务分工，及时解决新出现的各种问题与困难。只有统筹协调好，才能稳步有序地推进研究进度。

课题研究一般有时间限制，需要在规定时间内完成。而要在规定时间内保质保量完成研究,就需要科学管理时间。首先,科学规划,尽量落实。课题方案设计或申报书中一般已经有了研究阶段的划分并规划了课题进度,课题实施过程中要根据实际情况科学调整规划,并尽量在实践中落实。其次,定期检查,反思改进。为了保证课题的顺利实施,还需要对研究进展情况进行定期检查。定期检查之后,要根据检查的情况进行总结与反思,并在后续研究中及时改进发现的问题,稳步推进课题。

课题研究资料是研究成果的基础,要妥善处理。这就要求课题研究团队要及时收集相关资料并分类整理。课题研究过程中要树立"资料意识",有针对性地随时随地收集与课题研究有关的资料,并对资料进行整理和科学分类,便于后期使用,如撰写中期报告或结题报告。

实践与思考

请基于任务二的"实践与思考"部分完成的课题申请书,撰写开题报告。

任务四：
写结题报告

结题报告是研究者在课题研究结束后客观地、概括地介绍研究过程，总结、解释研究结果，向有关部门（机构）申请结题验收的资料，是课题研究材料中最主要的部分，也是课题结题验收的主要依据。结题报告有一般的共性要求，但不同类型的课题由于侧重点不同，结题报告也会有不同内容的侧重与结构特点。撰写结题报告首先需要把握各类课题的要求与特征，如实证研究类课题是基于某种教育现象进行的研究，其结题报告一般是对教育实证研究全过程及其结果进行客观、概括的反映。

知识导航

结题报告的一般结构由三部分构成：前置部分、主体部分、结束部分。具体来说，前置部分通常包括封面（课题名称、课题编号、课题承担单位、课题负责人、课题组成员、课题完成时间）、摘要与关键词、目录页等。主体部分包括引言、正文、结论、参考文献。结束部分包括附录、致谢等。下面重点介绍如何撰写结题报告的主体部分。

引言部分一般介绍课题提出的背景、研究意义等，以引出正文，应力求简明扼要，直截了当，不拖泥带水。研究背景可以从背景、现状、现有研究基础等方面就"为什么选择这个主题进行研究"进行阐释，厘清课题研究的原因与已具备的研究条件，并注意考虑教育形势的发展和教育理念、方法的更新。研究意义包括理论意义与现实意义，是研究重要性、必要性和可能性的体现。

正文是结题报告的核心部分，所占篇幅最大。不同类型的结题报告，正文部分会有所不同。总体来说,包含文献综述、研究目标、核心概念、研究内容、研究对象、研究方法、研究过程等。研究内容主要陈述课题研究的立足点和范畴,这些必须在研究成果中有所体现,也可以将子课题表述为研究内容中的一项。研究方法的列举要与研究内容结合起来,说明取得何种研究目的时采用的是何种方法,方法的选择要具有科学性、合理性。研究步骤一般包括准备阶段、实施阶段、总结阶段,也可以进一步细化。研究过程是指在每个研究步骤中具体采取了哪些措施、策略或基本做法,可以与研究步骤结合在一起陈述。

研究结果包括研究结论和成果,是结题报告中最重要的部分,篇幅可以适当多些,应全面、准确地反映课题研究的基本情况,体现研究成果的推广和借鉴价值。研究结论是针对课题研究问题做出的回答,是整个研究的结晶。内容包括对研究假设的总结性见解、提出切实可行的解决问题的策略和措施、指出尚未解决的问题,提出后续研究的途径与方法。研究成果可以从理论成果与实践成果两方面去陈述。理论成果可以是研究所得的新观点、新认识,包括课题组成员所发表的相关论文、调查报告等;实践成果可以是优秀教案或活动设计、示范课和实验课汇编、学生作品集等。研究中的反思及今后设想应尽量准确、中肯,设想部分重要陈述如何开展后续研究或推广性研究等。

典型案例

基于课程标准的教学与评价背景下小幼学段教学衔接的实践研究
(结题报告节选)

[摘要] 从幼儿园到小学的过渡,是儿童学习经历中一次重大的转变,这一阶段的转变我们称为"幼小衔接"。幼儿园教育与小学教育在教学内容、教学方法和教学组织方面的不同,往往会使刚入小学的儿童产生不适应的情况。聚焦教学衔接问题,笔者在区域范围内开展问卷调查与访谈,基于现状与问题的实证分析,通过小幼两个学段课程标准的比较分析,重新架构了教学衔接的目标序列与内容体系,并以衔接共同体的形式,进行了互动式的课堂教学衔接实践

与研究,在教学衔接实施的关键、路径和机制方面取得了突破性进展。

[关键词] 小幼学段;幼小衔接;教学衔接;内容重构

一、研究缘起及问题陈述

从幼儿园到小学的过渡,是儿童学习经历中一次重大的转变,这一阶段的转变我们称为"幼小衔接"。幼儿园教育与小学教育相比有着显著的差异,尤其体现在教学内容、教学组织和教学方法方面,这种差异往往会使刚入小学的儿童产生不适应的情况。如何实现有效衔接,消除或减轻儿童的不适应?课题组以"基于课程标准的教学与评价"为政策背景,提出了本课题。

二、核心概念界定及文献综述

(一) 核心概念界定

"幼小衔接"是指学前教育与小学教育阶段平稳过渡的过程。这个过程是双向的,不是简单的幼儿园向小学靠,也不是小学向幼儿园靠,而是双方都向儿童靠,根据儿童的心理特点和认知规律进行衔接。"小幼学段教学衔接"主要指幼儿园教育阶段与小学教育阶段的教学目标、教学内容、教学方法、教学实施、教学评价等方面的相互承接,促使幼儿尽早尽快地适应小学教育,使两个阶段的教育衔接的阶段性与连续性得以保障和体现。

(二) 文献综述(略)

三、研究设计(略)

(一) 研究目标

(二) 研究内容

(三) 研究方法

(四) 研究过程

四、研究结论

本课题将从实证调查、目标与内容重构、关键策略、实现路径和保障机制五个方面讨论研究结论。

(一) 小幼学段教学衔接现状的问题分析

经过区域调查,小幼学段教学衔接的主要问题有:指导标准知晓度低,衔接的理念和实践不对等,衔接内容和方式困惑度较高,校、园、家交流频率较低,缺乏有效的教学衔接机制。

(二) 教学衔接目标与内容的重构

针对以上问题进行分析,可以发现制约教学衔接真实发生的主要原因,是双方对指导标准、衔接理念、衔接课程与内容、衔接方式等问题尚未理清,因此,需要基于标准,进行两个学段课程目标与内容的比较分析,进而对教学衔接的目标与内容进行重构。

(三) 小幼学段教学衔接实施的关键策略

教学衔接的依据是什么？衔接的目标和内容如何确定？怎样进行课堂教学衔接？针对这些问题,我们从《3—6岁儿童学习与发展指南》和小学各学科课程标准出发,坚持儿童立场,遵循儿童身心发展规律,衔接的重点从知识立意转为素养立意。在调查分析的基础上,用数据来分析教学衔接的现状与问题,以主题的形式,开展联合教研和教学,并以评价及时改进。

(四) 小幼学段教学衔接实现的路径

小幼学段教学衔接的实现,需要区域和校际之间在联合教研、目标贯通、资源共享、互动交流和课题研究等方面进行系统思考和一体化管理。

(五) 完善小幼学段教学衔接的保障机制

教学衔接的保障,需要教育行政、业务部门、基层学校及家庭"四位一体"的共同参与,形成一个由行政、科研、教研组成的合理有效的专业引领式合作群体。

五、研究展望与思考

通过六年多的研究,区级层面已经建立了小幼衔接的畅通机制,园校、家校之间也形成了联动共育的格局,广大教师也在研究教学衔接的过程中提升了专业发展的整体素养,更重要的是衔接期的儿童既实现了平稳快乐的发展,又为终身发展打下了素养的基础。

我们的研究也形成了丰富的成果,包括1本专著、1本案例集、11篇论文,其中8篇论文已先后发表在《上海托幼》《保育与教育》《新教育论坛》等期刊上。

小幼学段教学衔接的实现需要行政、教研、科研、督导的协同互动,也需要幼儿园、小学、家庭和社会的通力合作。在幼小衔接的未来研究中，需要行政部门牵头，协调好相关主体共研共治，也需要幼儿园和小学自觉自愿、积极主动地对接共商，更需要家庭和社会从理念到行为的转变共育。因此，未来我们将持续深入幼小衔接教育治理的协同机制、幼小衔接网络型校际（一校多园）合作模式、幼小衔接家庭教育指导等问题的研究。

六、参考文献（略）

（本案例由上海师范大学附属外国语小学王利敏提供）

以上案例为2017年上海市教育科学研究一般项目"基于课程标准的教学与评价背景下小幼学段教学衔接的实践研究"研究报告正文的缩减版。通过该案例，我们可以了解到完整的研究报告应该包括研究背景（研究缘起或研究问题的提出）、研究过程、研究结论、研究成效、研究展望、附录、参考文献等部分。研究背景主要交代清楚"为什么研究"的问题，研究过程主要交代"怎么研究"的问题，研究结论主要交代"研究了什么"的问题，研究成效主要交代"研究得怎么样"的问题，研究展望主要交代"未来研究什么"的问题。附录部分一般会放一些调查问卷、访谈提纲或其他不方便放在正文中的资料。参考文献的格式要规范完整，一般需要注意参考文献的权威性、代表性等问题。研究报告的撰写，一般要包括以上每个部分，重点放在研究结论部分。当然，一个漂亮的研究报告，每个部分都应写得恰到好处，并且上下文逻辑要相扣。

高手指路

课题研究成果表述要点

课题的研究成果是结题报告中的重要部分。课题研究合格不合格，能不能通过验收，就看在研究成果中所取得的成果是否达到了预期的研究目标。研究报告写得好不好，能否全面、准确地反映课题研究的基本情况，使课题研究具有推广价值和借鉴价值，就看这部分的具体内容写得如何。一般来说，这部分内容所占篇幅应该在整篇研究报告的一半左右。在陈述所取得的研究成果时，一定不能忽略研究目标与研究成果之间的联系。研究成果部分的表述应当注意以下三个问题。

第一,实践成果与理论成果都要呈现。结题报告中所总结的研究成果应当包括理论成果与实践成果两部分。研究中开设了几节公开课,发表了多少篇论文,获得了什么奖项,学生参加了何种竞赛,教师的科研水平得到了哪些提高,学生的学习成绩有哪些长进,这些都是研究成果,但都属于实践成果。研究问题的达成方法,为实现研究目标探索出的研究新策略、新观点、新认识,都是课题研究中的理论成果,也应在结题报告中呈现。

第二,研究成果的表达要完整。有些课题在研究过程中,已经有课题组成员撰写了基于本研究的学术论文,这些学术论文的主要观点要提炼、归纳在结题报告中,而不是陈述为"研究成果详见某某论文"。如果一个课题由几个子课题构成,在结题报告的表述里,也要将这几个子课题研究的成果进行提炼、归纳和融汇,而不是罗列为:子课题一的主要成果是什么,子课题二的主要成果是什么。归纳时也应注意这些观点及成果必须体现既定的研究目标。

第三,课题的研究体会无须在结题报告中陈述。课题组对课题研究经验的总结以及研究体会,不需要在研究成果中陈述。也就是说,课题研究成果的确定,应基于充分的材料与论证,通过分析、综合、判断、推理,得出逻辑性的正确的观点,要做到材料与结论的统一,用材料说明观点。撰写课题论点时,要注意避免:一是只限于表述自己的观点,缺乏科学的论证;二是罗列大量材料,没有对主要论点的归纳。为了科学、准确、生动形象地表达研究成果,提高研究的说服力与可信度,还可以减少不必要的文字叙述,多用图、表、照片等形式反映数据和关键情节。图、表、照片的选用也要注意少而精,应准确无误。

实践与思考

请围绕任务二的"实践与反思"中设计的课题,试着写一份结题报告。

任务五：
推广研究成果

课题研究的成果应在推广中更好地发挥作用，推广本身也是一种科研活动，同时也是科研的目的与重要环节之一。

知识导航

课题成果的推广有别于成果的传播，传播只是推广的一个方面，尚不能概括并等同于推广。同时，课题成果的推广也有别于成果的运用，运用不能代表推广，也不是所有的运用都在推广。因此，推广课题研究成果，包括成果的传播、运用，以及有组织、有计划地将成果在课题以外的更大范围转化为实际教育效益。从成果接收者的角度来说，只有成果被接收者接纳并转化，才真正达成了课题研究成果的推广。

一、课题成果推广的意义

成果推广不是简单地指向实践运用，而强调更大范围内对成果有价值的使用。成果的完善与否、价值如何、收效怎样，都需要在实践推广中检验，同时为其他研究创造条件。如果研究结题之后就停留在报告上，不能算是真正完成了研究。因此，成果推广也是一种科学研究。

成果在推广的过程中，会遇到新的使用环境与条件，虽然与已经告一段落的研究存在共性，但也仍然面临很多不确定因素。这时，要结合使用成果当下的时间、地点等因素，以及使用者自身的情况，进行新的结构化与创造性的检验、修正、完善和发展。因此,成果推广也是一种创造性活动。

成果能够得以推广,离不开推广之前的被选择与推广过程中的不断被检验。教师是成果的产出者,也是成果的推广者,教师在运用或推广成果的过程中会萌发新的发现与想法,并不断将研究与实践相结合,做出新的探究尝试。因此,成果推广也是一种可持续的理论实践共同体。

二、课题成果推广的要素 ◀

成果推广会受到很多因素的制约。行政、科研、基层的结合是成果推广取得成效的保证。行政层面能够做决策并调动推广所需的人力、物力、财力等;科研层面能够为决策提供理论依据与支架,也能够为推广本身提供指导;基层层面是成果的直接检验者和运用者,可以为成果的进一步推广提供可能。

在推广的过程中,要有畅通的成果传递通道,将关于成果的价值、效果、操作方法、评价等方面的信息准确加以传递,使教师们易于使用。同时,要在推广时注意排除一些教师之间相互比较的不服气、不平衡等心理障碍,充分调动推广者与接受者的积极性,并保障两者的权益。

三、课题成果推广的实施 ◀

课题成果的推广实施主要包括以下几个阶段。

(一)推广准备阶段

成果推广应该有明确的组织和指导团队,负责推广工作的管理、评价等。其成员可以包括教育管理者、教育科研人员与教师代表等。由他们对待推广的内容进行选择、把关,以促进本校教育发展为目标,进行推广内容的确定。同时,也要根据成果的特点与学校的实际情况,如教师的素质、条件等,设计符合本校的成果推广方案。

（二）推广实施阶段

推广指导团队要组织成果接收者进行学习，通过对成果的介绍、解析和示范等，形成关于成果的应用办法，让接收者获得关于成果的理论与实践依据。对接收者进行关于成果的培训，使接收者能够在自己的实践中应用成果，实施操作。

（三）推广总结阶段

成果推广应用的相关数据、材料等要进行及时的处理和分析，并对成果的推广应用进行反馈，针对其中的问题与不足进行调整、讨论、发展与创新。接收者可以通过交流研讨，就各自的成果应用实践、调整与创新等进行互动，就原成果的问题与不足给出进一步评价，对成果推广应用进行总结。

典型案例

下面我们从宝山区的一个"问题化学习研究"课题的发展和推广来看看一项课题研究成果可以怎样更好地实现更大范围的辐射。

上海市宝山区"问题化学习研究"

上海市宝山区"问题化学习研究"已坚持 14 年，目前仍在进行。它是由上海市宝山区一名普通年轻教师王天蓉主持的。从最初由一个人独立承担"基于网络的问题化学习"青年课题发端，到基于学校的实践和区域整体推进，历时 14 年，研究团队从 5 人、10 人到 100 人……不断壮大。在他们的团队中，有来自小学、初中、高中各年段，语文、数学、科学、综合等不同课程领域的教师，这是一个跨学校、跨学段、跨学科的教师自发的研究群体。其研究内容向不同学科拓展，探索各种课堂形态，重点研究学生学习方法的改善。目前已形成 7 个"问题化学习"实验基地、30 多个参与学校，组建了 8 个学科团队，拥有 200 多位种子教师，累积了 1000 多个研究课例，并在全国产生了一定影响。

（本案例摘自：苏忱，《与一线老师谈科研》，上海教育出版社。）

课题的推广是为了更好地发挥课题研究成果的辐射作用,在更大范围内发挥成果的带动和催化作用。在成果推广方面,需要注意的是短期成果和最终成果的不断推广。王老师的研究团队为什么会实现学段、学科、学校之间的不断壮大,就是因为短期研究成果的不断积累与传播推广。在不同的研究阶段,推广的内容和重点也略有不同。在研究的初期阶段,尤其需要成功经验的推广,以鼓舞士气,激发大家继续研究的动力,也让更多志同道合的研究人员了解、发现并加入。在中期阶段,可以根据整体的研究成果,制定推广方案,向区域进行辐射和推广,甚至可以跨区域进行展示和推广。在结题阶段,根据研究成果的特点,可以在市级乃至全国层面进行宣传和推广。在推广的形式上,不能仅仅局限于开报告会、展示会,可以多种形式并用,如建立实验基地、培训种子教师、充分运用多媒体平台等。值得思考的是,不管课题采用何种方式在何种范围推广,都不要忘了研究成果推广的目的。课题研究成果的推广,最主要的目的是实现成果的转化,让成果更深入地研究下去,带来更大范围、更深层次的研究效益,推动教育教学的改革。

高手指路

课题成果推广要点

课题成果推广是一项很严肃的事情,需要经过严格的论证。一旦成果推广出去,如果实践应用中出现失败,不仅会影响课题研究者和行政推广部门的声誉,而且也会给教育教学实践带来难以逆转的损害。因此,不能轻易推广课题成果,以免产生不必要的副作用。在课题推广之前,应该做推广论证,以保证课题成果推广的价值、可行性和成功率。

教育科研产生的成果并不是都需要组织力量进行推广,也不是所有的成果都具有被推广的实际可能。基础理论研究就是以认识教育现象的抽象特征为主的研究,将大量的感性认识上升为理性认识,从中探求规律与发展趋势,形成思辨性的理论研究成果。一般来说,对于这类研究成果,只要能起到沟通科学信息、活跃学术思想、促进教育学科发展、繁荣教育科学的作用，就已经实现了扩大成果效益的目的。另外，由于教育科研对象庞杂、研究方法多样等因素，也造成某些成果的应用与推广受到众多主客观条件的限制。因此，只有对成果进行认真筛选，并根据每项成果的特定条件，采用相应的方法和途径，才能保证教育科研成果应用与推广工作的顺利开展。一般而言，应用成果是自发接受先进的优秀成果的过程，而推广成果则需要一些管理措施去保证研究成果产生增值作用。筛选准备推广的成果，大体要考虑以下三个方面。

其一，成果的先进性和成熟度。先进性是指通过研究当前教育发展与教育改革中的新情况、新问题，在成果内容与研究方法上具有创新性。成熟度是指经过教育实践或逻辑上的反复论证与验证，证明研究结论可靠，研究方法合理，数据完整，具有良好的重复性与再现性。先进与成熟是辩证关系，先进性决定着成果的价值，成熟度则决定着成果推广后的价值，两者都是应用与推广成果的先决条件。

其二，成果的实效性和可行性。实效性是指成果的确能对教育改革与发展、教育教学面临问题的改善等起到明显的促进作用，产生比较明显的社会效应。可行性是指成果的指向清晰明确，实际操作也相对简便易学，在现行的主客观条件下加以实施是可行的。成果的实效性和可行性是应用和推广成果的客观要求。

其三，成果的整体性和特殊性。目前教育领域中大量产生的整体改革、整体实验、区域推进等成果，特别强调整体性。大量成熟的、长周期的科研成果都有较严密的系统性和完整的结构性。对这些成果的应用与推广，应该首先区分课题的总体目标和完整实施过程，然后将其细化分解为各分系统、子系统，并重视组合环节及相互关系，由此才能保证以后的应用与推广过程能严格按照科研程序，齐头并进、相互协调，产生整体效应。所谓特殊性是指某些成果的研究范围大、涉及方面多，整体效益虽然良好，但仔细分析就会发现成果中很多内容有不确定性，会给整体推广应用带来困难。针对这样的情况，就需要分析和剥离出成果中最有效的成分，遴选周期长的研究中部分已经成熟的阶段性成果，或综合性研究中已经定型的局部或部分经验,首先加以应用和推广。而这些局部或阶段性成果的应用与推广,也会倒逼综合类成果更趋完善。

实践与思考

请为任务二中的课题设计课题成果推广方案。

模块五
如何写科研论文

> **导读**
>
> 科研论文写作是每位教师通往科研道路的必修内容。科研论文写作虽然没有"八股文"式的固定格式与"套路",但是也形成了一些普遍性的原则与一般性的规范。教师只有明晰了研究的基本行动规范与技术路线,才能以科学高效的方式写出高质量的科研论文。本模块主要聚焦科研论文的写作,从论文写作的一般步骤出发,分别呈现了论文选题的确定以及论文前置部分、正文、引文部分的写作规范与论文表述的基本原则等内容。

| 教师写作：
| 从经验到专业

任务一：
确定选题

选题是论文写作的第一步。常言道"题好一半文"，好的开端是成功的一半。选题得当，往往事半功倍。因此，研究者必须将选题放在战略高度上予以重视。接下来，我们将列举几种常见的选题来源，具体谈一谈科研论文的选题问题。

知识导航

选题对论文写作至关重要。选题往往决定着论文本身的价值和意义，好的选题既能观照研究者个人的现实需要，也能为整个研究领域贡献新方法与新观点。论文选题时既要有专业意识、问题意识、创新意识，也要量力而行，寻找适合自己的研究主题。

科研论文的选题并非凭空想象或灵光乍现，而是有其特定的来源或可供遵循的一般思路。以下列举几点较为常见的选题来源。

一、从文献中提取 ◀

从文献中选题，对一线教师而言难度较大，需要教师熟悉研究领域，且具备一定的研究鉴赏力，能够敏锐地判断出潜在的研究问题。使用这种选题方法，需要大量搜集并阅读专业文献，参考已有文献的研究思路和观点，从中获得启发，并找出现有研究的不足和可能的创新点，在此基础上"发前人所未发"，为学术界提供关于某一问题解决的新思路、新方法、新观点等。这种选题方法的好处是能够快速掌握关于该领域研究的前沿观点,以大量的文献数据、方法、观点为支撑,站在"前人的肩膀上"开展科研创新,从而拔高自己科研论文的整体水平。

二、从经验或实践中生成 ◀

基于自身的工作经验和实践经历,从中萃取研究的问题,是教师选取研究主题的重要方式之一。从经验或实践中生成选题,要求教师具有问题意识和理论敏感性,善于把握教育实践中遇到的事件和困境,以理论的眼光将零散的经验进行整合、转化,在闻、见、识、行的综合体验中,把握现象背后的原因,从对现象的事实性描述上升到概念化的分析,化实践感悟为理论表达。通常,经验或实践中生成的选题主要分为以下三类。

(一) 问题解决型

教师根据教育教学过程中遇到的具体问题开展深入研究,通过把握问题内部各要素的复杂关系,寻找问题的解决策略。例如,在教学实践过程中,发现小学生难以理解"集合"这个概念,那么教师就可以据此选定研究主题,为突破这一教学瓶颈开展相关研究。

(二) 经验总结型

教师基于自身教育教学的成功案例,分析成功的条件、路径与策略,将之转化为可推广的理论知识。例如,一位有经验的教师形成了关于诗歌教学的大量经验,学生也在该教师诗歌教学的引导下获得了德智体美劳等方面的发展。那么,该教师可以据此选定研究主题,将自己的经验概念化,通过科研论文表达、传播自己关于诗歌教学的理论。

(三) 批判改进型

教师基于自身长期的教育教学经验,综合已有的理论积淀,在理论的指导下对教育实践问题进行批判性思考,通过事实批判与理论建构,为理想形态的教育建构提供思路和方法。这要求教师既要有较丰富的教育理论积淀,又能够反思自身的教育实践。例如,教师在长期学习了某一项教育理念之后,发现该教育理念并不符合实际、效果不佳或存在缺陷,教师就可以据此选定研究主题,改进已有理论的不足。

三、从事件中选题

从事件中选题需要教师多关注国家出台的方针政策及教育发展战略或社会的重大、热点事件,敏锐地意识到并把握当下热点话题。所谓"事件",是指在国家重大活动、重大方针政策、教育变革及社会发展基础上生成的选题。这些重要事件为论文选题提供了明确的领域或方向,是研究的创生点。例如,2020年3月中共中央国务院出台了《关于全面加强新时代大中小学劳动教育的意见》,随后引起了学术界关于"劳动教育"的广泛讨论,研究者围绕该主题撰写了部分具有理论与实践意义的论文。

典型案例

下面我们一起来看几种不同的选题类型。

从文献中提取选题

20世纪60年代,美国学者富勒以关注为切入点考察了教师专业发展的阶段特征,从而开启了教师专业发展过程研究的序幕。在此之后,多数有关教师发展过程的研究大都侧重描述和分析教师的实际经历、经验或表现,并且通常从被动、消极的一面出发,如不同发展阶段教师遇到的问题、关注的问题、专业能力及表现、教师工作态度及需求、教师外显行为与自我反思等。这些研究以教师实践中面临的问题、困境和需要为主要议题,强调应针对不同阶段教师可能出现的问题、困境以及需要从外部给予的帮助来制定培训内容。实际上,这种思路将教师假定为需要帮助的对象,将教师作为客体置于专业发展过程中,忽视了教师在发展过程中的主体作用。进入21世纪之后,教师的主体地位得到彰显,越来越多的研究表明教师主体性的发挥是影响教师持续、有效发展的重要因素。因此,如何以教师主体为着眼点寻找一种更为恰当的形式表征教师发展成为一个亟待解决的重要课题。①

这篇论文的引言部分呈现了论文选题的来源——文献分析。作者通过对20世纪60年代以来关于教师专业发展研究的文献分析,总结出现有研究的不足——"将教师假定为需要帮助的对象,将教师作为客体置于专业发展过程中,忽视了教师在发展过程中的主体作用"。在此基础上,作者结合教师主体地位彰显的背景,提出了教师发展新的表征方式,即以愿景作为教师发展的表征。

在经验中生成选题

在各地加快推进教育优质均衡发展的背景下,乡镇学校如何抓住城乡牵手、集团带动、师资流动和项目互动等发展契机,实现学校的转型发展,是当前农村学校发展中需要思考的重要议题。2018年8月,在江苏省常州市钟楼区推进"教育西进"策略、促进优质智力资源向乡镇薄弱学校"流动"的过程中,笔者从常州市花园小学(城区)来到邹区实验小学——一所有着106年办学历史的乡镇学校担任校长。在两年的学校转型性变革中,我们不断探寻新时代乡镇学校发展的突围之路,积累了一些实践经验,也形成一些思考。②

这篇论文选题来自研究者个人在实践过程中的反思与经验积累。基于教育优质均衡的现实需要,研究者自身参与到学校的转型性变革当中,在此基础上形成了学校发展的经验性总结。这是研究者有意识地将学校经验进行概念化、抽象化,将个人知识转化为公共知识的过程。

从事件中选题

新型冠状病毒肺炎疫情,是一次重大的突发公共卫生事件。公共危机事件

---

① 贺敬雯,饶从满.愿景:教师发展的重要表征[J].教师教育研究,2015,27(03):7-12.
② 蒋玉琴."指向人的发展":乡镇校变革的信仰与行动[J].中小学管理,2020(08):29-31.

是教育学生的重要契机。一般而言,重大突发事件更容易暴露出社会的各种问题、矛盾和冲突,而在对矛盾、冲突的认识和对问题的分析中,学生会更明辨是非。因此,在公共危机事件中,学校要充分利用这一教育契机,将公共危机事件转化为课程教学资源,用正确的价值观引领学生。①

研究者抓住新型冠状病毒肺炎疫情这一重大事件,将之定性为公共危机事件,并结合学生发展的需要,从而提出了"如何在公共危机事件中提升学生的科学精神"这一研究问题。

2019年11月26日,中央深改委审议通过了《关于全面加强新时代大中小学劳动教育的意见》,强调劳动教育是中国特色社会主义教育制度的重要内容。劳动教育是全面贯彻党的教育方针的基本要求,是实施素质教育的重要内容,也是培育和践行社会主义核心价值观的有效途径。其中,如何科学地实施劳动教育评价成为新时代学校劳动教育实践亟待思考的课题。2020年3月,中共中央、国务院《关于全面加强新时代大中小学劳动教育的意见》(以下简称《意见》),为新时代劳动教育评价改革与创新作出了指引。②

这篇文章的引言呈现了论文选题的来源——对《关于全面加强新时代大中小学劳动教育的意见》这一文件的思考。研究者从中选取了新时代劳动教育评价改革这一问题,分析了劳动教育评价存在的问题与解决策略。

高手指路

如何聚焦研究问题

在选题过程中,研究者往往存在问题意识不清的情况,导致论文选题过大、过小或本身并非一个研究问题。那么,研究者应该如何不断聚焦自己的研究问题呢?

---

① 雷丽珍,姜宁,方征,袁影.公共危机事件中学生科学精神的培育[J].中小学德育,2020(06):21-24.
② 章振乐.新时代劳动教育评价改革的思考与实践[J].中小学德育,2020(04):63-64.

1. 具备一定的理论与实践积累

任何研究都离不开研究者自身所具有的理论积淀和实践经验。对研究者而言,无论最初是否明确研究方向,都应该阅读大量的文献并进行实践反思,文献资料与反思笔记将会成为发现问题、提炼问题的重要资源。

2. 处理好文献阅读与论文选题的关系

研究者不可能一开始就确定研究的所有内容。论文写作过程是一个不断阅读和探究的过程。既要在文献阅读和实践经验中发现问题,也要进一步阅读相关文献,通过"滚雪球"式阅读,不断聚焦自己所要研究的问题。

3. 明确研究所在的论域

"论域"是指研究者准备计划开展研究的领域和方位。研究者常常会碰到论文的"问题太大","问题太大"的实质就是研究者混淆了论域与主题,前者是领域、范围、方位,后者才是聚焦、收敛和切割后的具体中心问题。教师应当从论域出发,不断聚焦所要研究的小问题。

4. 坚定自己的选题

一旦选定了研究主题,除非研究题目本身不再具有价值,或受到不可控因素的制约而无法开展,最好在这个议题内开展持续深入的研究。研究及写作过程中反复否定之否定,可能会给研究者带来极大的挫败感,但却可以让研究者更全面、客观、理性地看待研究问题。

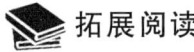 **拓展阅读**

一个好的选题具备哪些特征

无论是何种选题来源,选题本身都应当具有理论意义与实践价值,否则这个选题就难以获得认可。一般来说,好的选题应当具备如下特征。

1. 具有可行性

所谓可行性,即研究者应该根据自身的能力来确定选题,选择适合自己研究的题目。一般而言,科研新手由于缺乏科研经验与理论积淀,应从小问题着眼,从教学日常经验出发,结合相关教育理论对小问题进行"精耕细作",把握问题的重点与难点,透过教育现象把握本质,化具体的经验为抽象的概念,从而真正把问题的实质"吃透",乃至成为该领域的专家,这是一个研究者不断成长与进阶的过程。总的来说,研究者要根据自身的理论积淀、教育经验、外部支持等研究的实际情况,选取适合自己并能够研究的主题。

2. 具有应用价值

应用价值体现的是研究主题是否能够满足现实的迫切需要。教师由于长期扎根教学一线,无论工作性质还是实践需要,都更加侧重问题研究的应用性。换言之,要让自己的研究为教育理念的更新、教学方法的革新、学校发展的创新等提供可供遵循的路径。教育作为一种实践活动,教育研究的最终目的也在于实践的优化,教师开展课题研究的首要目的在于澄清实践存在的问题,把握问题解决的条件与策略,有针对性地解决教育实践的问题,并通过科研论文的方式推广操作性的经验。

当然,这也并不意味着教师只能选择应用性问题来研究,当教师达到一定的理论水平和思维高度时,也可以选择理论性问题来研究,从实践者的角度剖析教育基本理论的问题,拓展人类对教育相关概念理解的边界,拓宽教育研究的问题域,提升对教育基本问题的认识,等等。

3. 具有创新性

严格来说,创新性是科研的基本要求。研究本身意味着阐发研究者独特的观点,而非简单的文献梳理或他者意见的重复。好的研究往往能为该研究领域提供问题解决的新思路,极大促进大众对问题的认识。一般来说,研究的创新主要体现为内容创新、方法创新和观点创新三个方面。内容创新指研究者所研究的主题有重要意义,但是已有研究非常欠缺,通常指向一个新学术概念的生成,如"教学想象力""双线混融教学胜任力"。方法创新指面对同一个研究问题,研究者采用了前人不曾运用的方法进行研究,如运用图像民族志研究课堂互动。观点创新与内容创新、方法创新具有内在一致性,要求研究者通过研究提出不同的解决策略,为教育理论或实践提供新思路。

相较于教育专业的理论研究者,教师参与科研的优势在于能够以切身的体验反思自身丰富的教学实践。教师可以通过在行动中反思,在反思中继续行动,不断积累教学问题的方法与策略,最后将之转化为理论表达,形成成熟的理论体系,让科研论文服务于教学实践。

实践与思考

1. 请结合文献阅读、自身的教学经验与个人兴趣,选取一个或几个研究主题。

2. 请结合自身的实际情况(理论积淀、教学经验、科研环境等),思考最适合的选题来源和选题方向。

任务二：
论文前置部分

明确了选题，经过深入研究获取大量研究资料后，研究者可以论文的形式表述研究成果。就结构而言，科研论文基本涵盖了以下内容：标题、署名、摘要、关键词、引言、文献综述、正文、结语、参考文献等。论文写作可以按照这个顺序逐步完成，然后在此基础上精益求精。本任务将具体阐述前置部分（标题、署名、摘要、关键词）的撰写技巧。

知识导航

一、标题

好的标题往往决定了读者是否会从泛读转向精读，乃至引用。从期刊编辑的角度来看，好的标题能够吸引编辑的目光，提高论文被录用的概率；从读者的角度来看，好的标题能够吸引更多该领域的研究者阅读，提升论文影响力。标题必须具有一定吸引力，既能突出论文重点，又能抓住读者的兴趣。对大多数读者而言，主要通过标题、摘要和关键词来初步了解文章内容。如果一篇论文十分精良，也具有创新性，但是却使用了一个只有读完全文才能理解的标题，那么这个标题必然是失败的。

标题具有明确研究问题、指明具体研究方向的作用，好的标题既能精准概括研究内容，又能吸引读者的注意。从标题的形式来看，主要存在三种类型的标题。

(一)论题式标题

论题式标题通过标题概括论文所研究的主要内容,读者通过标题就能把握论文所研究的领域、方向或范围。论题式标题往往以陈述句式"×××的研究/探索"或以疑问句的方式出现,表达出论文所研究的主要问题。论题式标题的优点在于能够凸显论文所关注的领域,有助于吸引同领域的研究者。例如,"大中小学思政课一体化开展劳动教育的理论与实践探索""当代学校教育目标的合理性与价值追求""论教师的好奇心""后疫情时代,基础教育向何处去"。

(二)论点式标题

论点式标题是指标题即为论文的核心观点,体现了作者的价值取向。也就是说,标题就鲜明地表达出作者在面对某一个问题时所提出的解决思路或对策。论点式标题的优点在于能凸显作者面对问题时的个性化创造,有助于读者快速把握研究者观点的创新性。例如,"深度开发与转化学科教学的'育人价值'""用'关联'和'问题'建立中小学思政课教学的系统性""家校社合作,回归教育的初心"。

(三)复合式标题

复合式标题一般由主标题和副标题共同组成,两者一般用破折号或冒号连接。主副标题的侧重点不同,主标题主要体现文章的核心论点,用词也较为抽象;而副标题更加聚焦,突出了研究的范围、标示了文章性质等,从而使得文章所表达的内容更具象化。运用主副标题的好处是不仅能让读者更准确地了解研究对象、主题和内容,而且能吸引读者的注意力。尤其是以问句呈现的主标题,更能让读者产生好奇从而继续读下去。例如,"提升危机领导力:疫情防控期的校长必修课——基于疫情防控时期教育领导实践的观察与思考""建设项目化学校:项目学习走向常态化的范式选择"。

二、署名

署名是对参与了论文设计、构思、资料分析、写作等过程的人进行署名,以标明其对论文所拥有的知识产权。署名分为第一作者、第二作者、第三作者等多个排序划分,署名顺序取决于作者对论文的贡献程度。通常,研究人员超过一定数量就不一一署名了,可以署上"××课题组"或 1—3 名主要研究人员姓名,参加课题的其他人员及单位可用脚注的形式说明。署名位于标题与摘要之间,主要包括作者姓名、所在单位、单位所在地和邮编等内容。

三、摘要

摘要是对论文的核心内容、研究结论的简短陈述,简明扼要地向读者介绍这篇文章的主要内容,方便读者快速了解文章是否符合自己的需要。摘要主要呈现论文所得出的结论,是一篇具有独立性和完整性的短文。可以说,摘要相当于一则广告,简要地向同行介绍自己的研究发现和成果。通常,摘要不超过 300 字,内容主要包括三个部分:第一部分,说明研究背景、目的或意义,引出研究问题;第二部分,抛出研究方法与视角,交代研究设计、论证过程或所运用的理论、核心概念;第三部分,概括文章所形成的研究发现、研究结论,体现论文的价值。即,研究背景/目的/意义 + 研究设计/逻辑过程/概念阐释 + 研究结论[①]的结构。

当然,这只是摘要写作的机械套路,不一定非得生搬硬套。研究者可根据自己的研究内容,进行斟酌损益。总的来说,摘要应当将论文所有的要素囊括其中,完整呈现出论文的核心内容。

---

① 郭泽德.写好论文[M].北京:清华大学出版社,2020:293.

四、关键词

关键词是表征文章关键信息的名词性专业术语,是文献检索的重要线索,不仅反映论文的主要概念、主要领域,还关系到论文被检索、被他人发现和引用的概率。关键词会定义论文所包含的领域、子领域、主题、研究问题等,大部分的搜索引擎、数据库或期刊网站都是使用论文关键词来决定要不要展示某篇论文。所以,关键词关系到文章是否能被他人检索到,是论文成果能否产生较大影响力的重要方面。

关键词既要有继承性,又要有创新性。在所有的关键词中,最好有1—2个与教育研究脉络相连,这些关键词往往就是文章的研究问题域,如教育管理、教育目标、教师教育,这些词有助于将文章链接到科研、教学体系之中,便于后来者检索、引用。同时,关键词也要彰显论文本身的创新性。一篇有价值的科研论文至少陈述一个别人没有讲过的论点,那么,一篇有价值的文章至少要有一个本文专属的关键词。一般来说,关键词的数量以3—5个为宜。

典型案例

上面我们讲了标题、署名、摘要、关键词的撰写技巧,下面来看几个具体的撰写案例。

不同类型标题撰写案例

1. 论题式标题

[1] 王烽.推进区域教育可持续发展的理念、路径和策略[J].中小学管理,2020(07):5-9.

[2] 张伟,岳洪,刘春梅.家长微信群中的沟通误区与解决之道[J].中小学管理,2020(07):35-36.

可以发现,以上两个标题都属于论题式标题。标题主要呈现了作者所要研究的内容、主题,但是读者无法从中获取其主要观点,这就可以吸引对论文话题感兴趣的读者去阅读整篇文章。

2. 论点式标题

[1] 周增为.用"关联"和"问题"建立中小学思政课教学的系统性[J].人民教育,2020(08):53-55.

[2] 吴刚.教育投入是硬道理[J].上海教育科研,2009(02):1.

以上两个标题都属于论点式标题。标题是对论文核心观点的概括,读者能通过标题获知作者所要倡导的教育理念、价值观或解决问题的方法。

3. 复合式标题

[1] 张润杰,王智秋.从角色定位看小学全科教师——基于全人教育视角[J].教育科学研究,2020(03):80-85.

[2] 安晓敏,佟艳杰.工作压力对乡村教师工作满意度的影响研究——基于教师低个人成就感的中介作用[J].教育科学研究,2020(01):66-72.

以上两个标题都属于复合式标题。主标题呈现了论文所研究的领域、主要观点,副标题则体现了研究者所采用的研究方法或理论视角。

摘要和关键词撰写案例

摘要:(研究背景)普通高中多样化、特色化发展是当前与未来普通高中发展的方向。上海市特色普通高中经过近十年的推进,已取得了一定的成效。(研究视角)借用传统文化中"道势术"理念来分析上海市特色普通高中创建实践:在特色普通高中创建过程中,"道"是引领特色普通高中建设的理念,"势"是特色普通高中建设所依赖的环境与资源,"术"作为特色普通高中建设中的特色项目与创建载体。(研究发现)分析发现,在上海市特色普通高中创建中存在着一些不足,主要表现为"道"不明、"势"不足、"术"不强。(研究结论)特色普通高中创建中"道势术"的融合要求做到以"道"的培育为核心,形成定位科学的特色办学理念;造"势"与聚"势"并重,特色普通高中创建应顺势而为;做强做优

"术",全面加强特色创建载体建设。

关键词:特色普通高中;道势术融合;普通高中[①]

可以发现,这篇论文的摘要主要包括三个方面的内容:首先说明研究背景,包括理论背景和实践背景;其次,阐释研究方法或研究视角,即从"道势术"理念的理论视角进行分析;再次,概括研究发现,呈现了在"道势术"理念下上海市特色普通高中创建中存在的不足;最后,提炼研究结论,概括论文所提出的改进策略。

结合上文的摘要,以上关键词非常精确地表达了论文的研究领域(普通高中)、研究对象(特色普通高中)、核心概念或基本观点("道势术"融合)。

高手指路

标题、摘要、关键词撰写要点

1. 如何起好标题

首先要明确,标题在形式上要运用若干恰当、简洁的词语连成句子,概括论文研究的主要内容。所以,好的标题在形式上要能以最少的词语涵盖最大的信息量,这样可以让读者快速明白作者的意图。一般来说,一个好的标题应该做到言简意赅、概念准确、观点鲜明。

(1) 言简意赅,突出主题

标题是论文的"名片",代表着整篇论文的价值取向,体现论文所关注的研究对象、所要解决的核心问题、所提出的核心概念,让读者能够快速判断论文属于什么领域的研究,有无较高的理论价值与实践价值。

(2) 概念清晰,对象准确

所谓概念清晰,一方面是指标题不宜出现太多抽象的专业术语,这样既使得研究本身难度加大,解释不清,又让读者难以理解;另一方面是指要准确表明

---

① 朱丽.特色普通高中建设中的道、势、术融合——基于上海市特色普通高中创建实践的分析[J].中国教育学刊,2020(10):41-46.

研究对象,明晰研究范围,切忌边界太大或太小,导致文不对题。

(3) 观点鲜明,有吸引力

好的标题应简单明了地突出论文的核心观点,能够获取读者的注意力。拟标题需要寻找出文章的亮点再提炼出文章标题,让文章的独特性通过标题得以展现出来。

总的来说,标题理应精准地表达出文章的内容,既能概括文章内容,又能突出核心观点,切忌假、大、空,要用词精准、概念清晰,避免一些敏感的、令人有歧义的词汇。

2. 如何写好摘要

从读者角度来说,一般是看完摘要再决定是否有必要看全文;对作者来说,通常是写完全文,再来撰写摘要,因为通常写完全文后才对论文的主要内容有整体的把握。

在撰写摘要时,教师不妨换位思考,以读者的角度想象他们想要看到什么样的摘要,希望在摘要中获取到什么样的信息。即,如何表达才能体现论文的"卖点"? 一般来说,好的摘要具有以下几个特点。

(1) 准确性

摘要首先要能体现论文的核心内容,整体概括论文的研究对象、研究内容和研究方法、研究结论,切忌遗漏论文中主要的内容,出现论文中没有的内容。

(2) 简洁凝练

摘要的目的在于让读者能够在最短时间内把握论文的关键要点,因而尽可能以最少的文字表达最多的信息。切忌出现一些可有可无的套话,如"这一研究具有重大意义""毋庸置疑",这既影响读者阅读,也破坏了论文的价值。一般而言,摘要以200—300字为宜。

(3) 客观中立

摘要主要是对论文所呈现的研究结果进行概括,而不是对研究进行评价。它应是以客观中立的立场来向读者呈现论文的主要观点,并不做诠释与评价。切忌在摘要中出现一些自我评价的句子,如"研究填补了空白""研究对教育发展有重大指导作用"。

(4) 连贯性与逻辑性

摘要内容虽然简短,但是不能简单地进行观点的罗列、拼接,而需要通过逻辑性的词句将论文的内容串联起来,要既能呈现论文研究的重点,又条理清晰,让人迅速把握其中的思路和脉络。

(5) 独立性

摘要自身便构成了一个小短文,是一个完整的、自成逻辑的内容,能够独立成篇。这意味着摘要必须能有效呈现论文的所有信息。它的结构也是高度紧凑而深刻的。

(6) 格式规范

除了前文提到的三部分主要内容外,还要注意摘要部分不能出现注释、表格等内容。

总而言之,摘要可以理解为临街小店的玻璃窗,即文章的"橱窗"。读者通过查阅"橱窗"来决定是否要进一步去下载文献、阅读全文,所以写好摘要也是论文撰写中至关重要的一步。

3. 如何选好关键词

从上面关键词和摘要撰写的案例中,可以看出文章的关键词要有继承性,也要与题目及摘要有呼应。关键词是全文的钥匙,链接打开了下一个房间,也将全文脉络梳理、疏通、串联。通过查看关键词及摘要,读者便可以看出这篇文章的逻辑是否清晰、观点提炼是否到位等。在提取关键词时,应当注意以下事项。

(1) 避免使用"自创词"

有些作者为了让文章看上去具有创新性,关键词里很容易出现"自创"的词汇,或者是采用"简写"的形式显得论文与众不同,但这样不仅容易导致关键词与论文内容不搭,还导致论文不易被检索。

(2) 避免使用一些外延较广的词

关键词最好从论文标题、摘要及正文中抽取。在选取关键词时需要注意:

同义词、近义词不应并列为关键词；冠词、介词、连词、感叹词、代词、某些动词（连系动词、情感动词、助动词）不宜使用；某些不表示所属学科专用概念的名词也不应作为关键词。

（3）关键词的排列要有层次性

关键词的排列顺序不完全是随意的，应体现一定的层次性。在排序时，一般表达同一范畴的关键词要相对集中，意义紧密相连的关键词位置要靠拢；属于同一语言义场的几个关键词中，上位词放在前，下位词放在后；反映论文研究目的、对象、范围、方法、过程等内容的关键词在前，揭示研究结果、意义、价值的关键词在后。

总之，关键词的选取一定要从有助于读者理解该论文的主题内容、有利于读者查阅和检索文献出发。

实践与思考

1. 试着找几位小伙伴头脑风暴一下，针对此前的文章讨论题目的适切性，深入讨论让标题既能提炼文章核心观点，又具有吸引力。

2. 选取高水平论文（引用率高、期刊质量高等），仔细阅读论文的内容并分析标题，总结出如何针对不同类型的研究，草拟合理的标题。

3. 选取高水平论文，尝试给原文撰写摘要，并与原文摘要进行比较，掌握摘要写作的基本技巧。

4. 选取高水平论文，尝试提炼关键词，并与原文关键词进行比较，掌握提炼关键词的基本技巧。

任务三：
论文主体部分

主体部分是论文的核心内容，是研究者对研究内容的全面展现。主体部分主要包括引言、文献综述、正文、结语四大部分。正文部分是对研究者所持观点全面的、体系化的论证表达，也是论文成型的基本条件。本任务将详细介绍论文主体部分的写作特点、方法与注意事项。

知识导航

一、引言

当研究者试图将自己的成果转化为文字时，首先要做的就是告诉读者研究问题是什么、为什么做这个研究，从而引导读者阅读和理解全文。引言的目的在于引出实质性的研究问题，为后续研究问题的提出做铺垫，同时引起读者继续阅读的兴趣。一般来说，引言主要包含三大基本要素：研究背景的分析、现有研究的张力、研究问题的聚焦。

（一）研究背景

引言作为论文的开场白，首先应介绍论文的写作背景和目的，只有准确分析了论文写作背景，后续的研究内容才能够顺理成章。一般来说，研究背景往往与选题来源密切相关。因此，研究背景主要呈现为两大类。一是理论背景，即研究者以某一个理论或公认的原理为背景，提出一个理论性问题或实践性问题。例如,研究者基于罗尔斯《正义论》中的公平理论,研究教育实践中的公平问题。二是社会背景,即以时代变革、国家政策、法律法规、教育实践问题等被社会所公认的事实为基础,开展相关的研究。例如,基于人工智能的时代背景,研究人工智能时代的教师发展问题。

(二)研究张力分析

所谓张力分析,则是在引言中对选题相关领域内已有研究的概况进行简要说明,在此基础上提出本研究的创新之处。这是检验研究本身是否具有创造性价值、是否具有科学性与可行性的标准之一。这需要研究者在阅读大量文献的基础上对已有研究有较全面且准确的把握。

(三)问题聚焦

通过背景的交代与张力的分析,研究者的研究问题、研究目的呼之欲出。引言最后一部分需要点明研究内容、理论依据和方法等,并概括本研究的意义和前景,让读者快速了解论文可能呈现的大致内容,引发读者的兴趣和共鸣。

二、文献综述 ◀

论文写作不同于平时的创作,需要研究者站在已有研究的基础上提出具有创新性的观点或方法。文献综述就是要总结论文主题相关研究领域的研究现状,评价已有研究的发现和不足。一般来说,文献综述的写作包括三个主要流程:文献检索与阅读、文献分类与归纳、文献批判与建构。

(一)文献检索与阅读

文献检索即为文献的搜集。写文献综述第一步就在于寻找文献。目前最为便捷的方式是在数据库(中国知网、万方等)进行文献检索。研究者首先要确定一个或多个关键词来检索自己需要的文献。

在浩如烟海的文献中,如何选择优质的文献呢?一是看期刊,一般刊载在国内、国际权威期刊的文章都具有较好质量,如国内的北大核心期刊、南大核心期刊(CSSCI),国际的 SSCI 期刊;二是看引用率,引用率高的文章一般是被学术界广泛认可的,具有一定的权威性。

在文献阅读过程中,研究者未必需要阅读完全文,多数文章往往在摘要部分已经呈现了主要方法、主要观点,对于那些非典型性的论文,重点阅读摘要即可。当然,如果研究者有充足的时间并对论文本身十分有兴趣,也不妨阅读全文。

(二)文献分类与归纳

文献归纳是在文献阅读的基础上,发现已有研究在同一个研究问题上所呈现的整体特点、趋势。研究者深入阅读后会发现许多文献有共通之处,也有差异性,包括观点、方法、理论基础、研究视角等,可以基于这些共通性与差异性对文献进行分类和归纳,从而得出现有相关研究所具有的相似主题以及一般的概念、原则或结论,为自身的研究领域建立起较为系统的知识地图。

(三)文献批判与建构

文献阅读的最终目的在于服务自己的研究。因此,对文献进行阅读与分类归纳后,需要思考:这个领域的研究已经达到了什么水平?已有研究中有什么是值得借鉴的?当中还有哪些问题有待解决?哪些还可以进一步推进?……总之,要找到自身研究与现有研究的关联,并在此基础上建构写作思路,将既有研究推进一步。

三、正文 ◀

正文是论文的核心组成部分,主要回答"怎样研究"与"如何论证"的问题,通过具有逻辑的话语呈现出作者的整个研究思路、过程、方法与结论。

在内容上,正文代表着研究者的学术能力和水平,需要反映出研究者原创的个人思想,乃至能够在该领域指出新问题、提出新观点、建构新路径等。这就要求研究者具有较高的理论素养,能够以科学的方法在已有研究的基础上进行开拓创新。

在形式上,正文可以根据作者个人的风格需要,既可以采用分段分级式标题(如一二三级标题)呈现作者的主要观点,也可以只分段不分级(只有一级标题)进行观点的阐述。在文字表达上,科研写作不要求文字华丽,但要求思路清晰,合乎逻辑,用语简洁准确、明快流畅。

在呈现方式上,正文要做到实事求是、客观陈述,尽量不要有情绪化的写作,要体现研究的理性与科学性。写作时既可以用简练的话语进行描述与论证,也可以根据需要配以表格、图片、思维导图,以更直观地呈现出论据、论证与论点。

在内容结构上,正文一般包括理论基础、研究设计、研究方法、研究发现与研究结果及讨论。无论是思辨型研究还是实证研究,都需要以严密的逻辑、充分的证据对研究主题进行论证,最终形成一个逻辑自洽的理论系统。

总体而言,正文部分并没有特定的模式,只有科研论文表达与呈现的一般规范(这一内容见本模块任务五)。研究者可根据自己的能力与喜好,选择符合自己的写作方式。但是,无论何种表达方式,最终都要确保科研论文的客观性、科学性与逻辑性。

四、结论

结论是对研究结果或发现所做的最后总结。正文虽然对研究过程进行了详细展示,但是其内容比较复杂,不便于读者抓住研究的核心结论。因此,有必要在正文的最后一部分,对整个研究进行总括,并做相关的补充,以便读者能够较为方便地抓住论文的核心要点。

结论部分的写作应该以正文中的实验或考察中得到的现象、数据和阐述分析为依据，做进一步的凝练和总结。在结论部分的写作中，应当注意以下几个方面。

（一）以简洁明了的方式呈现结论

作为对全文的总结，研究结论应当以最简单的话语总结提升全文的主旨，切忌重复正文说过的话，要突出重点。在呈现形式上，可以以数字序号直观地呈现。

（二）在研究结果和发现的基础上归纳

研究结论必须基于正文所呈现的结果进一步说明，不能仅仅提出几条结论性的观点，因为这会使读者难以把握结论与证据之间的关联，也会使结论本身缺乏说服力。

（三）结论要具有一定的抽象性和理论性

结论本身是一种概括，而非对正文内容的重复写作。因此，这个部分需要研究者在研究结果的基础上进一步升华，从具体概念走向更高的抽象概念。

（四）结论要具有反思性

结论要对研究进行自我反思，认识到研究本身的创新点与不足。所以，在结论撰写中，应当回答如下几个问题：在研究中有无发现例外或本论文尚难以解释和解决的问题？与先前已经发表过的研究工作有何异同？本论文在理论和实践上的意义与价值是什么？本课题进一步提升的方向是什么？

典型案例

前面讲述了论文主体部分的写作特点、方法与注意事项，接下来呈现一些具体的案例，以便读者更好地理解。

引言撰写案例

改革开放以来，我国民办教育日益兴旺，已经成为教育事业的重要组成部分(背景)。然而,民办教师与公办教师在养老金等福利待遇方面却差异显著,由此引起了民办学校教师队伍极不稳定,教师流失严重,师资队伍比例失衡,引起了社会和政府的极大关注(问题)。本研究项目正是在这样的大背景下,受上海市教委的委托,通过研究民办教师的福利待遇问题和解决方案来寻求促进民办教育发展的途径,重点探讨民办学校养老金制度的设计思路和原则(目的)。①

上述引言交代了论文写作的背景、缘由和目的意义,突出了作者研究"民办学校教师补充养老金制度"的必要性和价值。

文献综述撰写案例

从现有的研究文献看,从体制机制层面系统化解决学前教育改革和发展问题,主要有三种思路。

第一种思路是,推进学前教育纳入国家义务教育体系,通过政府全额出资的方式,减免家庭负担的保教费,从而达成适龄幼儿应收尽收的目标……鉴于我国近几年的财税政策取向主要是通过降低税收来刺激经济增长,所以无论从政府财政承受能力的角度,还是从社会治理的政策取向角度,用大幅度扩大公共开支的办法将学前教育纳入义务教育体系的条件都不成熟。

第二种思路是,在保证公办幼儿园占有一定比例的前提下,调动民间资本,大力发展民办幼儿园特别是民办普惠性幼儿园,从而以市场化的方式,扩大幼儿园学位供给,解决"入园难"问题……在市场体制下,幼儿园的学位供给将会受价格影响在短缺和过剩之间形成周期性波动,显然这种不稳定性与民众对学前教育的稳定供给要求是相悖的……这使得一些民办幼儿园脱离了以质价平衡和供需关系为中轴的市场调整和约束轨道,呈畸形运行和发展状态。

第三种思路是,主张将目前定位在非基本公共服务范畴的普惠性学前教育纳入基本公共服务范畴中,从而为普惠性学前教育的发展争取到主要来自政府

---

① 李社环.上海市民办学校教师补充养老金制度研究[M]//上海市教育委员会.上海市第十届教育科学研究获奖成果论文集.上海:上海教育出版社,2011.

的政策支持和稳定的财政保障。但这种思路也面临不小的挑战:首先,……其次,……再次,……。①

作者通过文献阅读,聚焦在体制机制层面系统化解决学前教育改革和发展问题,将现有研究的思路划分为三种类型,简洁明了地呈现出现有研究的基本样态,并对不同的思路进行评析,指出其优势与不足。在对现有研究思路把握的基础上,作者提出了"构建政府统一资助管理的新型普惠性学前教育体系"的观点,从而在已有研究思路的基础上,提出了一种新型的普惠性学前教育体系。作者的文献综述既让读者明晰了现有关于学前教育改革的研究现状,也为作者自身的研究与思路创新奠定了基础。

正文部分撰写案例(略)

请读者根据自身的研究兴趣和方向选择该领域的经典文献,进行仔细研读,把握经典文献的表达方式、逻辑结构与观点论证的特点。

结论部分撰写案例

AI赋能教师培训,其实质是充分利用人工智能技术手段,回归教师培训促进教师作为"人"的发展本质。在此过程中,应"复魅"而不是"附魅"人工智能技术,使教师培训实现"训教融合",建构多元关联网络的培训场域,实现多维关系及其实践意义,促使教师智慧生成、完满发展和个体生命丰盈。总之,AI赋能教师培训是智能化信息技术与教师培训的深度融合,而非简单叠加,是回归生命本质意义上教师培训的"奥德赛"。②

在这篇论文的结语部分,作者再一次重申了自己对"AI赋能教师培训"的基本立场,即以AI促进教师作为"人"的本质的发展,通过结语对文中所论述的AI赋能教师培训的技术、方法、优势等做进一步的理念升华,强调AI赋能的本质并非纯粹技术化的叠加,而是为回归生命意义层面的教师培训提供力量。

---

① 傅维利,刘磊.构建政府统一资助管理的新型普惠性学前教育体系[J].教育研究,2021,42(03):103-112.

② 刘洋.AI赋能教师培训:教育意蕴及实践向度[J].电化教育研究,2021,42(01):64-71.

> 高手指路

引言、文献综述撰写要点

1. 如何让引言更具有吸引力

引言的写作形式有许多种,通常始于社会背景、政策背景或典型观点,甚至是实证故事。总体而言,好的引言应当符合如下特征。

(1) 开门见山,快速入题

无论什么样的引言都应当符合开门见山、快速进入主题的原则,让读者一眼就能把握本文的研究内容与研究目的。因此,引言部分应抓住重点,不宜过长,避免读者读完后依旧没有真正了解研究问题。虽然好的研究问题通常隐藏在学界的研究脉络之中,但是隐匿得过深容易让读者失去兴趣。

(2) 由大而小,逐步深入

引言相当于把读者引入到研究"领地"之中进行参观、鉴赏。因此,引言应当从研究问题、研究对象的外围出发,逐步深入到研究内部。换言之,要写出一定的层次感,这样能够让读者理清问题研究缘由、思路,让读者同步思考问题。

(3) 结构完整,客观公正

完整的引言必须让读者知道作者的用意,并明确论文研究的重点。总体而言,引言应当包括以下几方面的内容:研究背景、研究对象、研究价值和意义、研究设计。也就是让读者能够明白:这篇文章的研究目的是什么?研究主旨是什么?为什么这个主题有研究价值?作者是怎样研究这个问题的?这些问题都需要以简练的话语进行概括性的总结陈述。所以,引言部分一定要言之有物,以客观公正的立场来表述观点。

2. 如何写好文献综述

好的文献综述可以清晰地向读者传达研究高度,所以这不仅是对所收集到的资料进行阐述,还需要对资料中呈现的问题及观点进行整合、提取、舍去、重构。搜集、阅读文献时应当聚焦研究主题,通过类似于同心圆的方式向外扩散,寻找与研究主题相关的文献,并筛选出高质量的、切合自己研究内容的文献。在文献综述的撰写过程中,应当注意以下事项。

(1) 深度理解和概括,避免以偏概全

部分文章往往在文献综述中缺乏对内容的整体概括,直接引用许多"×××认为……""×××曾说过……",这样的呈现容易导致片面理解已有研究,而无法呈现既有研究的全貌。事实上,文献综述要在保证既有研究原意的情况下进行有高度、有深度的二次概括,形成类别或主要观点。所以,对部分核心文献需要反复精准阅读,以便把握其内在逻辑与思路,准确把握已有研究的特点与不足。

(2) 文献引用适度,多维度综述

在文献综述的过程中,虽然有些经典文献能够为我们的写作带来巨大的参考价值,但是研究者也不能重复来回地引用一篇文献,从而导致过度引用。过度引用极易导致阅读视野、思维被一篇论文所限制,从而难以全面把握已有的研究现状。好的文献综述既能聚焦研究问题,又能多维度地拓展,从多个视角、多个研究者的观点出发让自己的研究更加丰富而立体。因此,在这个过程中,切忌引用与自身研究无关的文献,尽量不引用或少引用二次文献(他人已处理过多次的文献),以保证文献综述的准确性与契合性。

(3) 文献精准凝练,避免材料堆积

初学者在写文献综述的时候往往存在"综"而不"述"的问题。也就是说,往往只呈现阅读了什么文献、看到了什么观点、把握了什么现状,但是却没有在这个基础上对文献内容进行归纳和凝练,也没有对现有研究进行评价和建构。这样一方面导致了文献综述部分散乱而缺乏逻辑,让人难以清晰地了解某一领域的研究现状,另一方面也使读者难以看到研究的创新或进步之处,甚至连作者自己也不清楚自己所做的研究究竟在现有研究领域中处于什么位置。因此,如何选择正确的方法进行文献阅读,提炼已有观点,概括研究现状与不足,对文献综述的写作尤为重要。

实践与思考

1. 请根据自己的论文选题,阅读 10 篇相关文献,总结这些文献在观点、思路、方法等层面的相同之处与差异。

2. 请根据自己的论文选题,试着撰写 400 字左右的引言。

3. 通过阅读经典教育研究文献,总结论文引言和正文的基本表达规范与方法。

任务四：
论文引文部分

研究活动是对既有研究的继承与变革，在"巨人的肩膀"上开展的研究需要大量阅读与借鉴文献资料，参考已有成果，才有可能取得有价值的成果或突破。因此，在表述研究成果时凡是参考或引用的他人观点、数据等，都应加以说明，注明出处，否则可被视为侵犯知识产权。加注释说明和出处不仅可以方便读者了解该领域的研究情况，也可以证明本研究并非没有根基，而是具有一定的可信度。通常，引文主要包括注释及参考文献。

知识导航

一、注释

注释是对正文部分内容的进一步解释和补充。在写作过程中，如果需要对某个概念或背景进行简要概述，可以通过注释的方式给读者提供更多信息，从而更好地理解全文。一般来说，注释主要有两大功能。一是交代背景知识。如果正文中出现的概念尚未定论，研究者可用注释的方式对概念的内涵进行解释，帮助读者理解。二是标明观点出处。如果论文中所引用的观点并没有正式出版，而是源于会议交流或其他渠道，就可以通过注释标明观点的出处，以示对原创者的尊重。

在形式上，注释分为脚注、尾注和夹注。脚注也称页下注，是在当前页面的下方标注出该页中出现的引文出处、需要解释或说明的内容的注释方式。尾注是在论文尾部集中列出所引用或所注释内容的注释方法,通常位于参考文献之前。夹注是夹在行文中的一种注释方式,往往在引文后面直接说明出处。至于选择何种方式的注释,这完全取决于作者的表达需要或期刊投稿的需要,可以自行选择。

二、参考文献

参考文献是科研论文必不可少的部分,是作者研究、思路的背景与依据的反映,体现着作者的专业化程度与研究水平。专业论文如若没有专业的参考文献,没有引用相关研究的代表性文献,基本可以判断为水平不高。有的作者认为论文没有参考文献说明原创性很强,其实不然,反而能说明作者并不熟悉相关问题的既有研究,这样的研究往往不具有创新性,甚至是可疑的。还有的作者随意罗列参考文献,只是为了凑数而罗列没有参考与借鉴的文献,这是极不负责任的行为。参考文献不仅反映了作者的研究背景、水平,而且有助于读者寻迹进一步挖掘同类研究或资料。

典型案例

李政涛在《现代信息技术的"教育责任"》一文中以注释的方式对文中提及的观点进行了说明,体现了注释的两个主要功能。

注　释

① 南国农认为信息技术是指对信息的采集、加工、存储、交流、应用的手段和方法的体系,包括视听技术、计算机技术、整合技术等。它的内涵包括两个方面:1)手段,即各种信息媒体,如印刷媒体、电子媒体、计算机网络等,是一种物化形态的技术;2)方法,即运用信息媒体对各种信息进行采集、加工、存储、交流、应用的方法,是一种智能形态的技术。信息技术就是由信息媒体和信息媒体应用的方法两个要素组成的(郭绍青,2002)。

② 这是华东师范大学高德胜教授 2018 年 11 月 24 日在华东师范大学举行的"信息技术时代的教育学理论重建"学术研讨会的核心观点,参见顾小清、杜华《"信息技术时代的教育学理论重建"重要命题的反思与对话》(顾小清等,2019)。①

常见参考文献格式示例

根据《文后参考文献著录规则中华人民共和国国家标准(GB/T 7714-2015)》,下面列举几种常见参考文献的引用格式。

1. 期刊论文

[序号]主要作者.文献题名[J].刊名,出版年,卷号(期号):起止页码.

[1]朱丽.特色普通高中建设中的道、势、术融合——基于上海市特色普通高中创建实践的分析[J].中国教育学刊,2020(10):41-46.

2. 专著

[序号]著者.书名[M].出版地:出版者,出版年:起止页码.

[1]李政涛.交互生成:教育理论与实践的转化之力[M].上海:华东师范大学出版社,2015:56.

3. 译著

[序号]原著作者.书名[M].译者.译出版地:出版者,出版年:起止页码.

[1]杜威.杜威教育论著选[M].赵祥麟,王承绪,译.上海:华东师范大学出版社,1981:127.

4. 学位论文

[序号]作者.篇名[D].出版地:保存者,出版年.

[1]严孟帅.学生创造力培养及评价研究[D].上海:华东师范大学,2015.

---

① 李政涛.现代信息技术的"教育责任"[J].开放教育研究,2020,26(02):13-26.

5. 报告

[序号]作者.文献题名[R].报告地:报告会主办单位,年份.

[1]李政涛.什么是教育基本理论[R].上海:华东师范大学,2020.

6. 报纸文章

[序号]作者.文献题名[N].报纸名,出版日期(版次).

[1]薛峰.好课堂的三种"味道"[N].中国教师报,2020-11-11(005).

值得注意的是,以上参考文献的引用格式可以借助相应的工具直接获取,而无须手动输入。中国知网、百度学术、谷歌学术等,就能在查阅到文献后,点击"引用"按键即可获得相应的引用格式。

高手指路

如何做好参考文献

(1) 使用最权威的文献、最可靠的版本,如果是二手或三手信息,需要根据这些信息追踪到原始文献。

(2) 如果某个文献有多个版本,需要一直引用实际参阅的版本。不同版本之间可能会有些许虽小但重要的区别,会影响引用的准确性及对该文献的其他引用。

(3) 记录所有文献的信息,不要遗漏或杜撰,不要随意罗列文献信息。

(4) 应在需要引用文献的地方清楚标识文献的具体位置,修改时可以更容易地移除不必要的参考文献,而不需要再次寻找需要标注参考文献的具体位置。

实践与思考

请阅读不同的教育类期刊,学习不同引文的标注方式。

任务五：
润色与修改

科研论文的撰写是一个通过逻辑缜密、自成体系的学术话语将自己的研究过程、研究方法、研究内容、研究结论表达出来的过程。对初学者而言，如何搭建合理的研究框架？如何确定自己的研究是否符合学术规范？这需要研究者对已成型的论文进行多次修改打磨，通过对内容、逻辑、文字的锤炼，让自己的论文能够在期刊投稿中脱颖而出。

知识导航

好的论文并非一蹴而就，而是经过多次精心修改打磨出来的。研究者应该接受初稿的不完美，接受写作过程中出现的思维短路、逻辑不通等现象，在后续的修改过程中聚焦论文的研究主题，不断明晰论文的思路与框架，调整写作内容，提升论文内在的逻辑一致性。整体而言，一篇好的科研论文，无论是内容表达还是形式化的呈现，都应当具有如下特征。

一、内容结构的完整性

这是论文的基本要求。科研论文必须符合基本的学术规范，呈现一篇论文该有的内容。首先，在基本格式上，前文所说的摘要、引言、正文、结论、参考文献等基本内容必不可少，否则无法成为一篇严格意义上的科研论文。其次，在内容结构上，应当是前后连贯、逻辑一致的整体。研究者首先要确立研究的基本思路和框架，在谋篇布局上建立一个完整自洽的研究体系，让研究本身的论点、论据、论证形成有机体。否则，只要在某一个方面存在缺失，就有可能导致研究本身不成立，或者研究不被理解。因此，研究问题、研究方法、研究结论都要在论文中清晰地呈现出来，这样才能让读者明确研究者的意图，明白研究的价值和意义。

二、逻辑论证的严密性

不同于平时宣传口号式的呼吁，科研论文的关键在于逻辑论证，通过论证说服他人，让自己的观点合理化并被接受。因此，论文内部的逻辑是论文是否成立的关键。只提出观点而论证缺乏逻辑性，可能被判定为缺乏根据的臆想。因为碎片化的表达不足以让一个观点形成说服他人的力量，甚至连作者自身也难以被说服。只有在严密的逻辑体系中，以缜密的逻辑推演和结构化呈现的观点才可能震撼人心，使人信服。

在论文写作过程中，研究者应当注意横向的逻辑严密与纵向的逻辑贯通，形成分论点清晰有力，各论点之间环环相扣、层次分明的整体布局，让论文的思路、观点能够清晰地呈现在读者面前。

首先，横向的逻辑严密。在论文写作过程中，句子与句子之间要形成连贯性和前后的逻辑关联性。每一句话都应体现其在论证观点中的作用，不说套话、废话，更不能盲目注重数量而忽视了质量。保证横向逻辑的关键在于作者心中始终聚焦一个论点，围绕论点进行阐述，不写无关内容，也不过度铺陈，而是开门见山地对论点进行层层递进式的解剖，逐步将问题和观点暴露在读者的面前，让读者真正把握这个论点的内涵和要义。所以，作者切忌过度联想或拓展，写入一些与论点无关的边缘化的东西，这样会导致论证的过程模糊不清，论点所产生思想的冲击力也大打折扣。

其次，纵向的逻辑贯通。在论文写作中，部分作者往往只关注某一个部分的逻辑而忽视整篇论文所呈现的前后一致性，要么"虎头蛇尾"，研究新意不足，要么前后割裂，研究成为缺乏依据的拼盘组合。为此，就要求作者在论文写作过程中紧扣研究主题和中心思想,以一条思想主线串联各部分内容(研究问题、研究方法、研究结论等),从而形成前后逻辑一致的理论体系。在这个过程中,作者一定要明确:每一个分论点之间并非相互独立的,而是有其内在逻辑依据的,它们共同为整篇论文的主题服务。

总而言之,在论文写作过程中必须做到"瞻前顾后"与"左顾右盼"。"左顾右盼"是要保证每个句子前后的连贯性,保证论文各部分的论证清晰;"瞻前顾后"是要保证论文前后各部分之间逻辑贯通、形成呼应,保证论文整体的逻辑自洽。

三、话语表达的凝练性

这既是论文逻辑性所提出的要求,也是论文篇幅、论文客观性所提出的要求。科研论文的话语表达往往是以公认的概念为出发点,基于一定的理论基础或理论框架来对现有的文献资料、实践调查结果进行编织重组,因此在话语表述方面,应当尽可能凝练简洁,切忌拖泥带水,说一些"正确的废话",而是要保证每一句话都服务于论文主题,每一个词语都能精确概括所要研究的内容。

多数教师习惯了口头式或抒情式的表达,在撰写论文过程中要不断地提醒自己转变思维方式和话语,力求从客观中立的立场来进行理性的表达。当然,也可以从一些经典文献的阅读过程中获得启示,把握好学术话语的应然样态,从转变思维到模仿写作再到形成自己的语言风格,真正让自己的表达既符合学术要求,又因应自己的精神气质。

除此之外,由于论文的写作往往会出现"当局者迷"的状况,研究者可以在论文发表之前将自己的论文给熟悉的同行审阅,甚至找一位有经验的导师来指点迷津。

典型案例

下面我们以李政涛的一篇文章《中国教育公平的新阶段:公平与质量的互

释互构》[①],来看一下科研论文表述的技巧。

首先,论文结构的完整性。下面是这篇论文的目录。

一、教育公平的"新内涵"与"新目标"(研究背景)
(一) 改变了定义的方式
(二) 丰富了公平与质量的内涵
(三) 作出了教育学在公平理论中的贡献
(四) 赋予了教育公平以新目标
二、教育公平的"新问题"与"新难题"(研究问题)
三、教育公平的"新路径"与"新机制"(解决策略)
(一) 教育公平的新路径
(二) 教育公平的新机制

通过论文的框架,我们可以看到,论文从"教育公平"的新内涵与新目标这一学术背景出发,分析了新时代教育公平的理想状态;随后,回到教育公平的实践问题,分析了当前教育公平所遇到的新问题;最后,针对问题提出了教育公平的新路径和新机制。研究背景(新内涵)、研究过程(思辨)、研究发现(新问题)、研究结论(新路径、新机制)都在论文中得以呈现,回应了标题的"新阶段"。论文框架完整,层次分明,形成了一个逻辑自洽的论证体系。

其次,论证的严密性。以下节选了论文的一部分内容。

(二) 丰富了公平与质量的内涵

一旦教育公平与教育质量形成了互释互构的有机联动,公平就有了质量的底气,质量也有了公平的底色,进而给予公平和质量以新的解释和新的内涵。

其一,有了"育人"的内涵。育人是所有时代教育不变的宗旨,正是"育人"将"教育公平与教育质量"联结了起来:"有质量的教育公平意味着教育要充分开发人的潜能,发展人的能力,培育并弘扬人的主体性,即积极性、主动性、创造

[①] 李政涛.中国教育公平的新阶段:公平与质量的互释互构[J].中国教育学刊,2020(10):47-52.

性,促进人的全面发展与个性发展,最后让人过上美好生活。"这一定义说明,无论是"有质量的教育公平",还是"有公平的教育质量",都指向人的发展,这是教育公平研究的最终价值取向:不是为公平而公平,也不是为质量而质量,是为了人的育成,为了人的美好生活。真正的教育质量,是人的发展质量,是育人的质量。这是"教育公平"与其他领域的公平,在价值起点、价值归宿和衡量标准上最大的不同:它是基于育人质量、为了育人质量的公平。

其二,有了"生活"的内涵。在"十三五"期间,有研究者考察了之前国家政策文本中有关教育公平的政策安排,发现已有的国家教育政策中"教育公平"主要指三个方面:从内涵上说,教育公平主要被理解为"教育平等",或"缩小教育差距""促进教育均衡";从教育公平理念指导下的政策安排来说,主要涉及公共教育资源的配置,包括机会、财力、师资、信息化等,关注各种教育资源配置的公平、平等或均衡;从促进教育公平的主体来说,政府被认为要负主要责任,"要公平,找政府"。这些方面构成了当时的一个基本判断:"政府教育政策文本当中对'教育公平'的理解主要是将其作为一种'社会公平'来对待,要调节的是作为社会公共资源的教育资源配置……将教育公平狭隘地理解为教育资源的均衡配置。"在研究者看来,作为"社会公平"并以资源配置为主要方式的教育公平,还不是真正或充分意义上的教育公平,在教育领域或教育场域当中,教育公平的最终指向,应该是"好的教育"或"真正的教育",进而通向每个人美好的生活。这才是教育公平的应有内涵。

这样看来,教育公平与质量的升级换代,首先是内涵的升级换代,它们经历了四个层次或四个阶段的升级换代:一是从无质量的教育公平到有质量的教育公平,公平与质量建立起了初步连接;二是从低质量的教育公平到高质量的教育公平,这是教育公平在"质量提升"意义上的升级;三是从育分高质量的教育公平到育人高质量的教育公平,这里包含了两种层面的转换,即从"育分"到"育人"的转换,从育分和育人相互割裂到育分育人双向建构的转换;四是从高育人质量的教育公平到高生活质量的教育公平,它因此将教育公平、教育质量和日常生活、生活质量连为一体。

以上内容是作者对"教育公平与教育质量形成了互释互构"之后产生的新内涵的分析。从横向来看,每一句之间都相互关联咬合。例如,在"其一,有了'育人'的内涵……"这一段中,论证部分都围绕"育人"这一关键词展开,从"有质量的公平"和"有公平的质量"两个方面论述了两者对人的发展的价值,最终指出"公平而有质量"指向的育人质量的公平。同样,"关于教育公平与质量的升级换代"的四个阶段的论述,更是体现前后逻辑一致、层层递进的特点。

从不同部分之间的纵向逻辑贯通来看,作者聚焦"新内涵",分别论述了"育人"内涵与"生活"内涵两大并列的要点,体现了纵向逻辑的一致性,充分回答并论证了"丰富了公平与质量的内涵"这一论点。

再次,话语表达的凝练性。通过对"(二)丰富了公平与质量的内涵"这一片段的阅读,可以发现作者的话语表达言简意赅,并没有出现"众所周知""毋庸置疑""具有重要意义"等缺乏观点含量的话语,也没有出现脱离中心意思而随意论述的情况。用词用语虽简单,但表达的内容深刻,具有很强的可读性与吸引力。

高手指路

如何提升科研论文的语言表达

当前,教育学术界普遍存在两种声音:一是多数人的研究在表达上晦涩难懂,尤其是部分做教育哲学、教育基本理论研究者的论文,让人缺乏阅读的欲望;二是研究者喜欢运用新词、新术语,让人无法理解作者想要表达什么。不可否认,存在个别研究者为了体现论文的"高大上"或"不拘一格"而采用晦涩难懂的方式表达,但也受限于研究问题本身的复杂性而不得不采用较为学术化的话语。对教师而言,多倾向以实践研究为主,因而可以避免过多学术概念的、晦涩的表达。教师更重要的是转变已有表达方式,让自己的话语更有吸引力。

首先,谨慎使用未被公认的术语。教师应当尽可能地依据教育实践与经验进行由具体到抽象的理论性升华。但是升华并不意味着自己创造一个概念,或是从其他学科搬运一个概念。除非,教师自身能够证明这个概念"移植"到这个教育问题中是有效的,且是独特的。切忌为了让研究显得独特而创造概念、搬运概念,否则论文的科学性会受到质疑,也缺乏可读性。

其次,学会模仿他人的话语表达。模仿是学习的第一步。在当前的教育科研活动中,中小学教师既是实践者,也是理论研究者。他们的研究既服务于一线教学变革,也为理论研究者提供理论资源。因而,初学者可以借鉴他们的话语表达方式,通过仔细品读、揣摩他们的话语特点,结合自己的风格进行转化,从而形成具有理论深度又具有可读性的论文。

再次,在日常生活中试着用更有思辨性的话语表达。这是一种日常性的训练。教师经常会遇到不同教育事件,一般教师往往会将之视为一种自然而然的发生,而很少思考这些事件背后的意义。因此,提高学术话语表达能力的另一种方式是抓住日常生活事件,以更加理性、批判的眼光来记录和写作。

此外,教师也还需要阅读一些经典的教育科研著作,不断积累相应的教育理论,最终将这些理论化为自己生命的一部分,从而能够非常自然流畅地运用,达到语言美的效果。

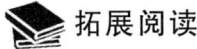 **拓展阅读**

如何发表论文

科研论文撰写的最终目的在于发表,因为只有发表了的文字才可能被他者阅读和认可,论文的理论价值与实践价值才得以真正发挥。因此,论文撰写、修改完后,可以考虑选择合适的期刊投稿,让论文能够被大众阅读,自己的观点能够被传播。一般来说,论文发表包括如下几个步骤。

1. 选择期刊

期刊有自身的定位,不同期刊对论文的需求不一样。就教育领域的期刊而言,按照教育学二级学科划分可以分为基础教育、职业教育、高等教育、比较教育等,按照研究的方向,可以分为教育管理、教学、教师教育等。总的来说,这是一个相互选择的过程,论文应该投给能够满足对方用稿需要的期刊。

因此,投稿之前,应该查阅准备投稿的期刊以往所发表的主题、专栏,以此确定自己的研究主题是否符合期刊的需要。通常,可以通过查阅官方网站来了解期刊的定位和主要关注点,也可以通过中国知网的"期刊导航"来搜索期刊近年所发表的主题,从而了解期刊的用稿倾向。当然,也可以请教曾经发表过论文的同行,请他们推荐期刊。

2. 认准投稿方式

选定期刊后,就要选择正确的投稿方式,让自己的稿件能够成功被期刊编辑部接收。投稿方式主要有三种:一是纸质投稿,需要作者邮寄纸质稿件到指定的地点;二是邮箱投稿,找到编辑部的投稿邮箱,直接发过去即可;三是通过在线系统的投稿平台投稿。不同期刊有不同的投稿方式,这就需要通过期刊官网、官方微信公众号或通过已经出版的刊物上的《投稿须知》(或《敬告作者》)来获取。

此外,"万维书刊网"(http://eshukan.com/)也是可以参考的平台。该网站汇集了不同期刊的投稿方式与已经投稿的网友的评论,比较实用。

3. 等待审稿意见

通过官方认定的方式完成投稿后,需要耐心等待审稿意见。不同期刊,审稿周期也不同。有些期刊能够在两周内回复反馈意见,而有些期刊则要两个月甚至更久。期刊会在投稿须知中说明期刊的审稿周期,若超出审稿时间而没有反馈意见,可以通过电话咨询审稿进度,同时准备将稿件投往其他期刊。

在这个过程中,可能会遇到退稿,并且退稿还没有给予审稿意见的情况,这就需要保持良好的心态。若有审稿意见,就要按照审稿意见中指出的问题进行修改,然后投向其他期刊;若没有审稿意见,则自行反思是否还有改进的空间,然后投到其他期刊。

4. 修改论文

这里所指的修改论文是指论文被拟录用,但是需要按照期刊编辑的意见做进一步修改的情况。一般来说,这个环节只需要按照编辑提出的问题、建议进行一一对应的回应和修改,就能符合编辑的要求。同时,注意论文修改稿返回时,需要向期刊编辑简要说明做了哪些修改。

5. 论文见刊

论文通过修改,也获得了编辑的认可,就意味着论文正式被录用了,这时只需等待论文正式发表即可。一般来说,这个过程可能会比较长,这可能取决于论文的主题,若是热点话题并且能够与其他作者组成一个专题就会比较快。但是,无论如何,只要已经真正完成了属于自己的论文,并且获得了期刊认可,那么论文的思想和观点就获得了传播与交流的平台。这些等待是值得的,也是必要的!

实践与思考

请阅读几篇特级教师发表的论文和几篇教育专业研究者的论文,总结、分析他们的论文在表述中的特点,并比较这些论文之间的异同。

模块六
如何写一本书

导读

　　写书是一项系统工程,作者或作者团要聚焦具体的问题领域,系统整理并积累思想的材料,提炼、表达自己的教育观。本模块以教育著作写作为例,将写书的工作逐层解构,分解成四项任务:起书名、编制目录、写样张和协同"作"战,并结合实际案例与经验反思等,阐述每部分的写作要领。本模块中涉及的四个任务并非线性结构,没有先后之分。写的过程是教育经验系统化的过程,作者的认知结构不断进化,四个任务也在不停迭代,直至图书出版前的最后一刻。

| 教师写作：
| 从经验到专业

任务一：起书名

书名是一本书的灵魂。好书名能让一本书脱颖而出，吸引读者的注意，甚至成为读者决定是否"入手"的关键。须注意的是，书名的确定不是一蹴而就的，是作者、相关专业人员和出版社编辑共同努力的结果。从写作到出版，书名可能会经历多次迭代。作者可以在写作前初定书名，在写作过程中积累灵感，在著作出版前最终确定书名。

知识导航

起书名是写书的第一步。关于起书名，作者一开始要做的工作包括：明确写作目的，确定核心主题；阅读同类书，博采众长；集思广益，确定创新点。做完这三步，就可以初定书名，开始写作了。在写作过程中，作者可以邀请出版社的编辑一起介入，一起寻找关于书名的灵感。在完稿后，作者、相关专家和编辑一起讨论，共同确定一个好书名。下面将介绍起书名的一般流程。

一、铺陈观点，寻找主题

每本书都有独特的价值和使命，或提出一个新观点、产生新理论，或针对某热点、难点问题提供解决方案等，或在一定理论指导下进行有效的实践探索提供可传播、共享的实践经验。寻找著作价值的过程，亦即确定主题的过程。寻找主题通常可以通过两种方式来达成。

(一) 对话追问,明确主题

对话追问可以使作者厘清思路,明晰写作意图。在这个过程中,主题就像大海退潮后的礁岩,无处遁形。在明确主题的过程中,可以以 What(这本书的功能是什么,想做哪些事情)、Who(这本书想写给什么样的读者群体)、Why(为什么要写这本书,写作意图和价值是什么)、How(如何达成写作意图,通过什么形式的内容组织来实现)、Evaluation(如何评估、确定写作主题的价值和意义)五个维度引领,纵向深入思考。

(二) 罗列想法,提炼主题

一个简单有效的方法就是随时记录,将所有的想法加入写作列表。通过列表,不但能确定想写的主题,而且列表的过程也是写书的"堆肥"过程,每一次"堆肥"都需要消化、翻转素材,为"著作绿植"的成长做准备。

选出主题后,还要思考主题的价值和意义。可以结合 Evaluation 部分进行思考:是否有市场需求?是否有理论创新?是否有推广价值?……此外,也可以与相关专业人士交流,广泛听取建议。

二、查找同类书,博采众长 ◀

知己知彼,百战不殆。要了解同类书的书名,去各大知名图书销售网查阅同类主题的相关图书,了解畅销榜前十或二十的图书是怎样起名的,属于哪种语言结构类型、关注了哪些要点、是否引用了典故等。博采众书名之长,避开同质,寻找创新,找到最适切的书名。

三、集思广益,优选创新 ◀

了解同类书名后,就可以避开同质化的情况,从不同视角或用不同的方法初定几个书名。也可以邀请专家或同领域关切者对书名进行讨论,在讨论过程中激发大家开拓思路。当然,也可以做个书名小调查,依据读者喜好进行选取。

四、专家研讨,确定书名 ◀

在书稿初稿完成后,可以邀请资深教育图书出版编辑及相关专家,对书名、主要内容及框架结构进行讨论。资深编辑会依据整体书稿内容及当下市场情况、读者需求分析、视觉效果等因素,对书名进行专业加工,使书名既体现著作核心内容又靓丽醒目。

典型案例

《好妈妈胜过好老师》的书名故事

在谈及这本书畅销的原因时,郑建华(作家出版社编辑)和盖启天(作家出版社发行部总经理)都反复谈到两点:书名和图书设计。他们认为图书内容优势固然重要,但是有一个好的书名和引人关注的封面设计更是这本书能够在销售过程中吸引读者的关键;而在读者打开一本书以后,能否促成购买就是对图书内部设计的考验了。在两位亲历者的讲述中,我们发现,作家出版社在出版这本书的过程中相对低调,但是在细节方面确实用足了心思:在书名、封面和内文版式设计方面都有体现。

为了让尽可能多的读者关注和购买这本书,郑建华和尹建莉都希望找到一个最吸引人的书名。在2008年底的那段时间,两个人天天琢磨的就是给这本书起个什么名字,"好妈妈胜过好老师"就是在上百个书名设计中选出来的,其立意不是以"妈妈"的角色挑战"老师"在教育中的地位,而是传达出一种有关家庭教育重要性的基本理念;在读者群定位方面,郑建华不希望图书的读者被书名局限为某个特定年龄段孩子的妈妈,因为书中传达的教育理念适用范围贯穿孩子成长的全过程，于是增加了现在的副书名"一个教育专家16年的教子手记"。有了书名之后就是设计封面，在这个环节不仅编辑和作者都提出设想，发行部门的评估意见也起到了很重要的作用。最初的封面设计不被发行部门看好，郑建华和美编专门前往书店考察同类书设计，也是几易其稿才有了我们最终见到的图书封面。据盖启天介绍，这本书的封面设计在同类书销售中也非常具有优势，磨砂、起鼓等工艺都有运用，这对读者来说有一定吸引力，而且在一定程度上也为抑制盗版起到了很好的支持。

后来的市场走势证明，被书名和设计打动的不仅只有读者，还有市场上的其他出版商——我们查询了开卷数据库中教育类书名包含"胜过"关键字的图书多达30多种，而且都是在2009年以后出版，包括《好爸爸胜过好老师》《好爸妈胜过好老师》《好父母胜过好老师》《好家庭胜过好学校》等，有的图书干脆采取了完全相同的书名《好妈妈胜过好老师》《好妈妈胜过好老师大全集》，有的图书甚至连封面设计都与作家版"好妈妈"非常类似。郑建华笑谈，这本畅销书带给他的收获很多，也让他经历了很多以前从来没想过的一些事情，其中一项就是为这本书打了不少官司——有的书对作家社的《好妈妈胜过好老师》进行跟风和高度模仿，在市场上引发了负面影响，出版社不得不借助法律来维权。

（摘自做書微信公共号，《〈好妈妈胜过好老师〉：机缘有巧合，成功在把握》，2014.2.23，有删节）

以上案例叙述了《好妈妈胜过好老师》一书的起名故事。该书是一本关于家庭教育的书。其起书名的过程对我们有很多启发。(1)起书名不是一蹴而就的，会贯穿整本书创作过程的始终。直到出版之前，书名一直在不断进化和迭代。(2)作者可以根据手中的写作素材初定书名，先确定一个大致的写作主题和方向，开启自己的写作大计。(3)写书是为了读者，起书名更要具有产品思维，要反复从读者立场出发思考书名的合理性。(4)书名是作者、编辑的共同智慧。万一没有想出理想的书名，作者可以求助出版社的专业人员。(5)书名是图书著作权的一部分，切不可盲目跟风，抄袭别人的书名。(6)书名好，与之配套的封面设计乃至整体的版面设计也很重要。

高手指路

起书名的五种技巧

下面五种技巧有助于教师拓展思路,激发灵感,起出好书名。

(1) 关键词法:教育类图书有其特定的内容范畴,属于专业领域图书。专业领域都有其热点话题、概念、理论等,关键词的提取能让读者在浩瀚的图书中快速了解书的中心主题。

(2) 数字妙用:用数字概括提炼书中的关键信息,吸引读者注意。例如,《给教师的一百条建议》《班主任的三十六计》。

(3) 句式设奇:疑问、否定或感叹句式的书名可以很好地引起读者注意或思考。例如,《千万别学英语》《我给传统课堂打零分》用否定句式起书名,通过内容含义的巨大反差,挑战人们的惯性思维,刺激读者迫切想从书中寻求答案。

(4) 高频词法:畅销书在一定层面上反映了读者选择、阅读的倾向,因此可借助畅销书高频词来为著作进行定位和增色。例如,畅销书书名中常见的高频词有"快乐""成功""密码""方法""本质"。这类词满足了读者内心的某种情感需求,激发其快速达成技能提升、揭秘困惑、获得问题解决方法策略等目的。

(5) 回应热点:起书名是一种文化行为,既是个体的,也是集体的,一定程度上折射出时代特色、文化思潮、时事热点乃至大众心理。与当下热门的文化元素及当前社会热点进行关联也是一种起书名的好方法。例如,《上帝的跳蚤——人类抗疫启示录》,就是在新型冠状病毒肺炎疫情的背景下推出的一本书。

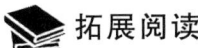 拓展阅读

好书名的特征

书名既要有新意,又要符合图书气质。通常,好的教育类书名都具有以下特点。

1. 整体性

起书名应从整体上把握,不能以偏概全。一本书是一个完整的有机体,书名是这个有机体中最重要的组成部分之一。有学者将书名比作书的眼睛,其实它更像书的大脑,虽文字较少,却要统领整本书。

2. 准确性

准确性是书名的基本原则。书名要准确体现书的主要内容、特色功能或潜在读者对象等信息,以便读者在选择、认识图书时与作者的创作初心达成共识与认知的一致。

3. 独特性

好书名要独特新颖,与众不同,从纷繁众多的图书中脱颖而出,快速抓住读者的眼球,引起读者的好奇心,吸引读者进一步了解图书,产生阅读的欲望。独特性体现了作者的独特思考与匠心。

4. 简洁性

"书名愈简单朴素愈好",好的书名都力求凝练、简洁。就阅读习惯与认知而言,简单明了的书名更符合人们的阅读期待。同时,文字越凝练、直接,感染力也越强,生命力也会更长久。

5. 共识性

好书名不是作者的独唱,而是作者与读者的合唱。它既要高度概括作者想表达的内容,又要回应读者的内容需求和情感需求,与潜在的读者达成默契与共识。

实践与思考

以下书名哪些是好书名?哪些需要修改?存在什么问题?应该如何修改?

书名	是否需要修改	如何修改
新手上路 123	☐ 是　　☐ 否	
小学语文教师阅读教学指要	☐ 是　　☐ 否	
小学英语单元教学中对应不同教学环节多媒体教学资源应用策略研究	☐ 是　　☐ 否	
青少年研究性课题"同题异构"的创新方法——"科学与工程实践"中探究的学问	☐ 是　　☐ 否	

任务二：
编制目录

目录是一本书的结构，体现了作者谋篇布局的匠心。在产生写书想法或主题后，紧随其后的就是写作思想的结构化——编制目录。目录是写作之锚，在各个关键点或线上指引写作方向。目录可以确保思维在既定的轨道上进行，使得内容紧凑，不会写散。有了目录，写作才有的放矢，有方向感。目录如此重要，所以作者确定目录要反复推敲，慎重定稿。

▎知识导航

目录又称"目次"，是图书正文前表明该书基本内容和层次结构的部分，一般包括正文及部分辅文的标题，兼有检索性和介绍性功能。

"清晰的思路孕育着清晰的作品。"目录是整本书内容的骨架，体现了作者的思路及对整体内容的巧妙构思与设计。目录的编制就像起书名一样，并非一成不变，在写作过程中可以根据具体情况对目录进行微调和迭代。以下是确定目录的一般步骤。

一、整理素材 ◀

写书就像搭积木。首先，确定材料。如搭积木先要找到需要的"积木块"，作者要通过头脑风暴将与写作主题相关的内容材料全部罗列出来。其次，将材料结构化。如搭积木时，要将"积木块"分组归类，作者也要依据材料与主题的紧密关系，将想法分组归类，同一思想内容放在一组。最后，确定顺序。如建房子要确定是先打地基还是先建梁柱,还是可以同步开工。作者要依据一条主线将各部分内容排出大致的顺序。

二、列一级目录 ◀

材料理好后,就开始列目录了。列目录的过程是对素材进行分级分类的过程。我们以最常见的"章节体"为例,首先要确定一级目录(一般是章的名称),然后是二级目录(一般是节的名称)和三级目录(一般是节下的一级标题)。其中,确定一级目录尤其重要。这要求作者具有高度的概括力,把所有的素材归结为几个主题,或归集到几个点上,每个主题独立成章。

一般来讲,一级目录的排列方式决定了一本书的基本结构。根据一级目录中各章之间的关系,可以将书的结构分为以下几种类型。

(1) 平行结构。书稿的核心内容按不同视角、不同维度平行展开,然后按照章(或篇、模块等)的形式呈现,章与章是平等关系。一般由多作者共同写作的论文集、案例集等常采用平行结构。

(2) 递进结构。书稿的内容按事件顺序或重要程度依次展开,各部分之间的内容是循序而行的。例如,《教师培训课程设计》一书共十章,整本书的结构以培训课程开发的流程为主线,内容层层递进。

(3) 总分总结构。这是许多书常见的结构。第一章总领全书,阐述本书的背景、目的、内容等;中间的各章,采用并列结构或递进结构;最后一章对本书的内容进行总结和展望。

当然,目录的结构绝不只有以上三种。作者可以根据书的特点,对各章的结构进行合理的创造性组合。

三、列二级与三级目录 ◀

确定了一级目录后,作者要对各章的细节进行谋划。这种谋划不能太粗,太粗不利于具体展开各章的写作任务;也不必太细,太细不利于各节开展创意写作。一般而言,作者确定到三级目录即可,即明确每一节的具体内容即可。

和书名一样,目录语言也有特定的要求,需要逐字逐句反复打磨。目录语言具体表现为书的各级标题,一般包括章标题(章名)、节标题和每节的一级标题。在对各级标题进行打磨时,一般要注意以下几点。

(1)标题要有概括力,能够统领其下各章、各节或各知识点的全部内容。(2)标题包含问题或主题的颗粒度要适中,不能过大或过小,否则易导致各章节的内容不均,结构失衡。(3)标题要有指向性,能清晰地告诉读者某章、某节写什么。(4)标题要有简洁性,言简意赅,通俗易懂,不能过于冗长。(5)标题要有逻辑性,同级标题之间不能交叉重复,上级标题要合理涵盖下级标题,下级标题要分工回应上级标题。(6)在确保准确性的前提下,目录语言可以更有文采,如借助一些修辞手法,使语句显得活泼生动,别开生面。但不能过于夸张和抽象,让读者不知所云。(7)标题要有设计感,如同级标题长短大致相同,句式大致相似,要符合阅读审美的一般规律。

在写作的过程中,目录会不断变化发展。新想法会不断涌现,原有想法会被不断修正,如新增一章或一节,或把两节内容合并,或把一节内容拆分。这些都是正常的。但不能因此而否定目录编制的意义,不要没有目录就盲目开工。

典型案例

本书的目录是如何诞生的

一本书的目录,既是作者写作前的计划图,又是作者写作中的任务单,还是读者阅读时的导航图。其诞生的过程往往会涉及方方面面的因素,经历一次又一次的蜕变。以本书为例,目录的编制主要经历了以下过程。

1. 确定写作目的

本书最终确定的书名是《教师写作:从经验到专业》。我们有一个九人组成的作者团,四名博士,五名硕士。九个人都是编辑,其中三个人是新媒体编辑,六个人是期刊与书的编辑。作为编辑部的常规工作,我们每天都和各种微信稿、论文与书稿打交道,经常会感慨:上海拥有世界一流的基础教育教师队伍,却经常难觅好文章。教师作者的来稿,通常要经历三遍以上的修改,有的甚至达到十遍才能发表。于是,主编提议,能否写一本书,教一线教师把自己的经验写出来。大家一致同意,立即开始分头行动,有人去做文献研究,有人去走访相关专家和一线教师,有人去购买和收集同类书籍。

2. 访问读者对象

初定的书名是《融媒体时代的教师经验表达》,有着浓厚的学术气。书中的核心概念是教师经验,以融媒体为时代背景,主要任务是教一线教师学会表达经验。但经过一系列访谈发现,这个书名一线教师表示看不懂。原因有三个:(1)以教师经验为核心概念,易使教师误以为是一本讲"经验萃取技术"的书;(2)经验表达的形式包括口头表达、书面表达,甚至言传身教,最终我们定下来只讲教师写作,聚焦一线教师经常遇到的写作任务——各种文体的写作;(3)关于写作,一线教师最关心的还是各种常见文体的写作技术,能发表最好。访谈之后,我们放弃了初定的书名,放弃对"融媒体时代"的执着。这也为本书的写作任务"减负",舍去很多"信息技术"上的内容与要求。

3. 研究同类书

研究同类书的目的有三个:(1)了解市场上已经有的书,不做重复劳动;(2)看同行如何解构与本书类似的核心概念,进一步明确本书的核心概念与内涵;(3)研究同行的优点与缺点,确定本书的主要特点,找到本书的独特意义与价值。我们主要参考了王丽琴的《让教师不再害怕写作》、颜莹的《教育写作:教师经验的专业表达》等同类书。

4. 明确本书的特色

确定一本书的特色也是发现一本书的独特价值的过程。在研究同类书的基础上,我们反复思考,最终明确了本书的三个主要特色。(1)作品导向。本书讲的都是"可教的",且能够产品化(以是否分享给公众为标志)的教师作品,但不包括随笔、叙事等自由写作的文体。(2)系统思维。为了避免读者"看了写作书,学了写作仍然写不出",我们强调系统思维。如写调查报告,我们设计了一系列任务,包括设计调查问卷、访谈、抽样、数据处理等,写调查报告只是最后一步,水到渠成。(3)实践导向。为了避免过于学术化的文风吓跑读者,我们采用任务导向的写作方式,任务下分"导语、知识导航、典型案例、高手指路和实践与思考"五大板块,让读者在"导语"的指引下,通过"读理论""研案例""悟操作"和"练一练"学会写作。

5. 明确核心概念与主要内容

经过研究与讨论,我们确定本书的核心概念为教师写作。这是在概念比较的基础上得出的结论,相关的概念还有:写作、教育写作、教育专业写作、教师经验表达等。我们认为,"教师写作"开门见山、直截了当地表达了我们想要表达的内容,最符合本书的定位。定位清楚了,内容也非常清晰。我们确定把"教育新闻""课例研究报告""调查报告""课题研究报告""科研论文""书""微课"七种常见的教师作品作为本书的主要内容。

6. 初定目录

一级目录的确定,主要通过头脑风暴、读者调查和同类书比较得出。二级与三级目录的制定,则是一个更加深入研究的过程。作者团的每个成员各负其责,分别将某一种教师作品作为主攻对象深入研究。除了读文献,以及在日常改稿的实践中积累素材,我们还邀请了多位优秀的教研员、科研员和一线教师作为我们的专家团。在反复讨论的基础上,最终初定了本书的目录。

7. 目录定稿

在本书定稿后,作者团和专家团又对目录进行了最后的优化。第一,化繁为简,标题力求简洁精致,但又要表意准确。第二,突出重点,凸显七种教师作品的地位,均放在一级目录的醒目位置。第三,稳中求变,模块二至模块六均采用严肃的"如何体",模块一与模块七标题则略有变化,生动活泼。第四,推敲排序,七个模块涉及的"教师作品"基本按照从小到大、由易到难的顺序排列。"微课"虽小,却涉及多种新技术应用,已经超出了传统的"写作"概念,我们认为"最难",所以放在模块七。第五,听取专业人士的意见,主要是出版社文字编辑、美术编辑和营销编辑的意见,用整体化设计的视角思考和打磨目录标题。图书的整体设计要对书名、封面设计、版式设计、广告语和目录等进行通盘考虑,进行一体化设计。

高手指路

本书目录的三次蜕变

目录是整本书的骨架,对写作非常重要。制定目录是一件专业且严肃的工作,需要作者及专业团队认真对待,深入研究,科学决断。但是,如果你准备写你的第一本书,切不要让"目录"成为写作路上的拦路虎。因为,目录是会不断生长的。综观本书目录诞生的过程,主要经历了三次关键的蜕变。

第一次蜕变:初稿。这是一次由"想法"到"蓝图"的蜕变。目录如刚刚诞生的婴儿,具有很强的可塑性。初稿可以很粗,甚至仅有一级目录。一级目录也可以不全,只要把你想表达的全部罗列出来就好。但写作目的和读者对象一定要明确。一本书必须聚焦读者关心的一个"真问题"。这个真问题,通常会表现为某个核心概念或某个研究主题。所有的材料和努力都往这个"焦点"汇集,持续深挖深研,目录的细节必然逐渐清晰。

第二次蜕变:过程稿。这是一次由"蓝图"到"工程图"的蜕变。"过程稿"相当于目录的"学龄期"。随着写作不断向前推进,作者对目录二次创作,目录将变得越来越具体、越来越专业、越来越合理。目录的质量,取决于作者写作研究的质量。教师写作不是天马行空的文学创作,需要"读(书)""研(究)""行(走)""写(作)"四位一体的努力。目录的成长,取决于作者阅读的书、研究的成果、实践与思考以及对写作的坚持。

第三次蜕变:定稿。这是一次由"作品"到"产品"的蜕变。"定稿"如待嫁的新娘,即将与读者见面。作品即将问世,以"产品"的形态行走天下。作者要主动实现从"作者视角"到"读者视角"的切换。目录的精致化,离不开专业人士的精心打磨。作者要遵循的重要原则是"产品思维",即从读者视角看目录,以市场的规律审目录,因此,出版社的意见非常重要。

三次蜕变,各有阶段特点,各有重点任务。"初稿"的重点是明确目标与方向,绘制蓝图;"过程稿"的重点是通过写作和研究的过程,使目录日渐丰满、专业、规范;"定稿"的重点是用"产品思维"实现对目录文字的精致化处理。

以上只考虑了单个作者独自写书的情况,如果由作者团共同写作一本书,那么主编责任重大。除了以上工作,主编还负责组建团队、人员分工、统一思想、明确思路、过程管理、召集会议、统稿与改稿等一系列工作。当然,目录还具有学科特点和专业特点。例如,语文类著作和数学类著作,教育类著作与哲学类著作,其目录语言与风格不同,必然大相径庭。如果是初写者,多从同类书中学习很重要。

🧰 工具箱

思维可视化,是指运用图示工具(如思维导图)将"隐性"的思考过程"显性化"。在图书撰写过程中,运用可视化工具有助于梳理思考脉络,促进对思维过程的观察与反思,有效提高文字组织与表达的效率。例如,可以利用思维可视化工具撰写目录,将需要写的内容先写出来,然后通过拖拽勾连,将同一主题的内容进行聚集或分层。同时,可以随时添加修改内容,经过几次迭代,思维的脉络就会越来越清晰越来越丰富,目录也清晰可见。当你思绪烦乱,不知写什么和如何写的时候,不妨找一款可视化工具,先将想法呈现出来。

实践与思考

请确定一个图书选题,邀请志同道合的朋友一起组成作者团和专家团,大家一起头脑风暴,形成目录"初稿"。

任务三：
写样张

很多买过期房的人都有这样的体验：在买房之前，都要看一下样板房。对写书而言，样张的作用相当于"样板房"。它以一章或一节为样例，具体说明一本书的语言风格、体例结构和文字规范等方面的要求。无论是单作者的写作，还是多作者的共同"作"战，样张都非常重要。可以说，一本好书是从撰写样张开始的。

知识导航

确定目录后，接下来的工作就是写样张了。

样张，又称"样章"，是出版界常用的一个专业术语，指作为"样例"的部分书稿（通常是一章或一节），用来征求意见、送审以及作为写作的范例等。样张不一定是书稿的第一部分，作者一般会将思考最成熟且书中最具代表性的部分作为样张。从写作的角度看，研制样张是为了示范和带领其他章节的写作。

一、确定体例与结构 ◀

体例，是指著作的编写格式和文章的组织形式。作者首先要确定体例，常见的体例有：(1)章节体，如采用篇（编）、章（辑）、节的叙述方式；(2)模块体，如采用模块、子模块、任务的叙述方式；(3)案例体，如一本书包含30个案例，各自独立成节。

作为具体的"施工图"，与目录相比，样张要更加详细地说明写作结构的细节。在样张中,要清晰地表达叙述的层级结构,以及每级标题的格式。以一本篇章结构的书为例:篇下分章;章下分节;节下第一级标题为"一、",句末不用标点;第二级标题为"(一)",句末一般不用标点;第三级标题为"1.",句末可用标点,也可不用;第四层为"(1)",第五层为"①",句末均要用标点。当然,大多数的书在节下分三级就够用了。

在样张中,还要规定"过渡段"的用法。例如,章名前是否要加"导语",大约的字数;节标题与每节的一级标题之间是否要有"过渡段",大约的字数;每节后是否要有"练习",大约的类型和题数等。

二、如何与读者对话 ◀

作者心中要有读者,对读者群体的年龄特点、认知特点、阅读口味等有大致判断,并采用合适的方式、语言风格与读者对话。

作者常遇到的第一个问题是用第几人称叙事。第一人称——"我"和"我们",有利于作者直抒胸臆,表达主观感受,凸显个性特点。第二人称——"您"和"你",从读者视角出发叙事,易拉近与读者的情感距离。采用第三人称,客观理性,直接叙事或说理。人称的选择,没有优劣之分,首先看读者的特点,其次看作者的语言习惯。

还有语言风格。教育类图书虽大都走严谨的学术路线,但在语言表达上风格各异,有的科学严谨,有的诙谐幽默。一旦确定下来某种文风,就要在全书的写作中一以贯之。

三、字数与篇幅 ◀

一本书要厚度适中,章节分布平衡,作者在写样张时就要考虑以下问题:一本书,总共要写多少字;书分几章,每章有多少字;章下分几节,每节有多少字。这样,写样张时,才能心中有"数"。

计算字数时,要考虑实际字数与版面字数的区别。版面字数是指排版后的字数,一般以每行字数(以字数最多的行计)与每面行数(以行数最多的面计)之积,再乘以一本书的总页数计算。除了实际字数外,版面字数还包括标点符号、空格以及文章中的图和表等。

四、图片和表格 ◀

在样张中,要对图片与表格的名称、编号等进行规定。一般以"章名＋序号"的格式编号,如"图 1-1　×年×月×日,王教授在武汉做学术报告"。此外,图片要符合印刷精度,符合著作权要求,不使用版权不明的网络图片等。图片涉及人物肖像权的,还要取得当事人书面授权。作者要在文稿之外单独建一个图片文件夹,为每张图片编号,与书稿中的编号一一对应,方便后续编辑排版之用。

五、案例与引文 ◀

书中可能会用到一些"小案例"。案例可以用另外的字体,以区分正文。案例一般千字以内,不可太长,以免喧宾夺主。如果引用他人的案例,要取得授权,并注明著作权人和出处。

涉及引文时,要统一做出规定,如采用"脚注"还是"尾注"。具体的引文格式,建议统一采用参考文献格式国家标准。

六、插件 ◀

在书中,可以设置一些小的插件,如"小贴士""拓展阅读""相关链接"等。在样张中,要具体规定每种插件的功能是什么,大概的字数,是否需要标题等。

七、资源链接

在新媒体时代，可以用二维码的形式链接一些相关资源，如视频、网站。根据书的内容特点，作者在写样张时可以考虑是否设置二维码，以及大致的数量。

以上是关于样张的一些内容细节，样张的产生一般要基于对同类书的研究和对读者的研究。可以借鉴优秀同类书的做法，也可以独辟蹊径。对于团队作战的书，主编要发挥领导与协调作用：可以先样张后写作，让经验丰富者发挥引领作用；也可以先试写后样张，在大家试写后集中多作者的智慧确定样张。

典型案例

下面以本书为例，具体说明如何研制样张。

样张：模块二 如何写课例研究报告（缩略版）

【导语】（详见模块二，约 150 字）

任务一 确立主题（略，约 5000 字）

任务二 组建团队（略，约 5000 字）

任务三 分析学情（略，约 5000 字）

任务四 课堂观察（详见模块二，约 5000 字）

过渡语（约 100 字）

【知识导航】（详见模块二，任务四）

【典型案例】（详见模块二，任务四）

【高手指路】（详见模块二，任务四）

【实践与思考】（详见模块二，任务四）

【工具箱】常见的课堂观察量表（详见模块二，任务四）

注：本书有三种插件：小贴士、工具箱、拓展阅读。每节中，可选择其中一个插件。其中，小贴士，100 字以内，画龙点睛地补充说明正文的某个要点；工具

箱,500字以内,以小量表、适用软件和思维工具的介绍为主;拓展阅读,1000字以内,精选与主题相关的文字或案例,拓展读者的阅读视野。

任务五　课后研讨(略)

任务六　写课例研究报告(略)

以上是本书的样张——模块二,注明"略"的内容,不必在样张中呈现。在样张中,我们仅呈现了模块二的目录结构与任务四的详细内容。任务四中的可选模块为"工具箱",我们在样张中也做了具体说明。下面列举写样张的主要步骤。

第一步,为书画像。

我们要写一本什么样的书？要在心里为这本书画像。写样张前,一定要做到"心中有书"。本书的定位是一本写作指导手册。读者对象是有写作指导需求的一线教师。这本书大致分为八个部分——"导语＋七个模块",全书计划约20万字,每个模块约2.5万字。引文选用"脚注"格式。

第二步,确定体例。

我们参考了一些同类书,最终采用了职业教育教材中常见的"模块体"。这种方式,以模块(相当于章)对应各种"写作文体",以具体的任务(相当于节)讲解写作须完成的关键任务。这种体例的优势主要体现在任务之下的各个"板块",具体包括五个必选板块和三个可选板块。这些板块择要讲述写作要点,有理论——"理论导航",但避免了逻辑严密的长篇论述;有实践——"典型案例",有具体的案例可以参照;还有对案例实践要点的进一步提炼——"高手指路"……

第三步,写样张。

我们参阅了一些相关书籍,如《创业基础教程》,由主编确定样张大致的样貌,然后大家分头试写。试写后,大家集中讨论,回答大家遇到的各种问题,确定写作中的具体细节。然后,由主编汇总讨论结果,与作者一起对模块二的一个任务认真打磨,最终以样稿的形式供作者团其他成员参考。

样张确定后，就可以开始写作了。样张既是作者写作时的参考范例，也是作者写完后统稿时的依据。

高手指路

关于样张的问答

1. 写样张，有什么用

样张主要有三种作用。(1)为一本书定调子。通过样张，确定一本书的叙述风格，为书画像。(2)示范和带领。作为范例，样张规定了内容表述的结构和具体要求，引领和约束整本书的表达细节。(3)代表一本书。在与出版社洽谈时，一般先交目录和样张即可。编辑可以据此判断本书的出版价值，并提出专业建议。

2. 写书，一定要写样张吗

鉴于样张的重要作用，一般写书时都会先写一个样张，但样张的详略程度可以不同。如果是多位作者共写一本书，且主编对书中每章的写作都有共性的具体要求，就有必要详细显示样张的各种细节。如果是一位作者独自完成一本书，也有必要试写样张，但不必过细。

3. 写书，一定要先写样张吗

如果是团队作战，就一定要先写样张。如果是单兵作战，一本书采用的是最常见的章节体，且有现成的榜样可参考，作者完全可以采用"拿来主义"。作者只需简单规定对这本书的一些特殊要求即可。等写完后，找出最满意的一章，总结其结构与格式方面的优点，统稿时在各章"推广"即可。

4. 在一本书中，应挑选哪部分作样张

可从以下几个方面思考。(1)最想写的。作者最想写的，通常是思考最充分、材料储备最丰富的章节，最有可能写出创意。(2)最典型的。考虑到样张的示范和带领作用，样张应该是最具典型性的一章，能够代表章节中的大多数。(3)最能打动读者的。最能打动读者的章节，最能体现一本书的价值。

5. 谁来写样张

样张最好由主编或团队中经验最为丰富的人来写,这样可以少走弯路,提高效率。当然,样张也可以多人试写,各章齐头并进,最后集中大家的优点,在其中一章体现出来,这一章即为确定的样张。

6. 一定要严格按照样张写吗

"样张"的价值就在于"被遵守"。尤其是一本书的主体部分,必须严格按照样张的要求写作。一本书的特殊部分,如"序""前言""绪论""导言""后记""跋""附录",虽然与"章"平级,但可以有所变化。

7. 遇到特殊情况,怎么办

一般多作者写作时,会遇到一些特殊情况。例如:有人表示,看不懂样张的要求怎么办?对样张的要求,大家有不同的理解怎么办?严格遵循样张的"套路",遇到各种写作困难怎么办?万一想到比样张更好的"套路"怎么办?这时,就要具体问题具体解决了。在团队作战时,主编是带领者和决策者。主编可以通过写作研讨会凝聚共识,通过民主集中的方法克服选择难题,通过调查研究与专家咨询进行科学决策。

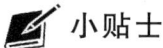 小贴士

样张语言要简练

简练是许多教师追求的写作风格。样张语言也要尽可能表达简练,起到示范作用。首先,通读文稿,删除"非常""基本上""相当""事实上""实际上""根本"等无意义的词汇。其次,将长句拆分成小短句,并注意句子结构和表意的逻辑性与完整性。再次,巧用修辞,用比喻、并列、对比等形式排布内容,避免复杂的论说。最后,巧用标点,用冒号、破折号等,实现简练表达,如"32 个学生参与了实验,其中有 12 名男生和 20 名女生"可以改为"32 个学生——12 名男生和 20 名女生参与了实验"。

实践与思考

王老师当过多年班主任,准备写一本关于"班级管理"的书。该书准备在全区的新手班主任培训时使用。以下是王老师列出的目录初稿。请思考,如果你是王老师,会挑选哪一章作为样张?写样张时,应采用什么体例?突出哪些特点?说说你的理由。

《班级生活管理入门》目录(简化版)

第一章　什么是理想的班级生活

第二章　班主任的角色

第三章　班级的组织结构

第四章　主题班会

第五章　班级空间管理

第六章　班级生活支持

第七章　班级生活评价

第八章　重构班级活动

任务四：
协同"作"战

写作，是一种孤单的旅程。多作者共写，可以有效克服这一困境。大家各自发挥专长，可以将书稿写得更加精彩丰富。写作过程中，伙伴之间可以互相交流，互相鼓励，使写作之旅充满乐趣。多人写作可以分工合作，还可以提高写作效率，快速完成写作任务。

知识导航

如何多人合作，协同"作"战？一般需要做好以下工作。

一、组建"作"战小组 ◀

首先，要找到一个或几个合适的写作伙伴。写作伙伴须满足以下要求：(1)志同道合，对书稿内容有浓厚兴趣，有相似的志向和价值观；(2)有研究基础，对书稿涉及的领域有一定的研究；(3)有写作基础，能够熟练驾驭写作，按时完成任务；(4)有时间和精力；(5)有团队精神。

二、确定主编 ◀

主编在协同"作"战中非常重要，要起到类似"建筑设计师＋工程队长"的作用。具体而言，主编要组建作者团、领导作者团、分配写作任务、确定书名与样张、管控质量与进度、解决冲突与分歧、与出版社对接等。

三、分工写作 ◀

主编须根据写作任务和人员特点进行分工。除了写作任务外,作者团中还须有人充当"统稿人""会议召集人""进度管理员"等角色。分工越是具体明确,越有利于大家发挥各自优势,高质量完成写作任务。

四、制订并执行写作计划 ◀

分工之后,作者团的成员们就要开始艰苦的写作之旅啦。经常听到很多老师讲"我很想写些东西,可就是没有时间",于是写作就一直停留在"想"的阶段。"没时间"不是阻碍写作的理由,因为时间是安排出来的。如果真的想写书,那么从现在开始,制订写作计划。写作计划不需要很复杂,只需要包含以下内容即可。

(一)清晰的目标

制定目标,不仅有助于推进写作行动,还会因目标达成而对作者产生激励作用。确定写作目标可以先易后难,前期重在培养写作习惯,保持写作的状态,后期再挑战更艰难的写作目标。

写作目标要清晰具体,可以具体为写好一个小节或修改一章文稿,甚至每天写多少字或写几小时等。写作前,可以把目标逐条列在纸上或打印出来,贴在公告板、写字板、台历等上面,每完成一小项,画去一项。这样,写作就成为一件很有成就感的事。下面是一些具体化"目标"的例子。

- 至少写 400 字。
- 把昨天写的草稿打印出来,阅读和修改。
- 将摘录的内容进行梳理。
- 制定新的写作目标并把它们写在白板上。

- 把总章的引言部分写好,读两遍并修改。
- 补充所有参考文献,然后把引文和参考文献梳理清楚。
- 头脑风暴,然后把下一章节内容的大纲写好。
- 根据昨天与某老师交流后的感想,根据其建议和想法进行整理,增补相关内容。

(二)有规律的时间安排

写作时间不是找出来的,而是安排出来的。一旦决定开始写作,就要在日程中腾出一段有规律的时间,并把它标在周计划表上。写作时,要尽可能屏蔽可能影响写作的各种干扰因素,专门空出固定时间来写作,根据计划安排写作。

(三)坚持写作

清晰的目标和有规律的时间安排都是为坚持写作"护法",唯有写才能将计划有效执行下去。写作时,可能会遇到"思绪万千,却写不出一个字"的情况。不要着急,可以找本书读一会儿,写一些读后感或书摘。但务必要保证在写作时间只做与写作相关的事,尽量坚持写。破冰从动笔开始,刚开始不要过多关注写作质量。执行写作计划,坚持写作,经过一段时间的坚持,就可能进入文思泉涌的状态了。

五、及时调整写作计划 ◀

随着写作计划的执行,写作水平和写作能力会逐渐提升,这时,就可以调整写作计划。可以适当升级"小目标",也可以适当延长写作时间,向更高的写作目标挺进。

典型案例

神奇的写作进度表

九位成员计划写一本书,书名是《教师如何表达教育经验》。大家团结协作,分头推进写作进程,约定每天完成400字,历时3个多月完成了写作任务。总结经验时,大家异口同声地说:"多亏了这张表。"计划写作功不可没!下面就是他们说的"写作进度表"。

表7-1 团队写作进度表

2020年7月11日,集体研制样张1.0						
2020年7月18日,集体研制样张2.0						
2020年7月25日,交流讨论,确定每章结构,开始试写						
2020年8月1日,试写第一节1.0,交流讨论						
2020年8月8日,完成第一节2.0,交流讨论,开始写第二节						
2020年8月15日,试写第二节1.0,交流讨论						
2020年8月22日,完成第二节2.0,交流讨论,开始写第三节						
……						
2020年10月3日,完成第五节2.0,交流讨论,合并各章,启动第一轮修改						
2020年10月17日,交流讨论,启动第二轮修改						
2020年10月24日,各章定稿,主编统稿						
2020年11月6日,定稿,交出版社						
	2020年7月					
	11日	12日	13日	14日	15日	16日	17日
	星期六	星期日	星期一	星期二	星期三	星期四	星期五
第一章	写作会	550字	800字	600字	300字	550字	600字
第二章	写作会	200字	500字	550字	680字	600字	600字
第三章	写作会	200字	400字	500字	873字	480字	500字
第四章	写作会	260字	400字	550字	508字	580字	400字
第五章	写作会	300字	380字	580字	560字	390字	600字
第六章	写作会	400字	280字	580字	700字	470字	300字
第七章	写作会	380字	400字	800字	680字	650字	500字
第八章	写作会	300字	400字	400字	560字	600字	500字
第九章	写作会	350字	450字	500字	550字	600字	300字

主编具有丰富的写作与编辑出版经验，曾主持策划、出版多部学术著作，对教育出版情况非常熟悉。在主编的主持下，九人合作完成了目录和样张的研制，为制订详细的"作"战计划奠定了扎实基础。大家统一了思想认识，立志写出一本帮助教师表达教育经验的"实践宝典"。

根据目录，主编要求每人负责一章的写作任务。分任务时，主编让年轻老师先挑选自己感兴趣的写作任务，经验丰富的教师后选。这样，既照顾了作者团成员各自的研究兴趣，发挥专业优势，又可以让精兵强将攻坚克难。最后，主编认领了总论部分的写作任务。

同时，主编带领大家一起制订了以上的写作计划表。表格简单明了，详细列举了每人每天的写作任务。计划表明确了完稿的日期：×月×日。大家相互约定，按时完成自己的任务，决不给团队拖后腿，在定稿的日子胜利会师。

列表容易执行难！主编想了各种方法，帮助大家克服困难，坚持按时完成写作任务。主编每周定期召集写作研讨会，及时了解团队成员在写作过程中遇到的困难，为大家提供各方面的写作支持，以及完稿后的统稿工作。

在写作推进的过程中，A老师是教育学博士，擅长写理论，但缺少教学实践和研究方面的经验，对驾驭书中的实践部分感到力不从心。在写作过程中，他常常会对自己的文字没有信心：这种方法对一线教师有用吗？这种方案，在现实的教学实践中可行吗？这种国际上最新的对教育研究成果的评价方法，与现在学校中实际使用的评价方法有冲突，怎么办？为此，主编在作者团之外，特别建立了一个教育实践顾问团，邀请一线优秀的教研员、科研员、德研员参加。实践证明，顾问团发挥了巨大作用，不仅能对作者团及时反馈，答疑解惑，而且为书稿写作提供了大量来自教育一线的实践案例。

B老师是文学方向的留学生，硕士毕业，擅长写作，但缺少教育理论方面的基础。主编采取了混合式组团的方法，让教育博士毕业的F老师与B老师合作组队，共同完成两章的写作任务，成效明显。D老师有一线教学经验，但不擅长表达，文风拖沓冗长。主编鼓励其先写完，后打磨，几易其稿之后，D老师也完成了写作任务。

经过一天天的坚持,表格上积累的字数越来越多。大家越写越自信,越写越能体会写作带来的成长之乐。

3个月很快过去。大家都按时完成了写作任务。回顾写作的历程,大家无不感慨:没想到,自己居然这么厉害!

团队作战,计划管理非常重要。开始时,写作团队就制订了具体的写作计划,并以表格的形式确定下来。表中,规定了写作的各个阶段性目标,并细化到每天完成的任务。主编要协调不同作者的写作进程,整体推进书稿进度。在具体的写作过程中,主编要反复强化作者团的阶段性小目标,并定期检查目标的达成情况。这是把控写作整体进度的关键。

为了促进过程管理的顺利推进,主编可以对作者团进行各种"花式激励"。例如,在定好框架结构或写出样张后,作者团一起吃个下午茶;定稿会后,作者团一起开次交流会,请该领域的重要专家一起参加。

须指出的是,写作计划表的内容并非一成不变。主编根据具体情况,可以适当调整写作计划。目标要因人而异:每个人会碰到不同的困难,主编要分类施策,及时"救援"。目标还要因时而变:太难了,可适当降低难度;任务很容易就完成了,可适当升级目标。

"小步快走,确保团队成功率",是协同"作"战的成功密码。大家要齐心协力,互相支持,保证团队的每个人都能成功。写作的过程,大家会成为一个关系密切的学习共同体,积累深厚的友谊,成为专业发展之路上的好朋友。

高手指路

如何避免各自为"章"

多位作者协同作战有很多益处,如思路开阔、内容多元且效率高。但也会遇到一些问题,如有人会偏离主题、写作风格不统一等。如何让多位作者实现高质量协同,避开各自为"章"呢?笔者认为,可从以下几方面着手。

(1)写作前,认真学习样张,确保写作团的每个人理解体例结构和写作风格的要求。主编可以采用复述法,让每个成员讲清楚对样张特点与要求的理解,及时反馈和纠偏。

(2) 写作之初,大家试写,形成自己的"样张"。只有"样张"合格了,才能动笔接着写。

(3) 写作过程中,主编要做好过程管理。定期组织作者团集体学习讨论,达成共识,统一思想,统一风格,统一行动。

(4) 召开定稿会。大家都写完后,主编就可以召集定稿会。集体认真讨论每一章的内容,扫描每一个细节。根据定稿会的意见,再对文字进行修改和打磨,直至满意为止。

(5) 统稿。统稿是最后一关。主编负责通读全书,审查和修改各章的文字,确保各章风格统一。经过统稿,各章内容要完美团结在整本书的主题之下,又各司其职,各有侧重。

工具箱

作者团的成员要根据总的写作计划表,制订自己的写作计划表,记录章节、页码、字数、日期、初稿和修改稿完成度等内容。表格清晰直观地显示出每天的写作成果,有助于实现个人的写作计划管理。

表 7-2 个人写作进度表

	2020年						
	7月						
	11日	12日	13日	14日	15日	16日	17日
	星期六	星期日	星期一	星期二	星期三	星期四	星期五
字数	写作会	100	800	600	300	550	600
完成情况		√	√	√	×	√	√
具体任务	列提纲	试写第一节	试写第一节	试写第一节	试写第一节	试写第一节	试写第一节
当日评价		要努力啦	非常满意	满意	再接再厉	满意	满意

根据表中的数据,还可以生成写作趋势图。作者可以一目了然地看出自己写作的趋势,分析写作进度过快或过慢的原因,及时形成有效的应对之策。

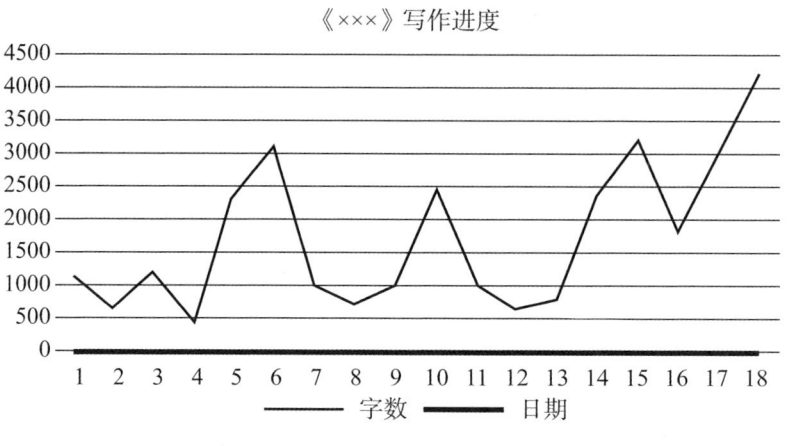

图 7-1　写作趋势图

实践与思考

假定你有一个写作的小目标——28 天写好一篇论文。参照写作计划表(个人),制订一份属于你的写作计划。注意:(1)每天为写作空出一段相对固定的时间;(2)把论文任务合理分解成一些阶段性的小目标;(3)目标完成后,记着给自己设置奖励。

模块七
"玩转"微课

导读

　　新媒体时代,微课已日渐成为教学重要的辅助工具和教学资源。微课主要由知识点、媒体元素和呈现形式三个要素构成。作为一种新形态的教师"作品",微课从设计到制作存在许多操作难点。本模块从策划选题、写脚本、拍摄、剪辑和微课评价五个方面,结合一线教师在实际操作中遇到的问题和典型案例,阐述微课设计与制作的一般流程和操作要点,带您轻轻松松"玩转"微课。

教师写作：
从经验到专业

任务一：策划选题

"微课"是一种新型的教学资源。它是在传统单一资源类型的教学资源的基础上发展而来的，继承和借鉴了教学课例、教学课件、教学设计、教学反思的专业要求，具有主题突出、时间短、信息量大等特点。作为现代课堂教学方式的一种重要补充，微课以小见大，有助于学生改变传统的学习方式，进行自主学习和探究性学习。

知识导航

一、微课的概念

"微课"即数字化的短课程，具体是指教师根据教学目标和学习者的认知规律，综合运用媒体素材和课程方法，构建出的数字化课程资源。其表现形式主要以图声并茂的视频课为主，"营造"出结构化或半结构化的学习情境。作为一种新型教学资源，微课的优点是内容聚焦、清晰明了，更容易吸引学生，缺点是易导致学生认知的浅表化和知识的碎片化。

二、微课的三要素

微课由知识点、媒体元素、呈现形式三个要素组成。

（一）知识点

知识点是指微课包含的主要知识内容。因为微课时间短小，内容宜精不宜多，因此一般会聚焦在一个知识点上。知识点的确定要具备以下条件：(1)知识点的选择要细，十分钟内能够讲解透彻；(2)知识点要准确无误，不存在文字、语言、图片上的知识性错误或误导性的描述；(3)所选知识点可按照一定逻辑分割成很多个小知识点。

（二）媒体元素

媒体元素是指微课制作中运用的多媒体素材，包括视频、音频、PPT演示等。视频可以是来自网络资源的素材，也可以是教师自己拍摄录制的短片；音频一般为教师讲授的录音、剪辑时使用的配乐和音效；PPT演示一般包括文字和图片两个媒体元素，能更直观地呈现出微课的内容。

（三）呈现形式

呈现形式是指不同的媒体元素搭配、组合呈现不同的融合效果。根据学科和教学内容的需求，微课通常有课堂讲授型、教学实验型、PPT演示型、情景剧型、多媒体协作型等形式。

1. 课堂讲授型

教师通过叙述事实、解释概念、描述案例等方式讲授知识点的重点和难点，按照课程的进度进行分模块拍摄和剪辑，形成时长5—10分钟的视频微课。

2. 教学实验型

主要针对教学实验的操作过程进行演示，一般需要特定的设备和材料进行实际操作，或需要一定时间观察实验对象的变化。这类型的微课适合物理、化学、生物等实验内容多、实验条件要求较高的学科教学。

3. PPT演示型

PPT由文字、音乐、图片构成，将所要教授的知识点设计排版，利用PPT的自动播放功能,配上讲解录音,录制成视频。此类型的微课制作较为简单,易上手,也是教师比较喜欢使用的微课类型。

4. 情景剧型

借鉴电影的拍摄模式,一般由企业组成微课研发团队,对课程内容进行情景剧设计策划,撰写脚本,选择导演、演员、场地进行拍摄,经过制片人后期的视频剪辑制作,最终形成微课。

5. 多媒体协作型

将以上多种形式的内容融合在一起进行编辑剪辑,最终形成微课。这类微课的制作对一般教师来说较难掌握,需要较高的策划能力和专业剪辑技能。

三、微课的选题 ◀

在选题时,教师可以通过填写"微课选题策划表"来梳理选题策划的思路。选题策划时,不仅要考虑知识点的安排,还要谋划如何设置作业、预习、复习等环节。

表 8-1 微课选题策划表

微课标题			
微课类型			
教学目标		知识点	
媒体形式			
拓展内容			

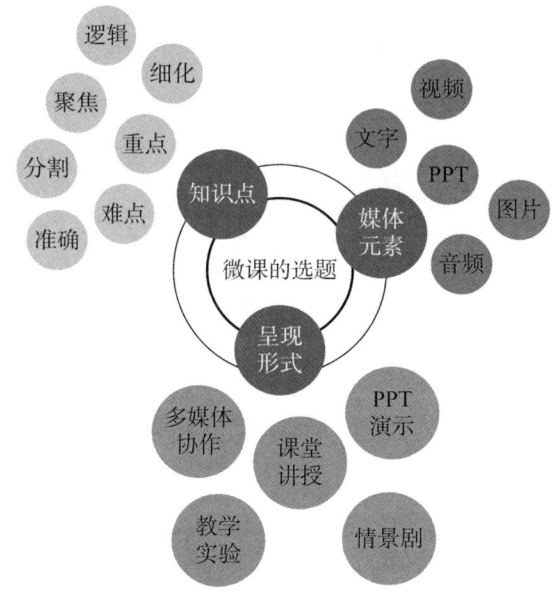

图 8-1 微课选题的组成

典型案例

"Yesterday Once More"微课策划

初中英语教师小 E 想做一个关于过去时时态的辅助复习微课,作为一个课外辅助复习微课,多媒体协作类型是最佳的选择。

小 E 老师在《Yesterday Once More》这首歌中发现了很多过去时时态的语句。她是这样构思的:首先,建立一个微课选题策划的表格,将微课标题、教学目标、微课类型、知识点、媒体形式、拓展内容填在表格项中;其次,将多媒体协作型填入微课类型子项中;然后,确定知识点为过去时态;媒体形式使用 PPT、音频、字幕相结合剪辑成视频的形式,将《Yesterday Once More》作为微课的主旋律,配上歌词字幕进行展示;拓展内容中可以选择布置一个小作业,例如让学生学唱这首歌,并选出这首歌的过去时态的部分歌词等;最后,为本节微课设计一个与众不同的题目。表格填完,也就完成了微课选题规划,为接下来的制作打下扎实的基础。

表 8-2　微课"昨日重现"选题策划表

微课标题	Past Tense，Yesterday Once More 昨日重现		
微课类型	多媒体协作型		
教学目标	复习课	知识点	过去时态
媒体形式	PPT	过去时态的使用情景、方法和要点	
	音乐	《Yesterday Once More》	
	字幕	歌词	
拓展内容			

高手指路

微课需求分析

教师在做微课前容易忽视一个非常重要的环节——微课需求分析,即为何要做这节微课?意义是什么?价值是什么?

在制作微课时,可以采用外部需求强度向量与内在优势强度向量两个维度构成的选题定向分析模型图来进行选题定位(见图 8-2)。

图 8-2　选题定向分析模型图①

---

① 陈霞.教师培训课程设计[M].上海:上海教育出版社,2019.

选题定向分析模型图有两个维度,横向是培训需求强度线,从左到右由低到高;纵向是开发者自我优势强度线,从下到上由低到高。这两个维度形成了四个象限。

第一象限是首当其冲类。位于这个象限的选题既是学习者培训需求比较迫切且富有价值的,又是开发者个人具有经验优势的。这类选题应优先开发。

第二象限是蓄势待发类。开发者敏感地觉察到学习者迫切的培训需求,然而自己的相关经验却比较缺乏。因此,开发者一方面应该积极与具有相关经验的人员合作;另一方面应该弥补和完善自己的相关知识,待时机成熟后再进行相应的课程开发。

第三象限是弃之不理类。位于这个象限的选题既非学习者的迫切需求,又非开发者的优势所在。这类选题应立即放弃。

第四象限是束之高阁类。开发者在某个方面具有显著的经验优势,然而这方面的经验知识不是学习者当前迫切需要的,对教师专业发展来说帮助不大。这类选题应暂时搁置。

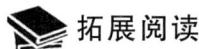 拓展阅读

微课开发大纲

表8-3 智能时代家校协同育人微课开发大纲

微课名称	你会扫地吗?		
作者姓名	邵如洁	所在单位	上海市南汇第四中学
专题针对哪类家校共育问题	学生缺乏必要的劳动技能,不会打扫卫生	专题适合哪些年级的班主任	六年级
预计时长	10分钟	是否需要专业拍摄支持	否

(续表)

课程开发 背景 （200字左右）	劳动教育是我国教育方针的重要内涵，在全国教育大会上，习近平总书记提出"要努力构建德智体美劳全面培养的教育体系，形成更高水平的人才培养体系"。这使得劳动教育的地位和意义更进一步。 现在的学生，大都是独生子女，即使是二孩，大部分家长也不会让孩子参与到家务劳动中。这就导致部分学生劳动意识不强，不重视劳动，也缺乏必要的劳动技能，还有一部分学生劳动观念及劳动行为存在偏差，不珍惜他人的劳动成果。通过微课，传授学生扫地的基本方法，提升他们的基本劳动能力，树立正确的劳动观念，增强劳动意识和劳动热情。（压缩）
课程目标 （200字左右）	1. 培养学生树立正确的劳动意识，认识劳动的重要性，明白劳动可以创造一切，人世间的一切幸福都需要靠辛勤的劳动来创造。 2. 形成良好的劳动观念，树立劳动最光荣、劳动最崇高、劳动最伟大、劳动最美丽的思想。 3. 明白劳动的意义和价值，辛勤劳动、诚实劳动、创造劳动，尊重劳动人民，珍惜劳动成果。
课程内容架构与 教学活动设计 （800—1000字）	（至少到3级目录） ［课程内容架构］ 首先，通过学生熟悉的名言"一屋不扫何以扫天下"激发学生的兴趣，引出本课的学习内容——劳动。 其次，用"你会扫地吗？"引起学生对自身行为的思考，接着展示学生扫地的短视频和扫地打分表，明确大家在平时值日过程中的一些错误之处。 再次，通过出示PPT图片，明确正确的扫地方法和步骤，然后通过小视频巩固、加深学生的印象。 接着通过三个连续追问，由扫地引申到对待劳动任务和其他劳动者的应有态度上。 最后通过习近平总书记的寄语和老师总结，进一步强化教育成果。 ［教学活动设计］ 一、激趣导入 （一）一屋不扫何以扫天下 1. 出示PPT；2.教师讲述刘蓉的故事，引出"一屋不扫何以扫天下"，思考从故事中可以悟出哪些道理；3.教师总结（从小事做起，脚踏实地，努力实践）。 二、学习劳动技能 （一）你真的会扫地吗？ 1. 出示同学模拟在教室里扫地的短视频；2.出示扫地打分表视频。

(续表)

课程内容架构与教学活动设计（800—1000字）	（二）学习正确的扫地方法 1. PPT出示正确步骤。 一扫废纸垃圾,二扫死角灰尘,三排桌椅和拖地。 2. 播放同学们在教室里规范扫地的小视频。 三、树立正确的劳动观念 1. 教师提问 ① 对于自己分配到的劳动任务,我们应该怎么做？（主动承担,积极完成） ② 当我们遇到正在工作的保洁阿姨、保安叔叔和其他劳动者时,我们应该怎么做？（问好,致意） ③ 干净整洁的教室地面上多了刺眼的垃圾,你该怎么做？（主动捡起,尊重同学的劳动成果） 2. 教师总结 尊重劳动——我们要尊重每一个劳动者,无论他从事何种职业,劳动者都是光荣的。我们要尊重每一种劳动,无论它的难易程度,劳动都是有价值的。 热爱劳动——我们要热爱劳动,因为劳动创造我们才拥有了辉煌的历史和今天的成就。 积极劳动——我们要积极地投身到劳动中,在劳动中锻炼自己的能力,提升自己的劳动水平。 四、深入了解劳动的意义和价值 1. 出示劳动者图片并提问：劳动对我们而言有何意义？ 2. 教师总结：加强我们的动手能力和解决问题的能力；增强我们的意志力和责任感；锻炼身体,促进生长；增强我们的团队协作能力。 3. 学习有关劳动的名言： ①人世间的一切幸福都需要靠辛勤的劳动来创造。 ②劳动开创未来,劳动是一切成功的必经之路。 ③劳动最光荣、劳动最崇高、劳动最伟大、劳动最美丽。 五、教师总结 勤劳是中华民族的传统美德,通过学习,我们明白了劳动最光荣、劳动最崇高、劳动最伟大、劳动最美丽的道理。树立了热爱劳动的思想,养成了良好的劳动习惯和劳动态度,将来一定能成为一个辛勤劳动、诚实劳动、创造性劳动的有用人才。

（本案例由2020年上海市班主任高端研修班提供）

实践与思考

小T老师是小学体育教师,他收到了一个关于校园体育课安全主题的微课制作任务,请帮助他策划一个情景剧型微课的选题。

任务二：
写脚本

一个好的微课作品，背后一定有一个好的脚本。决定制作微课之后，首先要写脚本，确定其内容，厘清内容之间的逻辑关系，并对讲授的内容进行教学设计。

知识导航

一、什么是微课脚本

脚本，指表演戏剧、拍摄电影等所依据的底本或书稿的底本。作为一种视频呈现的形式，微课也需要一个脚本，在微课制作之前用文字的形式将依据的底本写出来。微课的脚本分为脚本和分镜头脚本。

二、微课脚本的特点

微课脚本需要注意教学性和科学性，不能为了追求艺术效果顾此失彼。教师应当按照教学大纲进行设计，并运用视听结合的具象化表现形式，将教学知识点落实到脚本上。脚本的叙述视点应当多样化，可以考虑以学习者的第一人称视角来组织微课，挖掘以往学习者在过程中出现的问题，有针对性地设计学习环节。

三、微课脚本的撰写

微课脚本的撰写,一般以时间为线索,左边一列填入视觉内容(包括文字、图片和动画),右边一列填写听觉内容(包括解说、音乐和音效)。

表8-4 微课脚本样例

标题:	
视觉内容	听觉内容

典型案例

表8-5 "秋处露秋寒霜降"脚本赏析

标题:二十四节气——模块三 秋处露秋寒霜降	
视觉内容	听觉内容
【动画】 进入画面,显示草地泛黄、树叶飘落的秋天景象。根据配音,逐句在画面中显示出文字。 猜字谜: 草色遥看近却无。 一边绿,一边红。 走到一起起凉风。 绿的喜欢及时雨, 红的最怕水来攻。 (打一季节名字) 把背景虚化,在画面中显示文字"秋",不过"秋"字要设计,"禾"字也设计成绿色的小秧苗,"火"字设计成火苗。	【背景音乐】 要符合秋天的气氛和感觉。 【配音】 (儿童配音): 草色遥看近却无。 一边绿,一边红。 走到一起起凉风。 绿的喜欢及时雨, 红的最怕水来攻。

（续表）

标题：二十四节气——模块三　秋处露秋寒霜降	
视觉内容	听觉内容
	【配音】 　　小朋友,猜到了吗? 不错,就是秋季的"秋"!
【动画】 画面切换,显示一幅秋收的景象。 	【配音】 　　秋季,是农耕收获的季节。
根据配音,逐个显示秋季六个节气的画面。并在每个节气的画面上显示对应的节气名字。 　　立秋,刮风时人们会感觉到凉爽,早晨田野里会有雾气产生,感受到天气变凉的寒蝉开始低声鸣叫; 　　处暑,许多绿色植物开始叶片变黄、凋零,天空中老鹰捕猎鸟类准备过冬的食物; 　　白露,大雁和燕子等候鸟开始向南方飞去过冬,其他留鸟开始存储干果粮食准备过冬,清晨植物的叶片上凝结出白色的露水; 　　秋分,天空中不再打雷了,天气变冷,蛰居的小虫开始藏入洞中,并用细土将洞口封起来以防寒气入侵,降雨量开始减少,加上天气干燥,水汽蒸发快,一些沼泽及小水塘逐渐干涸了。	【配音】 　　秋季有六个节气,分别为立秋、处暑、白露、秋分、寒露、霜降。

（续表）

标题：二十四节气——模块三　秋处露秋寒霜降	
视觉内容	听觉内容
寒露，大雁排成一字或人字形的队列大举南迁，深秋天寒，小鸟都不见了，此时公园里的菊花已经普遍开放； 霜降，豺狼开始储备捕获的猎物准备过冬，树木野草开始枯萎、凋零，动物和昆虫都藏到洞穴里，封严洞口，准备开始冬眠。 【动画】 完成每个节气的动画演示后，六个画面都显示在一个界面中。 在画面中显示出文字：秋处露秋寒霜降 同时，六幅画面隐去，节气画面上对应的节气名称，飞到总题目下方显示。 秋处露秋寒霜降 立　处　白　秋　寒　霜 秋　暑　露　分　露　降 画面显示1—2秒后，隐去其他文字，留下"立秋"。"立秋"下面飘落一片黄色的梧桐叶，同时"立秋"二字放大并显示在画面中间，之后进入该知识点的内容部分。	【配音】 在二十四节气歌中人们把这六个节气编成了一句歌谣："秋处露秋寒霜降"。 显示知识总览： 秋处露秋寒霜降 ● 立秋 ● 处暑 ● 白露 ● 秋分 ● 寒露 ● 霜降

（本案例由上海市师资培训中心王永静提供）

　　一般而言，微课脚本至少要包含画面和声音两个维度的内容。以"二十四节气——模块三　秋处露秋寒霜降"为例，将画面和声音的内容分别写在脚本的左右两侧，并按照画面出现的顺序，一一对应匹配声音。画面部分的内容可以是PPT、拍摄的视频或资料视频，声音部分的内容一般为配音解说或背景音乐。该微课脚本在画面呈现上,不单单使用文字表达,更配上了一些画面图片,这样突破了文字表述的局限性,更加形象生动地展示了微课各部分的学习重点。声音部分中的解说内容需要将解说词尽可能地完善,同时要考虑和画面的匹配度,并注明语气与音调等内容。

高手指路

微课文字的使用规范

微课脚本中涉及的文字在制作过程中需要注意其运用的规范,以保证微课成品的规范性。

第一,标题放在画面中上方时,给人以平衡的感觉;放在画面的下方时,会产生稳定的效果;如果放在画面的顶端,则会比较醒目。

第二,文字字体的选择不宜过多,一般1—2种字体比较合适。标题和说明性文字选择同一字体,使用不同大小的字号区分。如有一些重点内容可以用不同的字体或颜色突出显示。

第三,微课中的文字要力求精练,教材上的大段文字阐述不必在PPT中重复出现,要以浅显、精练的文字归纳出要点。

第四,文字在画面中的安排要考虑到全局的因素,不能有视觉上的冲突,如与图片的比例关系、与背景的对比关系、与颜色的搭配关系。合理安排好文字和图形之间的交错,既不要影响图形的观看,也不能影响文字的阅览。

在视觉传达的过程中,文字作为画面的形象要素之端,具有传达感情的功能,能够给人以美的感受。在说明性文字的编排中,文字的行距应大于字距,以使学习者的视线保持按一定的方向和顺序进行阅读。[①]

[①] 吴疆.微课程和多媒体课件设计与制作规范[M].北京:人民邮电出版社,2016.

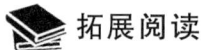 **拓展阅读**

分镜头脚本的撰写

讲授型微课、实验型微课、情景剧型微课等是需要视频拍摄的微课。分镜头脚本是拍摄创作中必不可少的前期准备,其人物根据解说词、电视文学脚本设计画面。分镜头脚本的作用,就好比建筑大厦的蓝图,是摄影师进行拍摄、剪辑师进行后期制作的依据和蓝图,也是演员(讲师、学生等)和所有创作人员领会导演意图、理解剧本内容、进行再创作的依据。

在编制微课拍摄的分镜头脚本前,教师需要确定微课拍摄的整体架构和风格,主要包括以下几个方面。

1. 拍摄定位

在拍摄前期,必须定位内容的表达形式,比如是知识讲授类微课,还是情景剧类微课。

2. 拍摄主题

主题赋予微课拍摄的内容和知识点,比如对于化学实验微课"溶液的酸碱性",拍摄实验溶液就是具体的拍摄主题。

3. 拍摄时间

确定拍摄时间后,就可以制定可落地的拍摄方案,目的是把握时间进度,避免产生拍摄拖沓等问题。

4. 拍摄地点

拍摄地点的选择非常重要,需要提前考虑拍摄的是室内场景(如教室、演播室)还是室外场景,是日场还是夜场。例如,拍摄植物花卉时,是选择室内的温室花房,还是选择室外的花园。拍摄地点需要提前确定好,方便预约拍摄场地,并做好踩点工作,为拍摄机位做好标记。

在分镜头脚本设计里,要对每一个镜头进行细致的设计,并将其填入分镜头脚本内(见表 8-6)。分镜头脚本中涵盖镜号、景别、场景、人物、拍摄方式、内容、时长、拍摄参照(图例)、背景音乐、备注十个要素。

表 8-6 分镜头脚本

镜号	景别	场景	人物	拍摄方式	内容	时长	拍摄参照	背景音乐	备注

微课的分镜头脚本设计要充分体现教学目的、制作者的意图以及创作风格。各个分镜头间的衔接要流畅自然，将知识点由浅及深、由表及里地连贯起来。画面描述要形象、简洁、易懂，要能够说清楚课程的教学环节，但不要过于细致，应该留给教师部分创作空间，展现教师的个人风格与魅力。分镜头间的连接要明确，分镜头序号表示分镜头的切换顺序，如需溶入溶出，分镜头脚本上要标记清楚。对话、音效等要求要明确标记在相应的分镜头画面的下方。

小贴士

微课的作业设计

有些教师认为微课作为补充课程或备用课程，在微课结尾处做总结后就结束了。其实，在完成微课的整体脚本设计后，应该针对该节微课的知识点设计相应的互动内容——微课作业。作业部分的内容经常容易被忽视或不受重视，但微课作业是巩固微课教学知识点的有效途径，需要根据学习目标及任务设计微课作业。微课作业不仅能节约课堂时间，还能给予学生更多自由，让学生可以反复观看掌握不熟练的知识点。另外，也有一些以预习为目标的微课。通常预习新的知识点难度较大，课前教师以"微课+作业"的形式引导学生预习，这可以对学生学习理解知识点起到事半功倍的效果，为课堂学习做好铺垫，通过多媒体技术手段将线上、线下教学更好地融合在一起。

微课的作业设计应该因学习者而异。首先，针对理解能力和学习能力较强的学生，应设计基于知识点进一步拓展的微课作业；其次，对于基础稍差的学生，应主要以巩固知识点为主；最后，应分析评价不同层面的微课作业，并根据获得的反馈信息及时调整未来的课堂教学。

实践与思考

1. 3月12日是植树节,请设计一节主题为"绿色校园"的微课脚本。

2. 拍摄脚本里的内容非常多,每次写脚本是否需要把所有参数都写好?为什么?

任务三：拍摄

微课最终以视频的形式完成，因此拍摄非常重要。拍摄现场需要光线充足，环境安静整洁。教师要注视镜头，与观众有眼神交流。

知识导航

一、拍摄意义

拍摄作为微课制作的重要部分，直接影响微课成片的效果。教师可以通过数码相机、DV摄像机或手机拍摄，也可以在教室或录播室借助专业的设备拍摄。了解并遵守视频媒体拍摄与运用的规范和原则，能够帮助教师尽可能提升课程的视听传播力。

二、拍摄指要

（一）录制环境"广、亮、静"

录制场地应选择适合授课的现场，可以是教室、演播室或礼堂等。要求录制现场光线充足、环境安静，保证多媒体展示或板书清晰可见。

（二）拍摄镜头"主、准、稳"

视频拍摄的构图需要遵循美学原理，色彩、光线应尽量突出拍摄主体（人或物)。拍摄须对焦于主体上,以获得清晰的效果。拍摄时务必使用三脚架稳定摄像设备,教学视频应力求"稳",晃动摇摆的镜头画面会给学生造成动荡不安的心理感受。

(三)现场录音"明、真、清"

拍摄微课大多采用现场录音,录音时要保持周围环境安静,要求讲课教师咬字清晰、声音明亮,不要出现与微课无关的声音来影响录音效果。条件允许的情况下,可采用外接录音设备,如外接话筒,控制好录音输入的音量,避免过轻或过爆,保证录音内容真实、清晰、有效。

典型案例

"安史之乱与唐朝的衰亡——安史之乱的原因"的多媒体使用技巧[①]

初中历史"安史之乱与唐朝的衰亡——安史之乱的原因"这节微课使用了多种多媒体,制作上也遵循了微课媒体元素的使用原则。从 PPT 文字上看,演示图像主题明显,知识点呈现清晰。画面上,教师和背景黑板的构图比例和谐,且根据不同的知识点和讲授的内容进行了左右位置的切换。从声音上看,教师的讲解娓娓道来,语言清晰、声音洪亮、有节奏感,富有感染力,带给学生现场般的课堂效果。配乐的音量恰到好处,出现时间点的选择也烘托了安史之乱的动荡氛围。

值得一提的是,该微课运用了大量的特效元素,在知识点和内容切换中进行了点缀,并配合做了相应的音效。这个小技巧在不经意中提升了这节历史课的观感,使它更活泼、更容易让学生集中注意力。这也是广大教师可以参考的小技巧。

[①] 微课"安史之乱与唐朝的衰亡——安史之乱的原因",观看网址:https://haokan.baidu.com/v?vid=15176069438007151032&pd=pcshare,教师:聂雅琼。

高手指路

微课制作的一般要求

1. 视频时长控制在 5 分钟以内

通常一节微课的时长在 8—10 分钟,其中视频素材的时长不应超过 5 分钟,数量不设上限,但也不宜过多,过多的视频素材剪辑在一起会给学生眼花缭乱、不聚焦的感觉。

2. 视频分辨率要清晰

下载视频素材时,要选取分辨率高于 640×480 像素的视频,1280×720 像素分辨率的视频最佳。若分辨率过低,视频清晰度不够,会影响微课整体的视觉效果。而超高清的视频文件会导致微课成片的文件数据占用过大空间,不易传输和保存。

3. 视频文件要选择通用格式

微课制作过程中会使用多种软件工具,因此视频素材的文件格式需要选择通用性、兼容性较高的格式。综合清晰度和文件数据大小两条标准来看,MP4 和 WMV 格式是当下较为适宜的选择。

4. 片头片尾视频规范

(1) 片头:①微课的片头,时长一般为 5 秒左右,不宜超过 10 秒;②片头必须展示微课的标题、知识点及授课教师的姓名。

(2) 片尾:①微课的片尾,时长一般为 8—10 秒,不宜超过 15 秒;②片尾用来展示微课制作人、单位等信息,可以再次出现微课的标题,用于强调。

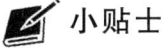 小贴士

如何积累微课素材

教师都期待自己制作的微课丰富新颖,那就需要平时积累素材。素材种类非常多,获取的渠道也很复杂,教师在收集、整理素材时应注意以下几点。

第一,在生活中做个有心人,培养自己积累素材的意识,时刻怀着"这个内容是否可以用于未来"这一疑问,对日常的所见所闻进行评估,并随手记录或拍摄下来。

第二,要对素材进行价值判断与归类整理。遇到觉得有价值的素材时,要思考以下问题:我为什么会觉得这个素材有价值?它反映了什么主题?它有什么特点?我可以怎么使用这个素材?

第三,明确素材收集的方向。笼统地讲,素材收集有两大方向:一是经典、成型的,二是日常、随机的。经典、成型的素材指的是经由前人整理、加工之后,能够"拿来就用"的素材,包括历史类的人文故事、关键事件与案例、游戏与故事等。日常、随机的素材直接来源于人们的日常工作和生活,对学生来说具有"高度的可比照性",能够让学生在现有资源条件下付诸实践。这样的素材很容易唤醒学生的既有经验,能够比较广泛地激发学生的学习兴趣,使教师与学生产生共鸣。

实践与思考

请尝试拿起摄像机或手机拍摄一段 5 分钟的校园视频。

任务四：
剪辑

根据脚本准备好各种形式的媒体素材后，还需要对这些素材进行统筹、融汇、合成，剪裁成"片"，这就是微课剪辑。对教师而言，关键是学习一些简单实用的剪辑技术，合理利用身边的素材资源，让自己的微课成为学生喜爱的"大片"。

知识导航

一、微课剪辑的基本流程

通常，使用软件剪辑微课主要包含以下几个基本流程：(1)创建新项目，导入制作完成的各个素材；(2)分类、编辑、组合素；(3)添加视频转场、特效；(4)添加字幕；(5)配音、处理音频；(6)导出成片。

剪辑素材时，要时刻把握"一个中心三个要素"。"一个中心"是指以学生或学习者为中心，即在视频观感上要用学习者的眼睛和耳朵去体验，在微课的教学设计上要配合学生的思维层层铺开，在精神层面要尽量给予学生现场学习的亲切感和自然感。"三个要素"即时长分布合理、镜头组接流畅、声音画面统一。其中，时长分布合理是指微课各个素材的时间配比要合理，要确保能讲清楚知识点、问题及作业等；镜头组接流畅是指在后期剪辑的过程中，一定要按照脚本中策划的画面进行组接，切忌跳跃式剪辑，注意要层次分明、环环相扣；声音画面统一是指在后期制作中要避免声画分离，以免给学生带来强烈不适感。

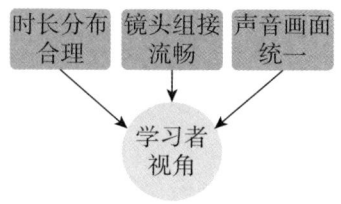

图 8-3 微课剪辑的"一个中心三个要素"

二、微课剪辑的基本原则

总体来说,微课在后期剪辑中通常要遵循以下原则。

(一)剪辑要保持画面的流畅性

视频剪辑中,一般采用"动接动""静接静"的剪切方式。"动接动"指的是运动镜头的组合衔接,这类剪辑需要注意画面运动方向和运动速度的一致性,去除跳动的画面。"静接静"指固定镜头的组合衔接,这类剪辑需要注意画面内主体和构图的一致性。同时,还要注意镜头之间的切换要符合逻辑,这样才能在视觉上给人一种自然流畅之感。

(二)转场率和剪接率适中

转场率指的是单位时间内不同场景转换的个数,剪接率指的是单位时间内镜头组接的个数。转场率和剪接率若不适中,会影响学生对学习内容的认知。全景景别的镜头,时长应在 5 秒以上,特写镜头时长应在 2 秒以上。

(三)声画保持一致

微课中的画面、声音、字幕需要同步出现,不能出现声画分离的不规范情况。在视频剪辑过程中这点特别重要,需要避免出现口型和解说不同步的情况,以免给学生带来不适感。

典型案例

"转场"剪辑技术

初中历史老师小 L 制作微课"安史之乱"。该课是多媒体协作型微课。他在前期准备的素材有 PPT、录制的授课视频、影片资料。但是他在后期制作时，因为素材过多，拼接时发现画面、镜头之间的切换过渡不自然。

其实，这个问题可以通过"转场"剪辑技术来解决。"转场"技术包括 3D、波纹、溶解、模糊等，可以说是视频素材的黏合剂，对视频的流畅度、情节发展都有着至关重要的作用。不同的转场技巧对剧情衔接、剧情走向、影片节奏、观众情绪等都会产生不一样的效果。正确使用一些转场效果，就可以让画面之间的过渡更平滑、更自然。

小 L 老师学习了专业剪辑软件 Adobe Premier，用其中的"切换效果"解决了这个问题。该软件提供了大量的"转场模板"。你只需要从中选择一个合适的转场特效，然后将其拖拽到两个视频之间，就能实现不同场景的转换。

高手指路

图片与音频的使用规范

1. 图片使用规范

剪辑过程中，经常会用到 PPT 中的图片，需要遵循其使用规范。

第一，微课中的图片需要注意清晰度，图像尺寸一般在 1024×768 像素以上，一般不大于 1920×1080 像素，这个范围内的图像在微课中能够保证清晰可辨的观看效果。图片的色彩模式尽量使用 RGB 类型，图片格式一般推荐 jpg 和 png 格式，jpg 格式的图片兼容性和通用性很大，而需要背景做透明处理的图片保存为 png 格式为佳。

第二，人物图片的使用原则。使用人物图片时，要注意单人无字时视线向内，即如果画面中插入的图片只有单个人物且没有文字时，则人物的视线应向内;当画面中同时有单个人物和文字时,图片中人物的视线应偏向文字;如果画面中有两张人物图片,那么这两个人物的视线最好相对;当图片中有多个人物时,人物的视线要朝向同一个方向。

第三,使用风景图片时,一定要注意所有图片的地平线要统一,而且还要遵循"上天下地"的原则,这样看起来才比较协调,否则会显得很别扭。

第四,在制作带图片的 PPT 时,经常会遇到留白的情况,也就是幻灯片周围出现空白区域。在幻灯片中为图片留白时,需要遵循"空白留一边"和"空白留前不留后"这两点。

第五,画面中只有一张图片且无文字时,图片应当上下左右居中,不小于画面的 1/2,图片周围适当留白,形成通透的视觉感。

第六,图片与文字混合排版时,应根据图片不同的尺寸采用不同的布局构图方式。横图:当图片为宽幅比例时,文字放置在全图上方 1/3 比例处,图片放置在下方 2/3 比例处,文字和图片的中线需要垂直对齐;竖图:当图片为竖幅比例时,文字放置在全图左侧 1/2 比例处,图片放置在文字右侧,文字和图片的中线需要水平对齐;正方形图:当图片为正方形比例时,文字和图片的总体布局参照竖图方式,注意文字放置在全图左侧 1/3 比例处,图片则放置在文字右侧。

2. 音频使用规范

微课中涉及的音频一般为配音(解说词)和配乐两种,偶尔会有音效的"装饰",音效文件使用的规范性可参照配乐使用的规范性。

(1) 配音

微课中的配音一般与文本语言相结合,主要有三种方式:解说微课中的全部文字;解说微课中的重点文字,主要为了帮助理解画面上的教学核心内容;对知识点进行展开性的详细说明,或者"举一反三"解释该知识点。此外,还有一些配合操作的配音,与画面配合同步讲解操作流程和注意事项,这样的配音一般在教学实验型微课中使用。

微课中的配音使用规范非常重要,主要有以下几点。

① 配音解说词要为"看"而写。

微课是一种视觉媒体，声音是重要的辅助手段，讲解词需要为"看"而写。解说词不能只是简单地解释和说明画面，应该是画面因素的扩充、延伸、概括与升华。解说词的撰写要具体解释画面的含义，形象地传输知识点的核心内容，同时要使用贴切，不要过多用一些概念化的语言，而是要求在表达上能够巧妙合理地体现画面未展现的内容。

② 音量平缓、语调高低适中。

配音的音量需要在正式录音前进行测试，避免过低，以免学生无法听清；也要避免过高，过高的音量会造成破音及爆麦；更要切记避免音量的大幅波动。

语调要与学生和画面内容相适应。对不同年龄段的学生，语调可以有所区分。低年级的学生，比较适应稍微活泼的语调，这样可以拉近与学生的感官距离；中高年级的学生，可以使用较为柔和平缓的语调，这样可以在听觉上稳定学生的情绪。需要注意的是过高频率的语调有强烈的穿透感和尖锐感，会严重干扰学生的认知；过低频率的语调低沉而暗淡，会使学生意志消沉、情绪低落。这两种极端的语调不适合在微课中使用。

③ 语速快慢适中。

配音时，需要注意解说的语速。一般情况下，普通话配音的正常语速为220字/分。在微课学习过程中，超过这个标准的语速可能会造成学生难以辨析的情况。配音语速应该结合微课的实际内容和需要，通常不高于3字/秒。

④ 用标准普通话进行配音。

配音时需要使用标准的普通话。偶尔有些语言中包含了方言发声成分，要尽量避免这样的情况出现。

⑤ 讲解时使用清晰、简短的语句。

微课中应避免使用长句式，以免引发认知困难。遇到长句式，应当在撰写解说词时将其拆分为容易理解的口语化短句。

（2）配乐

在影视作品中，配乐（背景音乐）配合情节发展和场景的情绪，起到烘托气氛、抒发感情的作用。在微课中，配乐通常配合文字和画面，以达到最优的教学效果。

配乐在微课中一般用于以下几个方面。①用于片头或片尾。配合片头的标题和主题，有节奏感的音乐为佳。②用于教学内容。有些教学内容可以用音乐或歌曲来体现，如上一任务中小E老师的微课中《Yesterday Once More》歌曲运用的案例。③用于文本解说。有些微课以诗歌朗诵为主题，这类课程特别需要用配乐来烘托诗歌主题，表达情感。④用于演示多张图片。在微课中轮播若干图片时，学习者常常会倍感枯燥，如果配上合适的音乐，就能调节氛围，甚至可以延伸图片的意境。

在微课制作中，配乐的方式应该符合以下规范。

① 音乐的选取应该以围绕教学内容、促进教学目标为标准。

微课的音乐必须以观众的听觉为基础，背景配乐最好使用音量适中、音调平稳、音色柔美的轻音乐。摇滚乐、电子舞曲等节奏感较强的音乐一般不适合作为微课的配乐。

② 音乐时长适中。

一般而言，配乐不适合贯穿整个微课，特别是在教师讲授知识点和重点教学内容时，过多的配乐会导致学生的注意力分散。另一方面，配乐也要注意乐曲的完整性。如果画面过短，配的却是长段音乐，就会给听者戛然而止的感觉，因此需要选用时长适中的曲目。

③ 音量适中，转换顺滑。

在为微课配乐的过程中，一定要注意音乐的音量要低于配音的音量。不当的音量会严重干扰学生的学习认知。音乐响起和结束时，需要分别加上渐强、渐弱的效果，切忌出现生硬的切换效果。

🧰 工具箱

常见专业剪辑软件简介

Adobe Premiere 是一款编辑画面质量比较好的软件,有较好的兼容性,目前这款软件广泛应用于广告制作和电视节目制作。

Final Cut Pro 是一款专业视频非线性编辑软件,其最新版本包含进行后期制作所需的主要功能,如导入并组织媒体、编辑、添加效果、改善音效、颜色分级以及交付,一切操作都可以在该应用程序中完成。

易上手的剪辑软件:爱剪辑、万兴喵影

爱剪辑是一款根据国人的使用习惯、功能需求与审美特点进行全新设计的剪辑软件,许多创新功能都颇具独创性。

万兴喵影是一款零基础用户也可以使用的剪辑软件。海量字幕、滤镜、转场、动画、音乐等素材特效,贴合潮流热点,实时更新,可以为视频创作提供灵感。

动画式微课制作工具:优芽互动电影、Video Scribe

优芽互动电影官方版是一个简单易用的创新互动微课制作工具,搭载丰富的场景、角色、道具素材,拥有多元的人物动作和多媒体应用模板,人人都可以轻松定义生动的交互情境动画。

Video Scribe 主要是制作手绘视频,简单的功能能够制作出不一样的视频,同时整个软件中还有超多素材可自由搭配。

实践与思考

请使用录屏工具收集关于故宫博物院的视频资料,并将其剪辑成一条 10 分钟的短片。

任务五：评价

微课评价包括对课程设计、编制和实施所做的各种形式的评定以及对教师教学（课堂）的评价，是通过收集系统全面的有关资料，对微课的各个环节进行科学、客观的分析和比较，判断其价值和效果，为调整、改善、选择、推广以及提高教育质量提供科学、客观的依据。

知识导航

一、微课评价维度

微课的评价需要基于课程评价和教学评价的基本标准，但微课的教学中包含科学性、艺术性、情感性、特质性和技术性五个重要元素。从这些要素出发，教学文本的质量、技术手段运用的恰当性和教学风格的科学性是微课教学效果量化评价的另一个维度。

二、微课评价量表

现行通用的微课组织评价（客观评价）也具有可参照的量化评价标准表（见表 8-7）。该评价标准有四个一级指标，即选题设计、教学内容、作品规范、教学效果。二级指标则从科学性、艺术性、情感性、特质性和技术性这五个元素进行归纳建立。例如，教学内容科学正确、媒体元素运用规范、教学形式新颖。

表 8-7 微课评价标准

一级指标	二级指标	指标说明
选题设计 （10分）	选题简明 （5分）	主要针对知识点、例题/习题、实验活动等环节进行讲授、演算、分析、推理、答疑等教学选题。尽量"小（微）而精"，建议围绕某个具体的点，而不是抽象、宽泛的面。
	设计合理 （5分）	应围绕教学或学习中的常见、典型、有代表性的问题或内容进行针对性设计，要能够有效解决教与学过程中的重点、难点、疑点、考点等问题。
教学内容 （20分）	科学正确 （10分）	教学内容严谨，不出现任何科学性错误。
	逻辑清晰 （10分）	教学内容的组织与编排要符合学生的认知规律，过程主线清晰、重点突出，逻辑性强，明了易懂。
作品规范 （30分）	结构完整 （10分）	具有一定的独立性和完整性，作品有引入、讲解、练习、总结等环节，突出主题，内容聚焦。
	技术规范 （10分）	微课视频时长一般不超过10分钟，视频画质清晰、图像稳定、声音清楚（无杂音）、声音与画面同步；微教案要围绕所选主题进行设计，要突出重点，注重实效；微习题设计要有针对性与层次性，设计合理难度等级的主观、客观习题；微课件设计要形象直观、层次分明，简单明了，教学辅助效果好；微反思应在微课拍摄制作完毕后进行观摩和分析，力求客观真实、有理有据、富有启发性。
	语言规范 （10分）	语言标准，声音洪亮，有节奏感，语言富有感染力。
教学效果 （40分）	形式新颖 （10分）	构思新颖，教学方法富有创意，不拘泥于传统的课堂教学模式，类型包括但不限于教授类、解题类、答疑类、实验类、活动类等；录制方法与工具可以自由组合，如用手写板、电子白板、黑板、白纸、PPT、iPad、录屏软件、手机、DV摄像机、数码相机等制作。
	趣味性强 （10分）	教学过程深入浅出，形象生动，精彩有趣，启发引导性强，有助于提升学生学习的主动性。
	目标达成 （20分）	完成设定的教学目标，有效解决实际教学问题，促进学生思维的提升和能力的提高。

三、微课的负面清单

并不是所有微课都有条件进行客观、量化的评价。根据微课实践的共性要求,教师可以依照以下负面清单对微课进行基础性评价(见表8-8)。

表8-8 微课负面清单

评价内容	评价标准	是否具有该情况(打"√")
微课时长	少于5分钟; 大于12分钟。	是□ 否□
微课画质	画质不清晰 有卡顿; 有马赛克; 镜头过渡生硬、不自然。	是□ 否□
微课声音	字词发音不清晰; 时轻时响; 有杂音; 普通话不标准。	是□ 否□
微课知识点	3个及以上。	是□ 否□
微课教学设计	没有提出问题; 教学结构混乱,没有层次; 偏题; 没有作业。	是□ 否□
微课效果	画面元素单一,无趣味; 没有艺术性; 其他无关的装饰过多; 作业完成效果不好。	是□ 否□

微课制作教师可比对表8-8中的负面内容,并进行对应钩选。当出现"是"的情况,那就要开始警惕了。

> 典型案例

《木兰诗》[①]微课赏析

牟老师制作了一节关于《木兰诗》人物形象分析的微课。针对这节微课,做出了以下评价。

表8-9 微课评价表

一级指标	二级指标	得分	评语
选题设计 (10分)	选题简明 (5分)	5	知识点明确,且只有一个。
	设计合理 (5分)	3	微课中有歌曲部分引入主题,但歌曲时间过长。
教学内容 (20分)	科学正确 (10分)	10	教师对《木兰辞》的背景故事了解清晰。
	逻辑清晰 (10分)	5	互动环节——学生自己分析部分的时间过短。
作品规范 (30分)	结构完整 (10分)	8	有引入、讲解、练习、总结等环节,内容聚焦。
	技术规范 (10分)	6	歌曲音量过大,有些文字内容超过屏幕。
	语言规范 (10分)	10	教师讲课富有感情,有代入感。
教学效果 (40分)	形式新颖 (10分)	9	歌曲的引入和内容展示和谐新颖。
	趣味性强 (10分)	8	能吸引学生观看。
	目标达成 (20分)	18	师生活动较多。
总分		82	

[①] 微课"《木兰诗》人物形象分析",观看网址:http://dasai.cnweike.cn/detail/141863.html,教师:牟卿煜。

> 高手指路

微课评价的功能

微课评价须具有以下功能。

1. 需求评估

在一项微课计划拟订之前,应首先了解社会或学生的需求,以作为微课开发的直接依据。

2. 诊断与修订课程

对正在形成的课程计划,可以通过评价有效地找出其优越点及成因,为修订提供建议。这种反复的过程可以使课程达到尽可能完善的程度。

3. 比较与选择课程

对不同的课程方案,可以通过评价比较其在目标设置、内容组织、教学实施以及实际效果等方面的优劣,从整体上判断其价值,再结合需要评估,对课程做出选择。

4. 了解目标达成程度

对一项实施过的课程计划,评价可以判定其结果,并通过与预定目标的比较对照,判断其达成目标的程度。

5. 判断成效

一项课程或教学计划在实施后究竟有哪些成效,可以通过评价进行全面衡量,做出判断。这种判断不同于上述对目标达成程度的了解,而是对效果的全面把握,包括对预定目标之外的效果的把握。

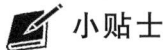 小贴士

图片、音乐的版权意识

教师在制作微课的过程中,需要注意图片、音乐等作品都是受版权保护的。如果是用于课堂教学可以直接引用,但如果该微课用于商业化时,就必须要注

意到作品版权的问题。

实践与思考

请观看微课"趣味数学之西游记"①,并填写微课评价表。

---

① 微课"趣味数学之西游记",观看网址:https://tv.sohu.com/v/cGwvOTI3ODkyNi85MTIyNDA0Ni5zaHRtbA==.html,教师:黄官森。

后　记

为什么要写这本书？缘于一个小团队的小志向。

2019年的上海市师资培训中心，空气里到处充满着学习的韵味。在中心领导的支持下，建立了很多跨部门的学习圈，大家纷纷以"读书—研究—成事—成人"为理想的工作样态，在认真完成工作任务的基础上努力多读书、多研究、多写作，并以此促进教师的专业发展。在这一背景下，媒体研究部成立了。

媒体研究部研究什么？它主要负责上海市师资培训中心微信与网站的运营、《上海师资培训》《上海教师》两本杂志和《上海教师教育》丛书的编辑出版工作。部门的人虽然不多，工作内容却包括了新媒体与传统纸媒的多种平台资源。经过思考，大家一致认为应该针对工作中的难点，以"教师写作"为中心展开研究。大家的初心是，以促进人与单位的精神成长为目标，综合使用多种媒体平台，为教师思维的表达架设高速路网，全方位地支持教师的经验表达与作品提炼。

作为编辑，大家习以为常的工作是策划、审稿、选稿、编辑、校对、插图之类。如今，这种要求显然已经不够了，只是停留在"做事"的层面。我们还要去"研究"，在读书和实践的基础上研究"教师写作"。大家根据各自工作的特点，分门别类地开始了研究之旅。我们提出了一个口号：把一篇微文当作一次演讲，把一本书当作一期写作课，把一本刊当作一所好学校。我们的目标是：把更多的好老师变成好作者，把零碎的"好经验"变成"好作品"。

为此，我们进行了多方面的尝试。我们策划了"教育文化写作工坊"，邀请大学教授、各区科研员与教研员以及一线的教师作者一起研讨。工作坊集编辑、作者、专家和读者为一体，开展深度对话，策划写作选题，讨论写作与研究技术，展开各种类型的写作行动。至今，工作坊已经举办了近20期，产生了广泛的影响，有力地推动了微信、期刊与教育专著的工作。由此，我们也形成了一个跨界的学习圈，汇聚了各方的优秀智慧，一起学习、研究、成长。

经过研究，我们发现，教师写作是一个专业的研究领域，也是一个易被教育研究者和出版工作者共同忽视的领域。作为教师，可以表达的经验非常多。随着融媒体时代的到来，教师经验表达的途径也越来越多。但大多数教师却疏于写作，仅仅在评职称时临时抱佛脚。有研究表明，八成的中小学教师没有在报刊上发文的经历。面对写作，许多教师的第一反应是怕，容易产生自卑和畏难心理。我们也发现，教师写作是"可教"的。除了一般写作素养（如选题立意、谋篇布局、修辞表达）的训练之外，还需要一些专业的表达训练。小如一篇微信、一节微课，中如一份课例研究报告、调查报告或论文，大如一本书，各有其文体特征和写作要求。一旦熟悉了基本的写作知识，教师就可以用这些理论指导自己的写作实践，按图索骥，快速提升自己的写作水平。

我们将各自分门别类的探索进行系统梳理和总结，并以"任务导向"的形式将其"课程化"，于是就有了这本书。本书由导言部分和七个模块组成，每个部分的作者既是主要的写作者，同时也是学习者和研究者。其中，导言部分由宁彦锋、黄得昊撰写。第一章由顾宬撰写，宁彦锋修订；第二章由谢娜撰写，谢英香修订；第三章由景超撰写，谢英香修订；第四章由苏娇撰写，谢英香、王利敏修订；第五章由周如玥撰写，谢英香修订；第六章由王永静撰写，宁彦锋修订；第七章由李子昀撰写，宁彦锋修订。本书由宁彦锋负责策划与统稿工作。

这本书的出版要感谢许多人。感谢上海师范大学吴国平教授对本书的定位、结构与内容的悉心指导。一本普通的书，经过吴教授的点拨，往往会变得专业又生动。松江区教育学院的谢英香老师、浦东教育发展研究院的王丽琴老师、上海外国语附属小学的王利敏老师，为本书提供了许多案例和素材，并在连续几轮的修改中提供了很好的建议。上海开放大学李爱铭教授、中国新闻出版博物馆的王嫣斐老师以及许多来自教育一线的教师朋友，他们从各自专业实践的角度，为本书提供实践案例、问卷调查和专业审读等多种帮助，使本书的内容增色不少。在此,一并深致谢意。

此外,还要感谢许多出版界的领导和朋友。感谢上海教育出版社的缪宏才社长、刘芳副社长为本书的出版提供专业帮助。感谢本书的责任编辑茶文琼老师。由于编者水平有限,本书曾几易其稿,茶老师始终与作者团队一起战斗,任劳任怨,尽心竭力地编辑审稿,为本书的顺利出版贡献了许多专业智慧和辛劳。此外,还要感谢上海教育出版社职教分社公雯雯团队提供的大力支持。

写作是一种生活方式。衷心希望本书能够成为广大教师朋友开启写作之路的一扇门。推开门,坚持下去,从经验到专业,你会领略别样的教育风景。

图书在版编目（CIP）数据

教师写作：从经验到专业 / 宁彦锋主编. —— 上海：上海教育出版社, 2021.10（2023.12重印）
（上海教师教育丛书）
ISBN 978-7-5720-1180-1

Ⅰ.①教… Ⅱ.①宁… Ⅲ.①汉语－应用文－写作－师资培训－教材 Ⅳ.①H152.3

中国版本图书馆CIP数据核字(2021)第209200号

总策划　刘　芳　宁彦锋
责任编辑　茶文琼
封面设计　王　捷

教师写作：从经验到专业
宁彦锋　主编

出版发行　上海教育出版社有限公司
官　　网　www.seph.com.cn
地　　址　上海市闵行区号景路159弄C座
邮　　编　201101
印　　刷　上海颛辉印刷厂有限公司
开　　本　700×1000　1/16　印张 18.75
字　　数　284千字
版　　次　2022年1月第1版
印　　次　2023年12月第4次印刷
书　　号　ISBN 978-7-5720-1180-1/G·0925
定　　价　68.00元

如发现质量问题，读者可向本社调换　电话：021-64373213